应用型本科财务管理、会计学专业精品系列教材

中级财务会计（第3版）

主　编　朱振东　李尚越

副主编　王　悦　朱洪春阳　赵立夫　赵士娇
　　　　陈思灼　尹丽娜　　王晓娜

北京理工大学出版社
BEIJING INSTITUTE OF TECHNOLOGY PRESS

内 容 简 介

《中级财务会计（第3版）》是以《企业会计准则》为基础，以《企业会计制度》为依据而编写的一部会计专业教材。本书是在掌握《初级财务会计》的基本理论、基本方法的基础之上，进一步深化对会计目标和会计原则的理解，并全面阐述在会计实践中会计要素和主要会计项目的会计处理方法、财务会计报表的编制方法以及会计信息的使用和分析方法。

全书包括十三章内容：第一章总论，主要介绍财务会计概念、目标及相关知识；第二章至第八章，主要介绍货币资金、应收及预付款项、存货、证券投资、长期股权投资、固定资产、无形资产与投资性房地产等主要资产项目的会计处理；第九章至第十章，全面介绍负债的确认、计量及其核算，主要内容包括流动负债和长期负债；第十一章所有者权益，主要介绍公司制企业与非公司制企业的会计确认、计量以及相应的会计处理程序；第十二章集中介绍企业的经营成果与财务业绩，主要包括收入、费用和利润的确认、计量及相应的账务处理等问题；第十三章财务会计报告，主要介绍资产负债表、利润表、现金流量表、所有者权益变动表及财务报表附注的编制方法。

本书的特点是在阐述理论的同时，注重对案例的分析，每一章节中的相关知识和内容均有可供参考的典型案例，并在每章结束后，附有思考题和综合练习题，便于学生将各章重点知识在实际案例和综合练习中得以应用并加以巩固。本书目的是帮助读者更好地对各章内容进行消化理解，并对相关会计实务产生感性认识。

本书主要作为会计专业、财务管理专业、金融专业本科生及有意进一步学习、掌握财务会计学基本概念和基本原理的普通高等院校相关专业学生的学习用书，同时也可作为企业从事会计工作相关人员的参考资料，并可供会计人员培训和自学用。

版权专有　侵权必究

图书在版编目（CIP）数据

中级财务会计/朱振东，李尚越主编 . —3 版 . —北京：北京理工大学出版社，2020.3（2021.12重印）

ISBN 978-7-5682-8193-5

Ⅰ.①中…　Ⅱ.①朱…②李…　Ⅲ.①财务会计–教材　Ⅳ.①F234.4

中国版本图书馆 CIP 数据核字（2020）第 035537 号

出版发行 / 北京理工大学出版社有限责任公司
社　　址 / 北京市海淀区中关村南大街5号
邮　　编 / 100081
电　　话 / （010）68914775（总编室）
　　　　　（010）82562903（教材售后服务热线）
　　　　　（010）68944723（其他图书服务热线）
网　　址 / http://www.bitpress.com.cn
经　　销 / 全国各地新华书店
印　　刷 / 三河市天利华印刷装订有限公司
开　　本 / 787 毫米×1092 毫米　1/16
印　　张 / 19.25　　　　　　　　　　　　　　　责任编辑 / 梁铜华
字　　数 / 458 千字　　　　　　　　　　　　　　文案编辑 / 梁铜华
版　　次 / 2020 年 3 月第 3 版　2021 年 12 月第 3 次印刷　责任校对 / 周瑞红
定　　价 / 52.00 元　　　　　　　　　　　　　　责任印制 / 李志强

图书出现印装质量问题，请拨打售后服务热线，本社负责调换

第3版前言

中级财务会计是经济、管理类学科专业课程中重要的专业课之一。作为已经或者即将从事财务会计、财务管理、财务分析等工作的人员，必须熟悉并掌握会计六大要素及其核算过程，以为相关会计知识的进一步学习奠定扎实的基础。

《中级财务会计》第 1 版和第 2 版出版后在长春科技学院、沈阳化工大学科亚学院、长春科技学院高职学院、建筑工程学院的会计、财务管理、金融、农林经济管理、国际经济与贸易等专业使用，受到了广大读者的欢迎。为了完善本书内容，使其更加紧密地联系目前经济状况，解决使用过程中部分章节层次不够清晰等问题，在北京理工大学出版社组织下，我们开展了对《中级财务会计》一书的修订工作。本书可以用于高等院校经济管理类专业课程教学，也可作为相关工作人员自学参考用书。

《中级财务会计（第 3 版）》继承了第 1 版、第 2 版"概念准确、理论系统、文字简练、重点突出"的特点，更加注重理论性与实践性的结合，也更加注重教材的适用性。首先，根据 2019 年版的《企业会计准则——应用指南》和 2019 年版的《企业会计制度》等会计核算方法的变化，更新了第 1 版、第 2 版教材中的陈旧知识，使教材内容更加前沿化；其次，更新了教材中的大部分例题数据，使读者在掌握中级财务会计理论及会计核算方法的同时，也能增加对财务会计实际工作内容的了解；最后，更新了部分课后习题，方便读者检验学习情况，也方便教师教学。

《中级财务会计（第 3 版）》教材由朱振东、李尚越担任主编，王悦、朱洪春阳、赵立夫、赵士娇、陈思灼、尹丽娜、王晓娜担任副主编。本书编写具体分工如下：朱振东编写第一章、第四章、第九章、第十三章；李尚越编写第六章；王悦编写第七章；赵立夫编写第十章；朱洪春阳编写第十一章、第十二章；赵士娇编写第二章；陈思灼编写第五章；尹丽娜编写第八章；王晓娜编写第三章。第 3 版书稿完成修订后，由李尚越和王悦进行了校对，最后由朱振东负责总纂、定稿。

由于编者水平所限，本修订教材在体系、结构及内容方面难免存在缺陷和不足，恳请专家、学者和读者给予批评指正。

编者　朱振东

目 录

第一章　总论	（1）
第一节　财务会计目标	（1）
第二节　财务会计的基本假设	（3）
第三节　会计要素及其确认	（4）
第四节　会计信息质量要求	（10）
第五节　会计计量	（11）
第二章　货币资金	（14）
第一节　货币资金概述	（14）
第二节　库存现金	（16）
第三节　银行存款	（21）
第四节　其他货币资金	（25）
第三章　应收及预付款项	（31）
第一节　应收账款	（31）
第二节　应收票据	（36）
第三节　预付账款及其他应收款	（40）
第四节　坏账损失	（42）
第四章　存货	（48）
第一节　存货概述	（48）
第二节　存货的初始计量和发出计价	（50）
第三节　原材料	（58）
第四节　库存商品	（69）
第五节　周转材料	（73）
第六节　存货的期末计量	（76）
第七节　存货的清查	（79）

第五章　证券投资 … (83)
　　第一节　证券投资概述 … (83)
　　第二节　以公允价值计量且其变动计入当期损益的金融资产 … (85)
　　第三节　以公允价值计量且其变动计入其他综合收益的金融资产 … (89)
　　第四节　以摊余成本计量的金融资产 … (96)

第六章　长期股权投资 … (104)
　　第一节　长期股权投资概述 … (104)
　　第二节　长期股权投资的初始计量 … (105)
　　第三节　长期股权投资的核算 … (107)
　　第四节　长期股权投资核算的成本法 … (109)
　　第五节　长期股权投资核算的权益法 … (112)
　　第六节　长期股权投资的减值和处置 … (116)

第七章　固定资产 … (119)
　　第一节　固定资产概述 … (119)
　　第二节　固定资产增加的核算 … (121)
　　第三节　固定资产折旧 … (129)
　　第四节　固定资产的后续支出 … (134)
　　第五节　固定资产减值 … (135)
　　第六节　固定资产处置 … (138)
　　第七节　固定资产清查 … (141)

第八章　无形资产与投资性房地产 … (144)
　　第一节　无形资产 … (144)
　　第二节　投资性房地产 … (155)

第九章　流动负债 … (165)
　　第一节　流动负债概述 … (165)
　　第二节　短期借款 … (166)
　　第三节　应付账款 … (167)
　　第四节　应付票据 … (174)
　　第五节　应交税费 … (175)
　　第六节　应付职工薪酬 … (188)
　　第七节　预收账款 … (191)
　　第八节　其他应付款 … (192)

第十章　长期负债 … (195)
　　第一节　长期负债概述 … (195)
　　第二节　长期借款 … (199)
　　第三节　应付债券 … (201)

第四节　长期应付款 …………………………………………………（211）
　　第五节　或有负债 ……………………………………………………（213）
第十一章　所有者权益 ………………………………………………………（218）
　　第一节　所有者权益概述 ……………………………………………（218）
　　第二节　公司制企业的实收资本（股本）…………………………（219）
　　第三节　资本公积 ……………………………………………………（222）
　　第四节　留存收益 ……………………………………………………（225）
　　第五节　独资企业所有者权益 ………………………………………（228）
　　第六节　合伙企业所有者权益 ………………………………………（229）
第十二章　收入、费用和利润 ………………………………………………（235）
　　第一节　收入 …………………………………………………………（235）
　　第二节　费用 …………………………………………………………（249）
　　第三节　利润及利润分配 ……………………………………………（253）
第十三章　财务会计报告 ……………………………………………………（262）
　　第一节　财务会计报表概述 …………………………………………（262）
　　第二节　资产负债表 …………………………………………………（264）
　　第三节　利润表 ………………………………………………………（271）
　　第四节　现金流量表 …………………………………………………（275）
　　第五节　所有者权益变动表 …………………………………………（283）
　　第六节　财务会计报表编制综合举例 ………………………………（287）
　　第七节　财务会计报表附注 …………………………………………（295）

第一章

总 论

【本章知识要点提示】

通过本章的学习：理解财务会计的目标、财务会计的特征及会计信息使用者包括的范围；熟悉财务会计、会计信息质量要求和会计要素的概念；掌握会计核算基本假设、会计要素的确认条件、会计等式及会计计量属性所包括的内容，为以后各章节的学习奠定基本的理论基础。本章所包括的内容：财务会计目标、财务会计的基本假设、会计要素及其确认、会计信息质量要求和会计计量。

第一节 财务会计目标

一、财务会计概述

财务会计是以《会计准则》和《会计制度》为依据，按照一定的会计核算程序和方法，对经济主体在过去所发生的交易或事项，通过确认、计量、记录和报告等程序，向会计信息使用者提供反映企业财务状况、经营成果和现金流量等状况的经济信息。

20世纪30年代，现代企业会计分为财务会计和管理会计两大分支。财务会计是会计的本质特征，是会计基本职能的体现，是我们通常意义上所指的会计。随着社会经济的快速发展，财务会计基本理论和核算方法越来越完善，现已形成了一门具有一套完整核算体系的经济学科。

二、财务会计的特征

财务会计与管理会计相比较而言，具有以下特征：

（1）从财务会计服务的对象看，财务会计的服务对象主要是与企业有利害关系的外部信息使用者，包括企业的股东、债权人及其他外部信息使用者等；同时也向企业内部管理部门提供有关的财务及其他经济信息；而管理会计的服务对象仅限于企业的内部管理部门和单位。

（2）从财务会计信息的内容看，财务会计信息是对已发生或已完成的交易、事项经加工所产生的以数据为主的信息；而管理会计提供的信息主要是关于未来经济行为的预测结果。由此可见，财务会计提供的信息具有历史性和货币性，而管理会计提供的信息是未来信息。

（3）从财务会计信息的形成过程看，财务会计必须遵循公认的会计原则或企业会计准则、企业会计制度的规范要求；而目前管理会计尚不受任何形式的规范约束。

（4）从财务会计的程序和方法看，财务会计有一套固定的确认、计量、记录和报告等程序和方法；而管理会计则无固定的程序和方法。

（5）财务会计报告必须经过注册会计师审计。而管理会计形成的信息则无须经过注册会计师审计。

三、财务会计目标

我国财务会计的目标：一是向会计信息使用者提供与企业财务状况、经营成果和现金流量等有关的会计信息；二是反映企业管理层受托责任的履行情况。财务会计目标可以分为基本目标和具体目标。

（一）财务会计的基本目标

财务会计的基本目标是向经济决策者提供满足其经营决策所需要的会计信息。经济决策包括宏观经济决策和微观经济决策两个方面，制定经济决策应属于经济决策人的行为，其经济决策所需资料主要来源于会计信息。财务会计信息提供者与经济决策人之间是服务与被服务的关系。

（二）财务会计的具体目标

财务会计的具体目标包括提供的对象、提供的内容及提供的方式。

1. 提供的对象

提供的对象即会计信息的使用者，主要包括股东、债权人和其他会计信息使用者。其中，其他会计信息使用者包括政府机构、证券管理机构、中介机构、顾客、工会及社会咨询服务机构等。各个方面对企业会计信息关心的角度和目的各不相同。股东所关心的是企业的财务状况和经营成果的综合信息及企业有无长期获利能力。债权人所关心的是企业的资本结构是否合理，企业有无债务偿还能力或现金支付能力。财政税务机关所关心的是企业是否依据会计准则和税收法规处理会计事项及计算交纳税金，企业是否如实申报和依法纳税。证券管理机构所关心的是企业是否遵循公司法及证券管理法规。顾客所关心的是企业的生产经营能力及售后服务能力。工会所关心的是企业的稳定性，职工福利制度是否健全，职工工作是否稳定等。社会咨询服务机构所关心的是企业的财务分析资料及相关经济信息是否真实可靠等。

2. 提供的内容

提供的内容即财务会计信息所包括的内容。财务会计所提供的信息主要包括企业财务状况、经营成果和现金流量等信息。随着社会经济的不断发展和环境的不断变化，财务会计信息的内容也将得到补充与丰富。

3. 提供的方式

提供的方式即财务会计信息的质量要求和输出形式。企业财务会计信息作为对外报告的信息应具有一定的质量要求，基本的要求即决策有用性，体现为可靠性和相关性两个方面。可靠性要求会计信息具有可核实性、中立性及内容的真实性；相关性要求会计信息具有可预测性和反馈价值及时间上的及时性。会计信息除具有可靠性和相关性外，还应具备可比性和一贯性，习惯上将其称为次要质量要求。会计信息的输出形式主要是会计报表及其注释等。财务会计报表主要由资产负债表、利润表、现金流量表和所有者权益变动表构成。资产负债表用于反映某一会计主体特定日期的财务状况（即资产、负债和所有者权益的状况等）。利润表用于反映某一会计主体一定时期所实现的经营成果。现金流量表反映某一会计主体一定期间的现金流入和现金流出信息。所有者权益变动表反映某一会计主体一定期间的所有者权益增减变动的信息。财务会计报表四种形式的有机结合，构成了基本完整的会计信息输出体系。

第二节 财务会计的基本假设

会计假设是企业会计确认、计量、记录和报告的前提，是指会计人员对会计核算所处的时间、空间环境等所做出的合理设定，是财务会计理论中最基础的部分。会计的基本假设包括会计主体、持续经营、会计分期和货币计量。

一、会计主体假设

所谓会计主体，是指会计工作服务的特定对象。企业会计主体是控制经济资源并对经济资源负有法律责任的经济单位。会计主体假设的基本含义是：会计所核算（确认、计量、记录和报告）的是一个特定单位的经济活动，而不包括其他单位或股东本人的经济活动。会计主体假设规范了财务会计核算的空间范围。有了这一假设，财务会计才能把某一特定单位的财务状况和经营成果以及现金流量等情况独立和完整地反映出来，才能形成有助于股东、债权人及其他会计信息使用者进行经营决策的会计信息。根据会计主体假设，任何会计主体的内部经济活动不可能产生任何经营成果，收益的实现只有从企业对外的经济业务中取得。

二、持续经营假设

持续经营假设又称为连续经营假设，是指会计主体的经营活动将无限期延续下去，在可预见的未来不会因为破产等而面临清算。只有设定了这一核算前提，企业所拥有的经济资源才能被会计人员有秩序地确认、计量、记录和报告，财务会计的一系列原则和程序才能建立在非清算的基础之上，持续经营假设是会计主体假设的延伸。明确了持续经营假设，就意味着会计主体将按照既定的用途使用资产，按照既定的合约条件清偿债务，会计人员就可以在此基础上选择会计政策和估计方法。持续经营假设为会计程序和方法的相对稳定提供了前提条件。一般情况下，持续经营假设只适用于正常营业的经济单位，而不适用于面临破产清算的经济单位。

三、会计分期假设

会计分期假设是指将一个企业持续不断的生产经营活动期间划分为若干个连续的、长短相同的会计区间，以达到分期结算账目和编制报表的目的。会计分期假设实际上又是持续经营假设的延伸，其意义在于为会计核算工作的时间设定了范围，也为企业正确计算收入、费用和损益提供了前提。因为有了会计分期，才有了本期与非本期的区别，有了本期与非本期的区别才产生了收付实现制和权责发生制，企业的收入和费用才有了确认入账的基础。因此，正确合理地进行会计分期对正确确定企业损益具有重要意义。我国的会计分期习惯是将公历1月1日至12月31日作为一个会计年度，在此基础上再进行季度和月份的划分。会计分期假设在各国的具体应用不尽相同，主要是会计年度的起止时间不同。

四、货币计量假设

货币计量假设是指会计主体在会计确认、计量、记录和报告时采用货币作为统一的计量单位，反映会计主体的经营活动。但要注意，货币计量假设的前提条件应是货币价值是相对稳定的。企业的资产、负债、收入和费用等都能够用货币计量，是因为货币可作为一切有价物的共同尺度，也可以作为债权、债务的清偿手段。因此说，货币计量为会计的存在提供了前提条件。

但是，统一采用货币计量也存在缺陷，货币作为计量尺度其本身价值是随时变动的，稳定只是相对的，即当货币本身价值变动幅度较大时，企业资产、负债的价值及损益就不可能真实确定；同时，某些影响企业财务状况和经营成果的因素，如企业经营战略、研发能力、市场竞争力等，往往难以用货币来计量，但这些信息对于会计信息使用者的决策也很重要。显然，以货币计量假设为基础提供的会计信息仅限于能够用货币计量的部分（定量部分），而忽视了非定量（或定性）会计信息的计量和提供。为此，企业可以在财务会计报告中补充披露有关非财务信息来弥补上述缺陷。

第三节　会计要素及其确认

一、会计要素

会计要素是指对会计对象所做的基本分类，或称为按照交易或事项的经济特征所做的基本分类。会计对象是企业、事业等单位能够用货币所表现的经济业务活动。经济业务是指企业单位与外部单位或个人之间发生的各种交易以及单位内部发生的有关会计事项。经济业务是会计记录的内容，有时可简称为会计的对象。我国企业会计要素按照性质分为：资产、负债、所有者权益、收入、费用和利润。其中，资产、负债和所有者权益要素侧重于反映企业的财务状况，收入、费用和利润要素侧重于反映企业的经营成果。会计要素的界定和分类可以使财务会计系统更加科学严谨，并可为会计信息使用者提供更加有用的会计信息。

（一）资产

1. 资产的定义

我国《企业会计准则——基本准则》（2019）将资产定义为：资产是指企业过去的交易或者事项形成的、由企业拥有或控制的、预期会给企业带来经济效益的资源。

会计学术界一般认为，资产的本质是"资源"，其外延既包括实物资产，也包括无形资产。资产有别于财产，资产与生产经营密切相关，而财产只说明某一主体所拥有的财富存量，不一定与生产经营相关。如一处房屋，若其房主只将该房屋用于自己居住，则该房屋就房主而言只能说是财产而非资产；若房主将该房屋用于经营饭店，则该房屋就可称作房主的资产。资产可理解为用作资本的财产。

2. 资产的特征

根据资产的定义，资产一般具有以下特征：

（1）资产是企业在过去的交易或者事项形成的。资产应当由企业过去的交易或者事项形成，过去的交易或者事项包括购买、生产、建造行为或者其他交易或事项，即只有过去发生的交易或事项才能产生资产，企业预期在未来发生的交易或事项不形成资产。

（2）资产预期会给企业带来经济利益。资产作为一种资本财产或者有价值的资源，本身应具有为企业带来经济利益的能力，如通过生产经营为企业获得收入或通过对外投资获取收益等。

（3）资产应为企业所拥有或控制。凡是因购买、建造、受赠、融资租入、股东投资等过去的经济业务所导致的资源产权变动所形成的资产，均属于会计上的资产范畴。

3. 资产的分类

资产通常按流动性予以分类。所谓流动性，是指资产的变现能力或变现速度。资产按流动性可分为流动资产和非流动资产。流动资产是指在 1 年或超过 1 年的一个营业周期内变现或耗用的资产，包括库存现金、银行存款、应收账款、应收票据、原材料、库存商品等。非流动资产是指不准备在 1 年内变现的资产。非流动资产按其存在状态、用途和作用又可分为以公允价值计量且其变动计入其他综合收益的金融资产、以摊余成本计量的金融资产、长期股权投资、投资性房地产、固定资产、无形资产等。资产按流动性分类，有利于反映企业的变现能力及企业的全面财务状况。

4. 资产的确认条件

将一项资源确认为资产，首先应当符合资产的定义；其次要满足以下两个条件：

（1）与该资源有关的经济利益很可能流入企业。

（2）该资源的成本或价值能够可靠地计量。

（二）负债

1. 负债的定义

负债是指企业过去的交易或者事项形成的、预期会导致经济利益流出企业的现时义务。根据负债的定义，负债一般具有以下特征：

（1）负债是企业承担的现实义务。负债必须是企业承担的现时义务，它是负债的一个基本特征。现实义务是指企业在现行条件下已承担的义务。未来发生的交易或者事项形成的义务，不属于现时义务，不应当确认为负债，如企业与供货商签订的购货意向书，不能表明负债的形成。前期发生的过期经济责任，如超过产品质量担保期的产品质量担保，也不构成企业的负债。

（2）负债的清偿预期会导致经济利益流出企业。负债的清偿预期会导致经济利益流出企业是负债的又一重要特征。只有企业在履行义务时导致经济利益流出企业，才符合负债的定义；不会导致经济利益流出企业的，就不符合负债的定义，即不构成负债。负债的清偿方式多种多样，例如，用现金偿还或以实物资产偿还，以提供劳务偿还，部分转移资产、部分提供劳务偿还，将负债转为资本等。在某些情况下，现实义务也可能以其他方式解除，例如，债权人放弃或者丧失了其要求清偿的权利等。在这种情况下，尽管现实义务的履行最终没有导致经济利益的流出，但是在现实义务发生时，仍然应当根据预计要清偿的金额确认为负债。

（3）负债是由企业过去的交易或者事项形成。负债应当由企业过去的交易或事项形成，企业过去的交易或事项包括购买货物、使用劳务、接受银行贷款等，即只有过去的交易或事项才能形成负债，企业将在未来发生的承诺、签订的合同等交易或事项，不形成负债。

2. 负债的分类

负债按偿还时间的长短可分为流动负债和非流动负债。流动负债是指偿还期限在1年或超过1年的一个营业周期之内的负债；非流动负债是指偿还期限超过1年或超过一个营业周期以上的负债。将负债分为流动负债和非流动负债有利于了解和分析企业的偿债能力。

3. 负债的确认条件

将一项现时义务确认为负债，首先应当符合负债的定义；其次要满足以下两个条件：

（1）与该义务有关的经济利益很可能流出企业。

（2）未来流出的经济利益的金额能够可靠地计量。

（三）所有者权益

1. 所有者权益的定义

所有者权益是指企业资产扣除负债后由所有者享有的剩余权益。股份公司的所有者权益又称为股东权益。所有者权益反映了所有者对企业资产的剩余索取权，是企业资产扣除债权人权益后应由所有者享有的部分。根据所有者权益的定义，所有者权益一般具有以下特征：

（1）除非发生减资、清算或分派现金股利，否则企业不需要偿还所有者权益。

（2）企业清算时，只有在清偿所有的负债后，所有者权益才能被返还给所有者。

（3）所有者凭借所有者权益能够参与企业利润的分配。

2. 所有者权益的来源

所有者权益的来源主要包括所有者投入的资本、直接计入所有者权益的利得和损失、留存收益等。

所有者投入的资本是指所有者投入企业的资本部分，它既包括构成企业注册资本（或者股本）部分的金额（该部分称为实收资本或股本），也包括投入资本超过注册资本或股本部分的金额，即资本溢价或股本溢价，该部分称为资本公积。

直接计入所有者权益的利得和损失，是指不应计入当期损益的、会导致所有者权益发生增减变动的、与所有者投入的资本或者向所有者分配的利润无关的利得和损失。其中，利得是指企业非日常活动所形成的、会导致所有者权益增加的、与所有者投入资本无关的经济利益的流入；损失是指由企业非日常活动所发生的、会导致所有者权益减少的、与向所有者分配的利润无关的经济利益的流出。直接计入所有者权益的利得和损失主要包括可供出售金融资产的公允价值变动额、现金流量套期中套期工具利得或损失属于有效套期的部分等。

留存收益是企业历年实现的净利润留存于企业的部分，主要包括计提的盈余公积和未分配利润。

3. 所有者权益的确认条件

由于所有者权益体现的是所有者在企业中的剩余权益，因此所有者权益的确认条件为：

（1）所有者权益的确认，主要依赖资产和负债的确认。

（2）所有者权益金额的确定，主要取决于资产和负债的计量。

例如，企业接受投资者投入的资产，在该资产符合企业资产确认条件时，也相应地符合了所有者权益的确认条件。

（四）收入

1. 收入的定义

收入是指企业在日常活动中形成的、会导致所有者权益增加的、与所有者投入的资本无关的经济利益的总流入。其中，日常活动包括销售商品、提供劳务及让渡资产使用权等。

出售固定资产、无形资产并非企业的日常活动，这种偶发性的收入不应确认为收入，而应作为营业外收入确认。而出租固定资产、无形资产在实质上属于让渡资产使用权，出售不需要的材料的收入也属于企业日常活动中的收入，因此应确认为企业的收入，具体确认为其他业务收入。根据收入的定义，收入一般具有以下特征：

（1）收入是企业在日常活动中形成的。

（2）收入可能会导致经济利益的流入，该流入不包括所有者投入的资本。

（3）收入最终会导致所有者权益的增加。

在企业的生产经营活动中，企业会发生为第三方或客户代收款项的情况，如销货时收取的增值税等，此种代收款项不影响所有者权益的变动，不属于企业的收入。

2. 收入的分类

收入可按不同标准进行分类。例如，按收入形成的原因，收入可分为商品销售收入、提供劳务收入等；按经营活动主次划分，收入可分为主营业务收入和其他业务收入。

3. 收入的确认条件

收入的确认除了应当符合收入的定义外，还应满足以下条件：

（1）与收入相关的经济利益很可能流入企业。

（2）经济利益流入企业的结果会导致企业资产的增加或负债的减少。

（3）经济利益的流入额能够可靠地计量。

（五）费用

1. 费用的定义

费用是指企业在日常活动中发生的、会导致所有者权益减少的、与向所有者分配利润无关的经济利益的总流出。费用的发生一般表现为资产减少或负债增加或两者兼而有之。费用的发生最终导致所有者权益减少。根据费用的定义，费用一般具有以下特征：

（1）费用是企业在日常活动中形成的。

（2）费用可能会导致经济利益的流出，该流出不包括向投资者分配的利润。

（3）费用最终会导致所有者权益的减少。

2. 费用的分类

费用按其用途可分为生产费用和期间费用。其中，生产费用的对象化，习惯上又称为生产成本，包括直接材料、直接人工、其他直接费用和制造费用；期间费用包括管理费用、财务费用和销售费用等。在利润表上，费用应当按照性质分类列示。

处置固定资产而发生的损失，虽然会导致所有者权益减少和经济利益的总流出，但不属于企业的日常活动，因此不应确认为企业的费用，而应确认为营业外支出。

3. 费用的确认条件

费用的确认除了应当符合费用的定义外，还应满足以下条件：

（1）与费用相关的经济利益很可能流出企业。

（2）经济利益流出企业的结果，会导致企业资产的减少或负债的增加。

（3）经济利益的流出额能够可靠地计量。

（六）利润

1. 利润的定义

利润是指企业在一定会计期间的经营成果。利润包括收入减去费用后的净额、直接计入当期利润的利得和损失。

2. 利润的构成

利润包括营业利润、利润总额和净利润。其中，营业利润是营业收入减去营业成本、营业税金及附加、期间费用（包括销售费用、管理费用和财务费用）、资产减值损失，加上公允价值变动净收益、投资净收益后的金额。利润总额是指在营业利润的基础上，加营业外收入、减营业外支出后的金额。净利润是指利润总额减去所得税费用后的金额。

企业当期确认的投资收益或投资损失，以及处置固定资产、债务重组等发生的利得或损失，均属于直接计入当期利润的利得和损失。

利得是企业非日常经营活动形成的收益，是企业收益的组成部分。利得的特点是：一是利得是企业边缘性或偶发性等交易或事项的结果；二是利得是非经营过程获得的收益，如政府补助收入、罚款收入、处置固定资产净收益等；三是利得也是企业经济利益的增加。

损失是指企业除费用以外的边缘性、偶发性交易以及其他一切交易事项而导致的净资产减少或经济利益的流出。

收益是指会计期间内经济利益的增加，通常表现为资产的增加或负债减少。收益包括收入和利得。收益有以下特点：

（1）能导致所有者权益增加，任何收益的获得，都是所有者权益增加的因素。但所有者权益增加不仅仅是由收益增加引起的。

（2）收益既可产生于企业的日常经营活动，也可产生于企业的非日常经营活动。

（3）收益是企业的综合经营成果。

净利润可按下式计算：

$$净利润 = 收入 - 费用 + 利得 - 损失$$

上述财务会计要素中，资产、负债、所有者权益称为资产负债表要素或静态会计要素；收入、费用、利润称为损益表要素或动态会计要素。我国《企业会计准则》和《企业会计制度》确认了资产、负债、所有者权益、收入、费用、利润六大要素。

二、会计要素之间的关系——会计等式

会计等式是表明会计基本要素之间相互关系的平衡关系式，是会计上进行复式记账、试算平衡和编制财务报表的理论依据。

（一）会计基本等式

会计基本等式反映经济主体在某一时点上财务状况的会计要素之间的等式关系，即资产、负债及所有者权益之间的等式关系，表示如下：

$$资产 = 权益$$
$$资产 = 债权人权益 + 投资者权益$$
$$资产 = 负债 + 所有者权益$$

这一等式也称为基本会计等式或静态会计等式，是编制资产负债表、进行余额试算平衡的理论依据。

（二）数量关系等式

数量关系等式反映经济主体在一定时期内形成的经营成果的会计要素之间的等式关系，即收入、费用、利得、损失之间的等式关系，表示如下：

$$利润 = 收入 - 费用 + 利得 - 损失$$

这一等式也称为数量关系等式或动态会计等式，是编制利润表的理论依据。

（三）扩展的会计等式

会计的各项要素在企业的营业过程中存在着相互联系的变化。例如，收入的实现会导致资产增加或负债减少；费用或损失的发生会导致资产减少或负债增加；净利润的获得必然表现为资产总额增加，发生亏损必然表现为资产总额减少。各项会计要素之间的联系可用扩展的会计基本等式表示如下：

$$资产 = 负债 + 所有者权益 + 收入 - 费用 + 利得 - 损失$$

或

$$资产 = 负债 + 所有者权益 + 净收益$$

或

资产 + 费用 + 损失 = 负债 + 所有者权益 + 收入 + 利得

上述扩展的会计等式，能综合地说明各项会计要素之间的关系、净收益对资产总额和所有者权益的影响以及费用、损失、收入、利得的不同性质。

第四节 会计信息质量要求

会计信息质量要求是规范企业会计行为、指导企业会计报告的标准。我国《企业会计准则——基本准则》对会计信息的质量提出了八条要求，即财务会计信息应当具有可靠性、相关性、可理解性、可比性、实质重于形式、重要性、谨慎性和及时性。

一、可靠性

可靠性是要求企业应当以实际发生的交易或者事项为依据进行会计确认、计量、记录和报告，如实反映符合确认和计量要求的各项会计要素及其他相关信息，保证会计信息真实可靠、内容完整。具体包括以下要求：

(1) 企业应当以实际发生的交易或者事项为依据进行会计确认、计量、记录和报告。

(2) 企业应当如实地将符合会计要素定义及确认条件的资产、负债、所有者权益、收入、费用和利润等在报表中反映出来。

(3) 企业应当在符合重要性和成本效益原则的前提下，保证会计信息的完整性，其中包括编报的报表及其附注内容等。

二、相关性

相关性是要求企业提供的会计信息应当与财务会计报告使用者的经济决策需要相关，有助于财务会计报告使用者对企业过去、现在或者将来的情况作出评价或者预测。相关性强调会计信息的有用性，有用的会计信息必须与信息使用者的决策需要相关。

三、可理解性

可理解性是要求企业提供的会计信息应当清晰明了，便于财务会计报告使用者理解和使用。按照可理解性要求，会计人员所提供的会计信息必须清晰明了，易于为会计信息使用者理解、分析和利用，且对不易理解的会计信息可附加注释或说明，从而提高会计信息的有用性，实现财务报告的目标，满足会计信息使用者对经营决策所需信息的要求。

四、可比性

可比性是要求企业提供的会计信息应当具有可比性。可比性可分为纵向可比和横向可比。

(1) 纵向可比：同一企业不同时期发生的相同或者相似的交易或事项，应当采用一致的会计政策，不得随意变更。确需变更的应当在会计注释中说明。

(2) 横向可比：不同企业发生的相同或者相似的交易或事项，应当采用规定的会计政策,确保会计信息口径一致、相互可比。

五、实质重于形式

实质重于形式是要求企业应当按照交易或事项的经济实质进行会计确认、计量、记录和报告,不应当仅以交易或事项的法律形式作为依据。如果企业仅仅以交易或事项的法律形式为依据进行会计确认、计量、记录和报告,就容易导致会计信息失真,无法如实反映经济现实。

六、重要性

重要性是要求企业提供的会计信息应当反映与企业财务状况、经营成果和现金流量等有关的所有重要交易或者事项。企业会计信息的省略或错报会影响使用者据此作出经营决策的,该信息就具有重要性。重要性的应用需要依赖职业判断,企业应当根据所处环境和实际情况,从项目的性质和金额大小两个方面来判断其重要性。

七、谨慎性

谨慎性是要求企业对交易或事项进行会计确认、计量、记录和报告时应当保持应有的谨慎,不应高估资产或者收益、低估负债或者费用。当企业面对不确定的环境因素时,会计人员应当尽可能选择低估资产和收入,而充分预计费用和损失的会计处理方法。或者说,在资产计价时从低,而负债计量时从高;收入确认时从低,而费用确认时从高。这样,可使本期净资产和利润达到最低值。

但是,谨慎性的应用并不允许企业设置秘密准备,故意低估资产或者收益、高估负债或者费用,影响会计信息质量,造成企业财务状况和经营成果的不实,从而对会计信息使用者的经营决策产生误导,这是企业会计准则不允许的。

八、及时性

及时性是要求企业对于已经发生的交易或事项,应当及时进行会计确认、计量、记录和报告,不得提前或者拖后。按照及时性要求,会计人员应当在规定的时限内处理发生的经济业务并及时输出会计信息。会计信息的有用性取决于会计信息的相关性。可靠和有用的会计信息必须是及时的会计信息,时过境迁的会计信息即使再可靠,也可能是无用的信息。

第五节　会计计量

一、会计要素计量属性

会计计量是将符合确认条件的会计要素登记入账,并列报于财务报表而确定其金额的过程。企业应当按照规定的会计计量属性进行计量,确定相关金额。

会计要素计量属性主要包括历史成本、重置成本、可变现净值、现值和公允价值。

（一）历史成本

历史成本又称实际成本，是指取得或制造某项财产物资时所实际支付的现金及其等价物的金额。在历史成本计量下，资产按照购置时支付的现金或者现金等价物的金额，或者按照购置资产时所付出的对价的公允价值计量；负债按照因承担现实义务而实际支付的货币或者资产的金额，或者承担现实义务的合同金额，或者按照日常活动中为偿还负债预期需要支付的现金或者现金等价物的金额计量。

（二）重置成本

重置成本又称现行成本，是指按照当前的市场条件，重新取得相同资产时所实际支付的现金及其等价物的金额。在重置成本计量下，资产按照现在购买相同或者相似资产所需支付的现金或者现金等价物的金额计量；负债按照现在偿付该项债务所需支付的现金或者现金等价物的金额计量。

（三）可变现净值

可变现净值是指在正常的生产经营过程中，以预计售价减去进一步加工成本和预计销售费用以及相关税费后的净值。在可变现净值计量下，资产按照其正常对外销售所能收到现金或者现金等价物的金额扣减该资产至完工时估计将要发生的成本、估计的销售费用以及相关税费后的金额计量。

（四）现值

现值是指对未来现金流量以恰当的折现率进行折现后的价值。在现值计量下，资产按照预计从其持续使用和最终处置中所产生的未来净现金流入量的折现金额计量；负债按照预计期限内需要偿还的未来净现金流出量的折现金额计量。

（五）公允价值

公允价值是指公平交易中，熟悉情况的交易双方自愿进行资产交易或债务清偿的金额。在公允价值计量下，资产和负债按照在公平交易中，熟悉情况的交易双方自愿进行资产交换或者债务清偿的金额计量。

二、会计计量属性的应用原则

尽管会计计量属性包括历史成本、重置成本、可变现净值、现值和公允价值等，但是企业在对会计要素进行计量时，一般采用历史成本计量属性。

但是在某些特殊情况下，仅仅以历史成本作为计量属性，可能难以达到会计信息的质量要求，不利于实现财务会计报告的目标，有时甚至会降低会计信息质量，影响会计信息的有用性。在这种情况下，为了提高会计信息的有用性，向使用者提供与决策更为相关的信息，就有必要采用重置成本、可变现净值、现值、公允价值进行会计计量，以弥补历史成本计量属性的缺陷。按照企业会计准则要求，如果采用重置成本、可变现净值、现值、公允价值进行会计计量，应当保证所确定的会计要素金额能够取得并可靠计量。

思考题

1. 什么是财务会计？
2. 财务会计（报告）的内容包括哪些？
3. 会计信息质量要求有哪些？
4. 会计要素确认的条件有哪些？
5. 财务会计的目标是什么？
6. 会计计量属性有哪些？

第二章 货币资金

【本章知识要点提示】

通过本章的学习：理解货币资金的内容及特点；熟悉现金、银行存款内部控制制度的主要内容、银行存款账户的开立和使用；掌握库存现金清查的会计处理、备用金制度及其核算、银行转账结算方式的应用规定以及其他货币资金包括的内容及核算方法。本章所包括的内容：货币资金概述、库存现金、银行存款和其他货币资金。

第一节 货币资金概述

一、货币资金概述

（一）货币资金的含义及特征

货币资金是指企业在生产经营过程中处于货币形态、可以立即投入流通的那部分资金。根据货币资金的存放地点及用途的不同，货币资金可分为库存现金、银行存款和其他货币资金三部分内容。

货币资金的本质特征是可以立即投入流通，并同时具有价值尺度、流通手段（交换媒介）和支付手段的职能。具体表现为：

（1）在会计上作为价值尺度的货币资金是对其他资产进行计量和会计处理的基础。

（2）由于货币资金具有普遍的可接受性，因而它既可以用于购买其他资产及劳务而发挥流通手段的职能，也可以用于支付各项费用和清偿各种债务而发挥支付手段的职能。

（二）货币资金的核算范围

货币资金的内容通常包括库存现金、银行存款以及其他货币资金等。在我国会计实务中，货币资金通常分别设置"库存现金""银行存款""其他货币资金"三个账户来核算。

1. 库存现金，即狭义的现金

库存现金是指存放在企业财会部门内部，由出纳人员经管的、持有目的是满足企业日常的零星开支的那部分货币资金。库存现金包括库存的纸币和硬币。在本章中，库存现金概念是指狭义的现金，广义的现金统称为货币资金。

2. 银行存款

银行存款是用来核算企业存入银行或其他金融机构且未指定特殊用途的那部分货币资金。它是企业流动资产的重要组成部分，也是一种主要的速动资产。

3. 其他货币资金

其他货币资金是用来核算企业在生产经营过程中由于存放地点及用途不同于库存现金和银行存款而不属于现金和银行存款科目核算内容的那部分货币资金。其他货币资金主要包括企业的外埠存款、银行汇票存款、银行本票存款、信用卡存款、信用证保证金存款、存出投资款等。

二、货币资金的内部控制

在企业的全部资产中，货币资金的流动性最强，它是直接的流通货币，也是所有商品的一般等价物。因而，货币资金是会计核算的重点内容和企业内部控制的关键环节。根据财政部《内部会计控制规范——货币资金（试行）》规定，各单位都应当根据国家有关法律法规、结合本部门或本系统的货币资金内部控制规定，建立适合本单位业务特点和管理要求的货币资金内部控制制度，并组织实施。建立健全的货币资金控制系统，应该遵循以下基本原则。

（一）坚持货币资金业务处理的合理分工原则

单位应当建立货币资金业务的岗位责任制，明确相关部门和岗位的职责权限，确保办理货币资金业务的不相容岗位相互分离、制约和监督。通常应做到以下职责分工：

(1) 出纳人员不得兼任稽核、会计档案保管和收入、支出、费用等账目的登记工作。

(2) 现金的保管和现金账目的记录应由不同人员来完成。

（二）不断提高货币资金业务人员业务素质和职业道德的原则

(1) 单位办理货币资金业务，应当配备合格的人员，并根据本单位的具体情况进行岗位轮换。

(2) 办理货币资金业务的人员应当具备良好的职业道德，忠于职守，廉洁奉公，遵纪守法，客观公正，不断提高会计人员业务素质和职业道德水平。

（三）建立严格的货币资金业务授权批准制度

各单位对货币资金业务的授权批准制度具体包括以下内容：

(1) 明确审批人对货币资金业务的授权批准方式、权限、程序、责任和相关控制措施，规定经办人办理货币资金业务的职责范围和工作要求。

(2) 审批人应当根据货币资金授权批准制度的规定，在授权范围内进行审批，不得超越授权审批权限。

(3) 经办人应当在职责范围内，按照审批人的批准意见办理货币资金业务。对于审批人超越授权范围审批的货币资金业务，经办人员有权拒绝办理，并及时向审批人的上级授权部门报告。

（四）建立货币资金业务的监督检查制度

各单位应该明确监督检查机构或人员的职责权限，定期或不定期地进行检查。重点检查以下内容：
(1) 货币资金收支业务不相容职务混岗的现象。
(2) 货币资金支出的授权批准手续是否健全，是否存在越权审批行为。
(3) 是否存在办理付款业务所需的全部印章交由一人保管的现象。
(4) 票据的购买、领用、保管手续是否健全，票据保管是否存在漏洞。

第二节　库存现金

库存现金即狭义的现金，是指存放在企业财务部门内部，由出纳人员经管的、持有目的是满足企业日常零星开支需要的那部分货币资金。

一、库存现金的管理与控制

在企业的所有资产中，现金不仅流动性最强，而且具有普遍的可接受性。由于它是所有商品的一般等价物，掌握了现金就等于占有了财富，所以其诱惑力最大；又由于现金是通用的交换媒介，它可以轻易地转化为其他各类资产，而且便于转移和藏匿，所以现金管理最容易发生错误或现金最容易被经管人员侵占和挪用。因此，企业必须非常重视现金的内部控制，从现金的收入、支出和结余三个方面建立健全库存现金的内部控制制度。

（一）现金控制的基本原则

为了保证现金控制的有效性，对现金控制必须遵循以下原则：
(1) 现金收付应尽量通过银行结算。企业销售商品、接受劳务或让渡资产使用权等收到的现金，应及时存入银行。除零星的小额开支外，所有现金支出都应使用支票或采用其他结算方式。
(2) 建立内部监督制度和稽核制度。会计人员的职责权限应当明确，且相互分离、相互制约。
(3) 贯彻"九不准"规定。出纳人员在现金收付中，不得以白条顶替现金；不准挪用现金；不准公款私存；不准私人借用公款；不准单位间套换现金；不准假造用途套取现金；不准用银行账户代其他单位存入或支取现金；不准保留账外现金；不准以任何票证代替现金。

（二）加强现金收入的内部控制

现金收入控制的主要目的，在于保证全部现金收入都能没有遗漏地登记入账。其应遵循的原则是：职能分开、明确责任、加强监督。内部控制具体包括以下工作：
(1) 一切现金收入都应开具一式三联的收款收据。

（2）控制收款收据和销售发票的数量和编号。领用收据时要登记数量和起讫号，并由领用人签收。收据存根要由收据保管人收回，并负责保管。

（3）全部现金收入必须当天入账，并尽可能当天送存银行，防止出现"坐收坐支"的现象。

（三）加强现金支出的内部控制

现金支出控制的主要目的，在于保证全部现金支付都是经过有关主管人员授权的合法、合理行为，具体措施如下：

（1）严格控制现金的使用范围。根据国家现金管理制度和结算制度的规定，企业可在下列范围内使用现金支付：支付职工工资、奖金、福利和津贴；支付给个人的劳务报酬；根据国家规定颁发给个人的科学技术、文化艺术、体育等各类奖金；支付各种抚恤金、退休金、社会保险和社会救济；向个人收购农副产品或其他物资而支付的价款；支付出差人员必须携带的差旅费；其他零星支付。对于属于现金结算范围内的支出，企业可以根据需要选择通过银行转账结算或者向银行提取现金支付，不属于现金结算范围内的款项支付，一律通过银行转账结算。

（2）健全付款手续。企业发生的一切现金支出业务，都必须经过有关分管领导的签字认可，方可由出纳人员根据核对无误的付款凭证支付现金。

（3）职能分工。采购、出纳、记账工作应分别由不同的经办人员负责，不得由一人兼管。

（4）加强监督。对现金支出与会计记录要进行严格、不定期的检查。

（四）库存现金限额的控制

现金的限额是指为了保证企业日常零星开支的需要，允许企业留存现金的最高数额。这一限额由开户银行根据单位的实际需要核定，以保证库存现金的安全完整。

（1）准确核定库存现金限额。企业应尽可能保持少量的库存现金。由银行与企业共同协商核定限额，一般保持企业 3~5 天的零星开支量，边远地区及交通不方便地区可放宽 5 天，但最多不得超过 15 天的需求量。

（2）实行日清日结制度。出纳人员必须及时登记现金日记账，做到日清日结，账实相符。

（3）加强内部审计。内部稽核人员要定期对库存现金进行核查，也可以根据需要临时进行突击检查，以确保库存现金的安全完整。

二、库存现金收支的核算

企业应设置"库存现金"账户，用来核算企业库存现金的收入、支付和结存情况。"库存现金"账户属于资产类账户，借方登记库存现金的收入，贷方登记库存现金的支出，余额在借方，表示库存现金的结余数。

基于现金管理的重要意义，企业除了设置"库存现金"总分类账户，还必须设置订本式的现金日记账，由出纳人员根据审核以后的现金收、付款记账凭证进行逐日逐笔序时登记，并保证日清日结，账实相符。

【例2-1】 东华股份有限公司2019年3月发生的有关现金的收付业务如下：

(1) 3月1日，收到零星销售收入904元，其中含有应交增值税104元，款已存银行。

(2) 3月5日，签发现金支票一张，到银行提取现金5 000元，以备零星开支之用。

(3) 3月9日，用现金支付职工于海差旅费借款1 000元。

(4) 3月19日，用现金购买办公用品800元。

东华股份有限公司2019年3月有关的会计分录如下：

(1) 3月1日，收到零星销售收入：

借：银行存款　　　　　　　　　　　　　　　　　　　　　　904

　　贷：主营业务收入　　　　　　　　　　　　　　　　　　800

　　　　应交税费——应交增值税（销项税额）　　　　　　104

(2) 3月5日，用现金支票到银行提取现金：

借：库存现金　　　　　　　　　　　　　　　　　　　　　5 000

　　贷：银行存款　　　　　　　　　　　　　　　　　　　5 000

(3) 3月9日，用现金支付差旅费借款：

借：其他应收款——于海　　　　　　　　　　　　　　　1 000

　　贷：库存现金　　　　　　　　　　　　　　　　　　　1 000

(4) 3月19日，用现金购买办公用品800元：

借：管理费用　　　　　　　　　　　　　　　　　　　　　800

　　贷：库存现金　　　　　　　　　　　　　　　　　　　800

三、库存现金清查的核算

为了保证现金的账实相符和安全完整，企业应定期或不定期地对现金进行清查。清查采用实地盘点法，将实存数与现金日记账余额相核对。对清查结果需填制"库存现金清查报告表"，作为调整现金日记账的原始凭证。清查结果包括盘盈、盘亏和相符。如果账实相符，不做账务处理；如果账实不符，要查明原因并进行相应的账务处理。对现金盘盈或盘亏的账务处理，应通过设置"待处理财产损溢"账户核算。账务处理程序如下：

（一）库存现金盘盈的账务处理

(1) 原因尚未查明或已查明但尚未审批确认前：

借：库存现金

　　贷：待处理财产损溢——待处理流动资产损溢

(2) 查明原因，批准处理。属于多收或少付其他单位和个人的现金：

借：待处理财产损溢——待处理流动资产损溢

　　贷：其他应付款——应付现金溢余——某单位或个人

(3) 无法查明原因的盘盈：

借：待处理财产损溢——待处理流动资产损溢

　　贷：营业外收入——现金溢余

（二）库存现金盘亏的账务处理

(1) 原因尚未查明或已查明但尚未审批确认前：

借：待处理财产损溢——待处理流动资产损溢
　　贷：库存现金
（2）查明原因，批准处理。属于个人责任或保险公司赔付的：
借：其他应收款——应收现金短缺款（某责任人）
　　　　　　　　——应收保险赔款
　　贷：待处理财产损溢——待处理流动资产损溢
（3）属于无法查明原因的盘亏：
借：管理费用——现金短缺
　　贷：待处理财产损溢——待处理流动资产损溢

【例2-2】东华公司期末对库存现金进行盘点时，发现盘盈现金100元。经调查，上述盘盈100元现金中，有70元为客户多付款，有30元无法查明原因。账务处理如下：
（1）审批处理前，根据"现金盘点报告表"调整现金日记账：
借：库存现金　　　　　　　　　　　　　　　　　　　　　100
　　贷：待处理财产损溢——待处理流动资产损溢　　　　　　　100
（2）查明原因，批准处理时：
借：待处理财产损溢——待处理流动资产损溢　　　　　　　100
　　贷：其他应付款——应付现金溢余——东方公司　　　　　　70
　　　　营业外收入——现金溢余　　　　　　　　　　　　　　30

【例2-3】东华公司期末对库存现金进行盘点时，发现现金短缺60元。经调查，上述盘亏的60元现金中，有20元是出纳员责任所致，应由出纳员赔偿，有40元无法落实责任，经批准核销。
（1）审批处理前，根据"现金盘点报告表"调整现金日记账：
借：待处理财产损溢——待处理流动资产损溢　　　　　　　60
　　贷：库存现金　　　　　　　　　　　　　　　　　　　　　60
（2）查明原因，批准处理时：
借：其他应收款——应收现金短缺款（出纳员）　　　　　　20
　　管理费用——现金短缺　　　　　　　　　　　　　　　　40
　　贷：待处理财产损溢——待处理流动资产损溢　　　　　　　60

四、备用金的核算

企业为了加强现金管理，对于绝大部分货币资金支出都要求使用支票从银行支付，只有那些零星的日常开支，如发生差旅费、零星采购和零星支出等，不便使用支票，才需要使用现金。虽然这些零星开支金额不大，但由于发生频繁，为了便于管理和减少工作量，通常需要建立相应的备用金制度来进行管理。

备用金是指企业预付给职工和内部有关部门用作差旅费、零星采购和零星支出等，事后需要报销的款项。备用金的管理模式有两种：一是普通备用金制度；二是定额备用金制度。

（一）普通备用金制度核算

普通备用金制度是指对于用作差旅费、零星采购和零星支出等需要使用现金的情况，需要时随借随用、用后报销、多退少补的制度。其适用于不经常使用备用金的单位和个人。在这种制度下，应设置"其他应收款"账户核算备用金的收付情况，其账务处理程序如下：

（1）当相关部门或人员预借备用金时：

借：其他应收款——×××部门（人员）

　　贷：库存现金

（2）当用后报销时，根据审核无误后的报销单据：

借：管理费用（等有关账户）

　　库存现金（收回多余现金）

　　贷：其他应收款——×××部门（人员）

　　　　库存现金（补足不足备用金）

【例2-4】 东华股份有限公司2019年4月6日管理部门职工王海因公出差预借差旅费2 000元，实际发生符合报销规定的支出2 160元，4月12日予以报销，并补付人民币160元。相应会计分录如下：

（1）4月6日，预借差旅费时：

借：其他应收款——王海　　　　　　　　　　　　　　　　　　　2 000

　　贷：库存现金　　　　　　　　　　　　　　　　　　　　　　　2 000

（2）4月12日，报销差旅费并补付现金时：

借：管理费用　　　　　　　　　　　　　　　　　　　　　　　　2 160

　　贷：其他应收款——王海　　　　　　　　　　　　　　　　　　2 000

　　　　库存现金　　　　　　　　　　　　　　　　　　　　　　　160

（二）定额备用金制度的核算

定额备用金制度是指对于经常使用备用金的单位，分别按规定拨付一笔固定金额的现金，以备其日常开支之用，等实际报销时再根据合格的报销凭证支付现金，补足已经使用的金额，使备用金金额仍保持原来的定额数的制度。其适用于经常使用备用金的单位和个人。

为了核算定额备用金，需要设置"其他应收款——备用金"账户，或者设置"备用金"总分类账户。账务处理程序如下：

（1）按定额拨付现金时：

借：其他应收款——备用金（某部门或个人）

　　贷：库存现金

（2）平时使用报销并补足时：

借：管理费用（等有关账户）

　　贷：库存现金

（3）收回定额备用金时：

借：管理费用（等有关账户）

　　库存现金

　　贷：其他应收款——备用金（某部门或个人）

【例2-5】 东华股份有限公司2019年1月开始对办公室和销售部门实行定额备用金制度。根据相关规定，核定付给办公室定额备用金3 000元，销售部门定额备用金4 000元。

借：其他应收款——备用金——办公室	3 000
——备用金——销售部	4 000
贷：库存现金	7 000

2月28日，办公室共发生备用金支出1 700元，销售部门发生备用金支出4 700元，上述部门分别持有关原始凭证到会计处报销。

借：管理费用	1 700
销售费用	4 700
贷：库存现金	6 400

3月，根据相关规定，办公室不再采用定额备用金制度，而将销售部门的备用金定额增加至6 000元，各部门到财务办理相关手续。

（1）销售部门的备用金定额增加2 000元时：

借：其他应收款——备用金——销售部	2 000
贷：库存现金	2 000

（2）撤销办公室定额备用金时：

借：库存现金	3 000
贷：其他应收款——备用金——办公室	3 000

第三节　银行存款

一、银行存款的定义及核算内容

银行存款是指企业存放在银行或其他金融机构的货币资金。

各企业单位应当按照《银行账户管理办法》的规定开立和使用账户。根据需要一个企业可以在银行开立四种账户，包括基本存款账户、一般存款账户、临时存款账户和专用存款账户。

基本存款账户：企业办理日常转账结算和现金收付的账户。存款人的工资、奖金等现金的支取，只能通过本账户办理。

一般存款账户：企业在基本存款账户以外的银行借款转存、与基本存款账户的企业不在同一地点的附属非独立核算单位开立的账户。本账户可以办理转账结算和现金缴存，但不能办理现金支取。

临时存款账户：企业因临时经营活动需要开立的账户。企业可以通过本账户办理转账结算和根据国家现金管理的规定办理现金收付。

专用存款账户：企业因特定用途需要开立的账户。企业可以根据需要，依法自主选择银行申请开立账户。企业的销货款不得转入专用存款账户。

二、银行转账结算方式及其会计处理

银行是转账结算和资金清算的中介机构。企业的业务活动普遍依法采用银行结算办法，因为采用银行转账结算，既可以有效保证货币资金的安全，也可以加强银行对企业经济业务

的监督和管理。我国目前实行以支票、汇票、本票为主体的银行结算制度,采用的主要转账结算方式有支票、银行本票、银行汇票、商业汇票、汇兑、委托收款、托收承付、信用卡和信用证等九种。

(一) 支票

支票是出票人签发的,委托开户行在见票时无条件支付确定的金额给收款人或持票人的票据。在签发支票时,企业要写明收款单位或收款人,并列明款项用途和金额。支票适用于同城范围内的商品交易和劳务供应以及其他款项的结算。

支票分为现金支票、转账支票和普通支票三种。现金支票只能用于支取现金;转账支票只能通过银行划拨转账;普通支票既可以从银行支取现金,也可以转账;但在普通支票左上角划两条平行线后,其作为划线支票只可用于转账,不再可以支取现金。

支票一律记名,即填明收款人;转账支票可以在批准的地区背书转让;支票的提示付款期限为自出票日起 10 日内,超过提示付款期限的,银行不予受理。

企业出纳人员必须认真检查银行存款的账面结存情况,不得签发空头支票。否则,银行将予以退票,并处以票面金额的 5% 但不低于 1 000 元的罚款,而且持票人有权要求出票人赔偿其支票金额 2% 的赔偿金。对屡次签发空头支票的企业,银行应停止其签发支票。

【例 2 – 6】 东华公司 2019 年 3 月发生如下银行存款结算业务,3 日签发转账支票一张,支付甲公司购货款 30 000 元;当月收到乙公司偿还所欠货款的转账支票一张,金额是 60 000 元;6 日签发现金支票一张,提取日常备用款 10 000 元。

(1) 以银行存款偿付购货款时:

借:应付账款——甲公司 30 000
　　贷:银行存款 30 000

(2) 收到销货款存入银行时:

借:银行存款 60 000
　　贷:应收账款——乙公司 60 000

(3) 向银行提取现金时:

借:库存现金 10 000
　　贷:银行存款 10 000

(二) 商业汇票

商业汇票是由收款人或付款人(或承兑申请人)签发,由承兑人承兑,并于到期日向收款人或被背书人支付款项的票据。

商业汇票一律记名,允许背书转让,在同城或异地均可采用。商业汇票是一种延期付款的凭证,其期限由交易双方商定,但最长不得超过 6 个月。

按照承兑人的不同,商业汇票分为商业承兑汇票和银行承兑汇票两种。

商业承兑汇票是由收款人(销货单位)签发,经付款人(购货单位)承兑,或由付款人签发并承兑的汇票。收款人对将要到期的商业承兑汇票,应送交银行办理收款手续,付款人应于商业汇票到期前将票款足额交存银行,银行待到期凭票将款项划转给收款人。汇票到期时,如果付款人的存款不足支付,开户银行不负责付款,由收付款双方自行解决。

银行承兑汇票是由收款人或承兑申请人签发,并由承兑申请人持汇票向其开户银行申请承兑,经银行审查同意承兑的汇票。银行承兑汇票要求银行和承兑申请人双方签订承兑协议,承兑申请人按照票面金额的万分之五向银行支付承兑手续费。承兑申请人应于银行承兑汇票到期前将票款足额交存开户银行,承兑银行待到期日凭票将款项付给收款人;承兑申请人于银行承兑汇票到期前未能足额交存票款时,承兑银行凭票向收款人无条件支付票款,但是银行可根据承兑协议规定,对承兑申请人按逾期借款处理,每天计收代付金额万分之五的罚息。

下面举例说明关于商业汇票的账务处理。

【例2-7】东华公司于2019年3月1日收到丙企业当日开出的不带息商业承兑汇票一张以抵前欠货款,面值为100 000元,期限为3个月;6月1日前丙企业已将票款足额交存银行。

(1) 东华公司的账务处理:

3月1日收到商业汇票时:

借:应收票据　　　　　　　　　　　　　　　　　　　　　　　　　　100 000
　　贷:应收账款　　　　　　　　　　　　　　　　　　　　　　　　　　100 000

6月1日收到款项时:

借:银行存款　　　　　　　　　　　　　　　　　　　　　　　　　　100 000
　　贷:应收票据　　　　　　　　　　　　　　　　　　　　　　　　　　100 000

(2) 丙企业的账务处理:

3月1日丙企业签发商业汇票时:

借:应付账款　　　　　　　　　　　　　　　　　　　　　　　　　　100 000
　　贷:应付票据　　　　　　　　　　　　　　　　　　　　　　　　　　100 000

6月1日丙企业支付商业汇票款项时:

借:应付票据　　　　　　　　　　　　　　　　　　　　　　　　　　100 000
　　贷:银行存款　　　　　　　　　　　　　　　　　　　　　　　　　　100 000

(三) 汇兑

汇兑结算方式是指付款人委托银行将其款项汇付给收款人的结算方式。它适用于各种款项的结算,一般多用于先收货、后付款的交易。这种结算方式划拨款项简便,比较灵活。汇兑分为信汇和电汇两种,由汇款人根据对汇款快慢的要求选择采用。

采用汇兑结算方式时,汇款人应向汇出银行填写信汇、电汇凭证,列明收款单位名称、汇款金额及汇款的用途等项目,送交开户银行,委托银行办理汇款手续,并取得信汇、电汇凭证的回单。收款银行将汇款收进收款单位存款账户后,转送汇款凭证联,通知收款单位收款。

【例2-8】东华公司于2019年3月1日电汇30 000元给丙企业以抵前欠货款,并取得电汇凭证的回单;丙企业3月4日收到银行的收款通知。

3月1日东华公司电汇货款时:

借:应付账款——丙企业　　　　　　　　　　　　　　　　　　　　30 000
　　贷:银行存款　　　　　　　　　　　　　　　　　　　　　　　　　　30 000

3月4日丙企业收到收款通知时：

　　借：银行存款　　　　　　　　　　　　　　　　　　　　　　　　30 000
　　　　贷：应收账款——丙企业　　　　　　　　　　　　　　　　　　　　30 000

（四）委托收款

委托收款是收款人委托银行向付款人收取款项的结算方式。它可用于在银行或其他金融机构开立账户的单位和个人经济户的商品交易、劳务款项以及其他应收款项的结算。委托收款在同城和异地均可以采用，不受金额起点限制。

委托收款按划款方式不同，分为委邮和委电两种，由收款人选择使用。

企业委托银行收款时，应填写银行印制的委托收款凭证，在委托收款凭证上写明收付款单位名称、账号、开户银行、委托收款的金额、款项、委托收款凭据名称以及附寄单证等内容，委托银行办理收款，取得委托收款凭证的回单。银行受理并邮寄传递凭证后，由付款人开户银行将委托收款凭证的支款通知和有关附件递交付款人。付款人在付款期内未向银行提出异议，银行即视作同意付款，并在付款期满的次日主动将款项从付款人账户付出。付款单位在审查有关单证后，如果对收款企业委托收取的款项决定全部或部分拒绝支付时，应在付款期内填写拒绝付款理由书，连同有关证明单据递交开户银行。银行不负责审查拒付理由，将拒付理由书连同有关凭证寄给收款人开户银行转交收款人；需要部分拒绝付款的，银行办理部分转账结算。下面举例说明关于委托收款的账务处理。

【例2-9】 东华公司于2019年3月1日委托银行办理收款113 000元（其中，价款100 000元、增值税销项税额为13 000元），取得委托收款凭证的回单，3月12日收到款项入账的进账单。

（1）3月1日东华公司根据销货发票及委托收款凭证的回单等：

　　借：应收账款　　　　　　　　　　　　　　　　　　　　　　　　113 000
　　　　贷：主营业务收入　　　　　　　　　　　　　　　　　　　　　100 000
　　　　　　应交税费——应交增值税（销项税额）　　　　　　　　　　　13 000

（2）3月12日东华公司收到入账进账单时：

　　借：银行存款　　　　　　　　　　　　　　　　　　　　　　　　113 000
　　　　贷：应收账款　　　　　　　　　　　　　　　　　　　　　　　113 000

（五）托收承付

托收承付是指根据购销合同，由收款人发货或提供劳务后，委托银行向异地付款人收取款项，由付款人向银行承诺付款的结算方式。托收承付结算方式适用于订有合同的商品交易和劳务供应的款项结算，同城或异地均可采用这种结算方式。

采用这种结算方式，收款单位在根据合同发运货物或提供劳务后，填写银行印发的"托收承付结算凭证"，连同发票、货物发运证件和代垫运杂费等单据一并递交开户银行办理托收手续，并取得回单联备查。对于托收取得的款项，根据银行的收账通知和有关的原始凭证编制收款凭证。

付款单位在收到银行转来的付款通知时，应在审查的基础上做出是否付款的决定。验付款的承付期为3天，验货付款的承付期为10天。购货单位如果拒付，应在承付期限内向银行递交"拒付理由书",办理拒付的手续。否则,银行视作承付,于付款期满的次日将款项划给收款人。其账务处理与委托收款结算方式相同,这里不再举例。

第四节 其他货币资金

其他货币资金是指企业在生产经营过程中,与库存现金和银行存款存放的地点不同或指定了特定用途的那部分货币资金,主要包括企业的银行本票存款、银行汇票存款、外埠存款、信用卡存款、信用证保证金存款、存出投资款等。

(1)银行本票存款:企业为取得银行本票而按照规定存入银行并指定用途的款项。

(2)银行汇票存款:企业为取得银行汇票而按照规定存入银行并指定用途的款项。

(3)外埠存款:企业为满足到外地进行临时或零星采购的需要,汇往采购地银行开立采购专户的款项。

(4)信用卡存款:企业为取得信用卡而按照规定存入银行的款项。

(5)信用证保证金存款:企业为取得信用证而按照规定存入银行的保证金。

(6)存出投资款:企业已存入证券公司但尚未进行短期投资的款项。

对于其他货币资金要设"其他货币资金"账户对其进行核算,在该总账科目下还应按其他货币资金的种类分别设置"银行本票""银行汇票""外埠存款""信用卡""信用证保证金""存出投资款"明细账户,进行明细核算。账务处理程序如下:

(1)当取得各种其他货币资金时:

借:其他货币资金——××账户
　　贷:银行存款

(2)当企业用其他货币资金支付相关款项时:

借:原材料
　　固定资产
　　应交税费——应交增值税(进项税额)
　　交易性金融资产(等有关账户)
　　贷:其他货币资金——××账户

一、银行本票存款

银行本票是银行签发的,承兑在见票时无条件支付确定金额给收款人或持票人的票据。

银行本票分为定额本票和不定额本票两种,不定额银行本票的金额起点为1 000元,定额银行本票面额为1 000元、5 000元、10 000元、50 000元。银行本票付款期为2个月,逾期的银行本票,银行不予受理。银行本票一律记名,允许背书转让。

使用银行本票时,付款人需向银行填写"银行本票申请书",详细填明收款人名称,并将款项交存银行,取得申请书存根联;银行受理并办妥转账或收妥现金后,据以签发银行本票,交给付款人向收款人办理结算。付款人收到银行本票并审查无误后,根据申请书存根联编制付款凭证。由于银行本票结算方式要求企业必须为取得银行本票按规定存入银行相应的款项,且该款项被指定用途成为银行本票存款,因此银行本票存款属于其他货币资金的核算内容,银行本票存款要通过"其他货币资金"账户核算。

【例 2-10】 东华公司向银行申请办理银行本票用以购货,将款项 113 000 元交存银行转作银行本票存款。应根据银行盖章退回的申请书存根联,作分录如下:

借:其他货币资金——银行本票存款　　　　　　　　　　　113 000
　　贷:银行存款　　　　　　　　　　　　　　　　　　　　113 000

东华公司购入设备一台,价款 100 000 元,增值税 13 000 元,已用银行本票办理结算。东华编制的会计分录如下:

借:固定资产　　　　　　　　　　　　　　　　　　　　　100 000
　　应交税费——应交增值税(进项税额)　　　　　　　　　13 000
　　贷:其他货币资金——银行本票存款　　　　　　　　　　113 000

收款人收到银行本票并审查无误后,在银行本票背面加盖预留银行印鉴,连同填写好的进账单送交开户银行办理转账手续,并根据银行盖章退回的进账单第一联及其他有关原始凭证编制收款凭证。

【例 2-11】 东华公司收到甲公司银行本票一张,金额 33 900 元,偿还前欠的货款,编制会计分录如下:

借:银行存款　　　　　　　　　　　　　　　　　　　　　33 900
　　贷:应收账款——甲公司　　　　　　　　　　　　　　　33 900

二、银行汇票存款

银行汇票是出票银行签发的,由其在见票时按照实际结算金额无条件支付给收款人或持票人的票据。银行汇票一律记名,可用于支付各种款项,其金额起点为 500 元,有效期为 1 个月,逾期的汇票,兑付银行不予受理。

企业需要使用银行汇票时,汇款人需向银行填写"银行汇票申请书",详细填明收款人名称(需要在兑付地支取现金的,应填写"现金"字样),并将款项交存银行,取得申请书存根联;银行受理并办妥转账或收妥现金后,据以签发银行汇票,将汇票和解讫通知连同汇票委托书的回单交给汇款人。汇款人持银行汇票和解讫通知可以向收款人办理结算。汇款人收到银行汇票和解讫通知并审查无误后,根据申请书回单编制付款凭证。

收款人收到银行汇票并审查无误后,在银行汇票背面加盖预留银行印鉴,连同填写好的进账单送交开户银行办理转账手续,并根据银行盖章退回的进账单第一联及其他有关原始凭证编制收款凭证。

银行汇票适用于企业单位、个体经营户或个人向异地支付各种款项,特别适用于企业先收款后发货或钱货两清的商品交易。这种汇票一般情况下是票随人到,凭票购货,余款自动退回。

由于银行汇票结算方式要求企业必须为取得银行汇票按规定存入银行相应的款项,且该款项被指定用途成为银行汇票存款,因此银行汇票存款属于其他货币资金的核算内容,银行汇票存款要通过"其他货币资金"账户核算。下面举例说明银行汇票存款收付的账务处理方法。

【例 2-12】 东华公司向银行申请办理银行汇票用以购货,将款项 36 000 元交存银行转作银行汇票存款。应根据银行盖章退回的申请书存根联，作如下会计分录：

　　借：其他货币资金——银行汇票存款　　　　　　　　　　36 000
　　　　贷：银行存款　　　　　　　　　　　　　　　　　　　　36 000

企业购入原材料，价款 30 000 元，增值税 3 900 元，已用银行汇票办理结算。银行汇票多余款项 2 100 元退回开户银行，企业已收到开户银行转来的银行汇票第四联（多余款收账通知）。企业应作会计分录如下：

　　借：原材料　　　　　　　　　　　　　　　　　　　　　30 000
　　　　应交税金——应交增值税（进项税额）　　　　　　　　3 900
　　　　贷：其他货币资金——银行汇票存款　　　　　　　　　33 900
　　借：银行存款　　　　　　　　　　　　　　　　　　　　　2 100
　　　　贷：其他货币资金——银行汇票存款　　　　　　　　　2 100

三、外埠存款

外埠存款是指企业为满足到外地进行临时或零星采购的需要，汇往采购地银行开立采购专户的款项。这种采购专户只付不收，付完清理账户。企业在采购时，通过采购专户结算货款。采购结束后有结余款的，将其退回汇款企业开户银行。

【例 2 - 13】 东华公司 2019 年 10 月，派采购员到异地采购原材料，10 月 3 日企业委托当地银行汇款 100 000 元到采购地设立采购专户。根据收到的银行汇款凭证回单联，编制会计分录如下：

　　借：其他货币资金——外埠存款　　　　　　　　　　　　100 000
　　　　贷：银行存款　　　　　　　　　　　　　　　　　　　100 000

10 月 12 日，采购员交来从采购专户付款购入的有关凭证，共支付材料款项 67 800 元，其中价款 60 000 元，增值税 7 800 元。编制会计分录如下：

　　借：原材料　　　　　　　　　　　　　　　　　　　　　60 000
　　　　应交税费——应交增值税（进项税额）　　　　　　　　7 800
　　　　贷：其他货币资金——外埠存款　　　　　　　　　　　67 800

10 月 20 日，收到开户银行的收账通知，该采购专户中的结余款项已经转回。根据收账通知，企业应作分录如下：

　　借：银行存款　　　　　　　　　　　　　　　　　　　　32 200
　　　　贷：其他货币资金——外埠存款　　　　　　　　　　　32 200

四、信用卡存款

信用卡存款是企业为取得信用卡按照规定存入银行的款项。企业为了取得信用卡而向银行提交申请表，申请表同支票和有关资料一并送交发卡银行。账务处理程序如下：

（1）根据银行盖章退回的进账单第一联：

　　借：其他货币资金——信用卡存款
　　　　贷：银行存款

（2）企业用信用卡购物或支付有关费用时，根据付款凭证及所附发票账单：

借：管理费用（等有关账户）

  贷：其他货币资金——信用卡存款

（3）企业信用卡在使用过程中需要向其账户中续存资金时：

借：其他货币资金——信用卡存款

  贷：银行存款

（4）企业信用卡注销时，应将卡中余额转入企业的基本账户，不得提取现金：

借：银行存款

  贷：其他货币资金——信用卡存款

【例2-14】 东华公司于2019年3月向银行申请信用卡，向银行交存10 000元款项。3月27日，该企业用信用卡向电信公司支付电话费3 500元。企业作会计分录如下：

（1）办理信用卡存款时：

借：其他货币资金——信用卡存款　　　　　　　　　　　　　　10 000

  贷：银行存款　　　　　　　　　　　　　　　　　　　　　　10 000

（2）以信用卡支付电话费时，根据付款凭证及所附发票账单：

借：管理费用　　　　　　　　　　　　　　　　　　　　　　　　3 500

  贷：其他货币资金——信用卡存款　　　　　　　　　　　　　3 500

五、信用证保证金存款

信用证保证金存款是企业为取得信用证而按规定存入银行信用证保证金专户的款项。核算内容包括：按规定向银行申请开立并取得信用证；根据开证行转来的信用证来单通知书和发票等账单列明的金额记账；业务结束，结清余款。账务处理程序如下：

（1）取得信用证时，根据申请表回单：

借：其他货币资金——信用证保证金存款

  贷：银行存款

（2）收到开证行转来的信用证结算凭证及所附发票账单，经核对无误后：

借：库存商品

  贷：其他货币资金——信用证保证金存款

（3）余款自动退回（与银行汇票结算相似）：

借：银行存款

  贷：其他货币资金——信用证保证金存款

【例2-15】 东华公司向银行申请办理信用证，将款项800 000元交存银行转作信用证存款。应根据银行盖章退回的申请表回单，作如下会计分录：

借：其他货币资金——信用证保证金存款　　　　　　　　　　　800 000

  贷：银行存款　　　　　　　　　　　　　　　　　　　　　800 000

东华公司从法国购入一批商品，价款680 000元，收到开证行转来的信用证结算凭证及所附发票账单，价款680 000元，经核对无误后，企业应作会计分录如下：

借：库存商品	680 000	
贷：其他货币资金——信用证保证金存款		680 000

业务结束，余款120 000元自动退回。

借：银行存款	120 000	
贷：其他货币资金——信用证保证金存款		120 000

六、存出投资款

存出投资款是企业已存入证券公司但尚未购入有价证券的货币资金。账务处理程序如下：

（1）企业向证券公司划出资金时：

借：其他货币资金——存出投资款

　　贷：银行存款

（2）当企业用存出投资款购买股票或债券时：

借：交易性金融资产

　　其他债权投资（其他权益工具投资）

　　债权投资

　　贷：其他货币资金——存出投资款

【例2-16】　东华公司于2019年5月10日，将闲置的800 000元款项划入证券公司，并于5月25日，以该存款购入A公司股票50 000股，每股10元，相关税费3 000元，短期持有。账务处理程序如下：

（1）东华公司5月10日向证券公司划出资金时：

借：其他货币资金——存出投资款	800 000	
贷：银行存款		800 000

（2）东华公司5月25日，用存出投资款购买股票时：

借：交易性金融资产——成本	500 000	
投资收益	3 000	
贷：其他货币资金——存出投资款		503 000

思考题

1. 货币资金核算的内容有哪些？
2. 其他货币资金包括的主要内容有哪些？
3. 库存现金限额是如何确定的？
4. 企业按规定允许在银行开设哪些账户？
5. 银行存款转账结算方式有哪些？

练习题

1. 管理员王平到财务处预借差旅费1 500元，财务审核后开出现金支票一张；两周后出差返回报销 1 450 元，审核无误后，余款以现金交回。要求：编制有关的会计分录。

2. 办公室购买办公用品 1 320 元（采用定额备用金制），持有关单据报销，审核无误后，以现金补足定额。要求：编制有关的会计分录。

3. 企业在现金清查中发现短款（盘亏）现金 500 元；审核批复处理时，发现是出纳员李杰责任的为 100 元，未查明原因的为 200 元，由保险公司赔付的为 200 元。报批准处理。要求：编制有关的会计分录。

4. 企业在现金清查中发现溢余（盘盈）现金 500 元；审核批复处理时，属于多收 A 公司账款 300 元，未查明原因的有 200 元。报批准处理。要求：编制有关的会计分录。

5. 某企业 2019 年 5 月发生如下经济业务：

（1）5 月 2 日向南京某银行汇款 400 000 元，开立采购专户，委托银行汇出该款项。

（2）5 月 8 日采购员王某到武汉采购，采用银行汇票结算。该企业通过当地开户银行签发一张金额为 15 000 元的银行汇票。

（3）5 月 19 日采购员李某在南京以外埠存款购买材料，材料价款 300 000 元，增值税额 39 000 元，材料已入库。

（4）5 月 20 日，收到采购员王某转来进货发票等单据，采购原材料一批，价款 10 000 元，增值税进项税额 1 300 元，材料已入库。

（5）5 月 21 日在南京某银行开立的外埠存款采购账户清户，收到银行转来收账通知，余款收妥入账。

（6）5 月 22 日，收到 5 月 8 日签发的银行汇票存款余款退回通知，余款已收妥入账。

要求：根据以上经济业务编制该企业的有关会计分录。

第三章

应收及预付款项

【本章知识要点提示】

通过本章的学习：理解应收账款的类别及相应的内容，应收账款的计量在理论上与会计实务中的不同；熟悉应收账款的抵借、转让和出售的不同之处与核算方法以及应收票据的贴现；掌握应收账款、应收票据、预付账款、其他应收款、坏账损失的确认和计量以及账务处理程序。本章所包括的内容：应收账款、应收票据、预付账款及其他应收款、坏账损失等。

应收及预付款项是企业资产的一项重要组成部分，它是指企业日常生产经营过程中因产品已经交付或劳务已经提供而取得的向其他企业或个人收取货币、商品或得到劳务补偿的请求权，包括应收账款、应收票据、预付账款及其他应收款等。

第一节 应收账款

应收账款是指企业因销售商品、提供劳务或让渡资产使用权等而形成的债权，包括为客户代垫的包装费、运杂费等。

一、应收账款的确认和计量

应收账款的确认，包括入账时间和入账金额的确认。由于应收账款是赊销业务引起的，因此其入账时间与确认销售收入的时间是一致的。应收账款表示应在未来某一时点收到一定数额的款项，根据重要性原则及《企业会计准则》规定：应收及预付款项应按实际发生额记账，即按照历史成本计价原则，应收账款的入账金额应根据买卖双方交易成交时的金额（包括发票金额和代购货单位垫付的运杂费等）确定。企业在销售过程中，为了尽快收现或者促进销售，往往会制定一些商业折扣、现金折扣等政策。所以，应收账款的入账金额还要结合商业折扣、现金折扣及销售折让等因素加以确认。

（一）商业折扣

商业折扣是指企业根据市场供需情况，或针对不同的顾客，在商品标价上给予的扣除。商业折扣是企业最常用的促销手段，一般在交易发生时即已确定，它仅仅是确定实际销售价格的一种手段，不需在买卖双方任何一方的账面上反映，所以商业折扣对应收账款的入账价值没有实质性的影响。因此，在存在商业折扣的情况下，应收账款入账金额应按扣除商业折扣以后的实际售价确认。例如，某商品的标价为1 000元，按5%的商业折扣售出，则应按950元同时确认应收账款和销售收入。

（二）现金折扣

现金折扣是指企业为鼓励购货单位在一定期限内付款而承诺给予的折扣优惠。现金折扣通常发生在以赊销方式销售商品及提供劳务的交易中。企业为了鼓励客户提前偿付货款，通常与购货单位达成协议，购货单位在不同期限内付款可享受不同比例的折扣。现金折扣一般用符号"折扣/付款期限"表示，如2/10、1/20、n/30，分别表示买方在10天内付款可按售价给予2%的折扣，在20天内付款按售价给予1%的折扣，在30天内付款则不给折扣。

存在现金折扣的情况下，应收账款入账金额的确认有两种方法：一种是总价法；另一种是净价法。

1. 总价法

总价法是指按扣减现金折扣前的总金额作为实际售价，记作应收账款的入账价值。现金折扣只有客户在折扣期内支付货款时才予以确认。在这种方法下，销售方把给予客户的现金折扣，在会计上作为财务费用处理。

2. 净价法

净价法是指按扣减最大现金折扣后的金额作为实际售价，据以确认应收账款的入账价值。目前我国会计制度规定对现金折扣采用总价法进行核算。

（三）销售折让

销售折让是指企业因售出商品的质量不合格等原因而在售价上给予的减让。销售折让是在商品销售以后发生的，因而不影响应收账款入账金额的确认，但其实质是原销售额的减少，所以，要在实际发生时按销售折让的金额冲减当期的销售收入和应收账款的入账价值。

二、应收账款的账务处理

（一）没有商业折扣和现金折扣情况下的账务处理

在这种情况下，企业发生的应收账款金额是应收的全部金额。

【例3-1】 东华公司为一般纳税人，2019年10月间向B公司销售商品一批，售价20 000元，增值税销项税额2 600元，以银行存款代垫运费1 000元，商品已经发出，货款尚未收到。编制会计分录如下：

(1) 赊销商品、确认收入时：
借：应收账款——B公司   23 600
    贷：主营业务收入   20 000
        应交税费——应交增值税（销项税额）   2 600
        银行存款   1 000
(2) 收到货款时：
借：银行存款   23 600
    贷：应收账款——B公司   23 600

（二）存在商业折扣情况下的账务处理

在这种情况下，应收账款应按照扣除商业折扣后的金额入账。

【例 3-2】 东华公司（一般纳税人）销售产品 20 件，价目表上的价格是每件 1 000 元，由于是批量销售，公司给予购货方 10% 的商业折扣，折扣金额为 2 000 元。编制会计分录如下：

(1) 赊销商品、确认收入时，按折扣后的金额：
借：应收账款   20 340
    贷：主营业务收入   18 000
        应交税费——应交增值税（销项税额）   2 340
(2) 收到货款时：
借：银行存款   20 340
    贷：应收账款   20 340

（三）存在现金折扣情况下的账务处理

在这种情况下，企业应采用总价法入账，发生的现金折扣作为当期损益，计入财务费用。

【例 3-3】 承上例，若东华公司没有给购货方提供商业折扣，而是开出 2/10，n/30 的现金折扣条件（注：现金折扣按应收账款总额计算），则编制会计分录如下：

借：应收账款   22 600
    贷：主营业务收入   20 000
        应交税费——应交增值税（销项税额）   2 600

收到货款时，东华公司应根据购货单位是否得到现金折扣的情况进行账务处理。如果该项货款在 10 天内收到，即购货方取得了现金折扣，则编制会计分录如下：

借：银行存款   22 148
    财务费用   452
    贷：应收账款   22 600

如果购货方在 10~30 天内付款，不享受现金折扣，东华公司应编制会计分录如下：

借：银行存款   22 600
    贷：应收账款   22 600

（四）既存在商业折扣又存在现金折扣情况下的账务处理

在既存在商业折扣又存在现金折扣情况下，企业应比照情况（二）和情况（三），以商业折扣后的金额作为应收账款的入账金额,并根据购货企业是否得到现金折扣的情况进行账务处理。

【例 3-4】 东华公司 2019 年 10 月 20 日将一批产品销售给江陵公司,总价 400 000 元,商业折扣率为 5%,适用的增值税税率为 13%,规定的现金折扣条件(以价款计)为 3/10,n/20,以银行存款代垫运杂费 3 000 元,已发运商品并办妥托收手续。有关账务处理如下:

(1)赊销商品、确认收入时:

借:应收账款　　　　　　　　　　　　　　　432 400
　　贷:主营业务收入　　　　　　　　　　　380 000(400 000×95%)
　　　　应交税费——应交增值税(销项税额)　49 400(380 000×13%)
　　　　银行存款　　　　　　　　　　　　　3 000

(2)该款项在 10 月 29 日收到,据收款通知:

借:银行存款　　　　　　　　　　　　　　　4 21 000
　　财务费用　　　　　　　　　　　　　　　11 400(380 000×3%)
　　贷:应收账款　　　　　　　　　　　　　432 400

(3)若江陵公司在 10 天后、20 天内付款:

借:银行存款　　　　　　　　　　　　　　　432 400
　　贷:应收账款　　　　　　　　　　　　　432 400

三、应收账款融资

应收账款融资是指将尚未到期的应收账款转化为现金的一种筹资方式。其基本形式有三种:抵押借款、转让和出售。

(一)应收账款抵押借款

应收账款抵押借款是指企业以全部应收账款为抵押从银行或其他金融机构取得借款。抵借双方通过签订协议,规定借款金额占抵押应收账款的最高抵借比率,这一比率应视承借人的信誉而定,一般在 80% 左右。当旧的应收账款收回后,新的应收账款继续充当抵押。应收账款抵押借款的特征有:

(1)企业保留与应收账款有关的风险与报酬。

(2)企业用收回的应收账款归还借款。

【例 3-5】 东华公司以全部应收账款 500 000 元做抵押,向银行临时借款,抵押比率为80%。银行受理后,东华公司开出票据向银行借入 400 000 元。有关账务处理如下:

借:银行存款　　　　　　　　　　　　　　　400 000
　　贷:短期借款　　　　　　　　　　　　　400 000

(二)应收账款转让

应收账款转让是指企业将特定的应收账款转让给银行或其他金融机构,并签订借款协议,将特定的应收账款转化为现金。在应收账款转让协议中,由于对方保留了追索权,企业只转让了与应收账款有关的部分风险与报酬,会计上要单独设置"抵让应收账款"账户反映转让应收账款的增减变动情况。应收账款转让的特征:

(1) 企业保留部分与应收账款有关的风险与报酬。
(2) 受让方保留特定应收账款的追索权。

【例3-6】 东华公司2019年12月1日与财务公司签订了一笔500 000元应收账款的转让协议，财务公司按应收账款的80%向东华公司支付现金，同时财务公司收取1 000元的手续费。账务处理如下：

(1) 东华公司收到现金并支付手续费时：

借：银行存款　　　　　　　　　　　　　　　　　　　　　399 000
　　财务费用　　　　　　　　　　　　　　　　　　　　　　1 000
　　贷：应付票据　　　　　　　　　　　　　　　　　　　　400 000

同时：

借：抵让应收账款　　　　　　　　　　　　　　　　　　　500 000
　　贷：应收账款　　　　　　　　　　　　　　　　　　　　500 000

(2) 如果东华公司2019年12月31日收回其中的300 000元应收账款，财务公司对应收账款的追索权也相应减少，则东华公司的账务处理如下：

借：银行存款　　　　　　　　　　　　　　　　　　　　　300 000
　　贷：抵让应收账款　　　　　　　　　　　　　　　　　　300 000

同时，偿付"应付票据——财务公司"：

借：应付票据　　　　　　　　　　　　　　　　　　　　　300 000
　　贷：银行存款　　　　　　　　　　　　　　　　　　　　300 000

(三) 应收账款出售

应收账款出售是指企业将特定的应收账款出售给代理商、银行或其他金融机构以取得相应现金的一种资金融资方法。在这种方法下，企业应于商品发出前，向代理商或信贷机构提出出售应收账款的申请，经代理商或信贷机构同意后，企业向购货方发出商品并将应收账款出售给代理商或信贷机构。代理商或信贷机构根据发票金额，扣除企业给予购货方的现金折扣、可能发生的销货退回、折让及应收取的佣金后，将款项提前支付给企业；购货方于到期日应将款项直接支付给代理商或信贷机构。应收账款出售的特征是：与应收账款有关的风险与报酬全部转移给收受方。

【例3-7】 东华公司于2019年7月5日，将500 000元应收账款出售给某代理商，代理商按应收账款总额的3%收取手续费15 000元，并从应收账款总额中保留2%的货款计10 000元，以抵减现金折扣、销货退回和折让；8月8日代理商收到客户交来的货款291 000元，实际发生现金折扣7 500元，应退回东华公司现金折扣预留款2 500元。东华公司根据上述业务编制的会计分录如下：

(1) 2019年7月5日出售应收账款时：

借：银行存款　　　　　　　　　　　　　　　　　　　　　475 000
　　其他应收款——某代理商　　　　　　　　　　　　　　　10 000
　　财务费用　　　　　　　　　　　　　　　　　　　　　　15 000
　　贷：应收账款　　　　　　　　　　　　　　　　　　　　500 000

(2) 2019年8月8日与代理商结清余款时：

借：银行存款　　　　　　　　　　　　　　　　　　　　　2 500

　　　　财务费用　　　　　　　　　　　　　　　　　　　　　7 500
　　　贷：其他应收款——某代理商　　　　　　　　　　　　　　　　10 000

第二节　应收票据

　　应收票据是指企业因销售商品、提供劳务或让渡资产使用权等而收到的商业汇票。票据作为一种债权凭证，包括企业持有的各种票据，如支票、本票、汇票。在我国的会计实务中，支票、银行本票和银行汇票均为即期票据，无须通过应收票据处理。因此，应收票据仅指企业持有的未到期或未兑现的商业汇票，其付款期限不超过6个月。

　　商业汇票按承兑人的不同分为商业承兑汇票和银行承兑汇票；按是否计息又可分为带息商业汇票和不带息商业汇票。与应收账款相比，应收票据受到《中华人民共和国票据法》（简称《票据法》）的保护，还可以在到期前申请贴现或转让，是一种流动性很强的信用工具。目前在我国，企业只能签发以真实的交易关系或债权债务关系为基础的商业汇票。

一、应收票据的确认

　　应收票据的入账价值的确认，目前有两种方法，即现值法和面值法。现值法是指以应收票据到期值的现值作为入账价值，其面值与现值之间的差额，在票据持有期内按一定的方法进行摊销并计入当期损益；面值法是指以应收票据的面值作为入账价值。如果考虑到货币的时间价值等因素对票据面值的影响，应收票据按其面值的现值入账是比较合理和科学的。但是，由于商业汇票的期限较短，利息金额相对来说不大，用现值记账计算烦琐，为了简化核算，我国会计实务中对应收票据的计价一律采用面值法。

二、应收票据的账户设置

　　为反映企业商业汇票的取得、转让及款项收回情况，应设置"应收票据"账户进行总分类核算。该账户的借方反映应收票据的面值和期末计提的利息，贷方反映应收票据到期收回或未到期背书转让的金额，余额在借方，反映尚未到期的应收票据的面值或面值和应计利息。"应收票据"账户按照开出、承兑商业汇票的单位进行明细核算。

　　企业还应当设置"应收票据备查账簿"，逐笔登记每一笔商业汇票的种类、号数和出票日期、票面金额、交易合同号、付款人、承兑人、背书人的姓名或单位名称、到期日、背书转让日、贴现日、贴现率和贴现净额以及收款日和收款金额、退票情况等资料，商业汇票到期结清票款或退票后，应在备查簿内逐笔注销。

三、应收票据的账务处理

（一）不带息应收票据的账务处理

　　不带息应收票据的到期价值等于应收票据的面值。
　　（1）当企业收到票据时：
　　借：应收票据

贷：主营业务收入
　　　　应交税费——应交增值税（销项税额）
（2）票据到期、收回票据款时：
借：银行存款
　　贷：应收票据
（3）票据到期，无法收回票据款时：
借：应收账款
　　贷：应收票据

【例3-8】　东华公司销售一批商品给B公司，货已发出，增值税专用发票上注明的商品价款为200 000元，增值税销项税额为26 000元。当日收到B公司签发的不带息商业承兑汇票一张，该票据的期限为3个月。东华公司账务处理如下：
（1）东华公司收到票据时：
借：应收票据　　　　　　　　　　　　　　　　　　　　　　　226 000
　　贷：主营业务收入　　　　　　　　　　　　　　　　　　　　　　200 000
　　　　应交税费——应交增值税（销项税额）　　　　　　　　　　　26 000
（2）3个月后，票据到期，收回款项时：
借：银行存款　　　　　　　　　　　　　　　　　　　　　　　226 000
　　贷：应收票据　　　　　　　　　　　　　　　　　　　　　　　　226 000
（3）票据到期，B公司无力支付票据款时：
借：应收账款　　　　　　　　　　　　　　　　　　　　　　　226 000
　　贷：应收票据　　　　　　　　　　　　　　　　　　　　　　　　226 000

（二）带息应收票据的账务处理

　　对于带息应收票据，应当计算票据利息。企业应于中期、期末和年度终了，按规定计算票据利息，并增加应收票据的票面价值。同时，冲减财务费用。其计算公式如下：

$$应收票据利息 = 应收票据票面金额 \times 利率 \times 期限$$

式中，应收票据上注明的利率一般为年利率；"期限"指签发日与到期日的时间间隔（有效期）。在实际工作中，为了计算方便，一般月按30天计算，季度按90天计算，年度按360天计算。

　　票据期限按月表示时，应以到期月份中与出票日相同的那一天为到期日（对日为1个月）。如4月15日签发的1个月票据，到期日应为5月15日。月末签发的票据，不论月份大小，以到期月份的月末那一天为到期日。与此同时，计算利息使用的利率要换算成月利率（月利率 = 年利率 ÷ 12）。

　　票据期限按日表示时，应从出票日起按实际经历天数计算。通常出票日和到期日，只能计算其中的一天，即"算头不算尾"或"算尾不算头"。例如，4月15日签发的90天票据，其到期日应为7月14日。同时，计算利息使用的利率，要换算成日利率（年利率 ÷ 360）。

　　带息的应收票据到期收回款项时，应按收到的本息作会计分录：
借：银行存款
　　贷：应收票据——面值

财务费用（利息）

【例 3-9】 东华 2019 年 9 月 1 日销售一批产品给甲公司，货已发出，增值税专用发票上注明的商品价款为 100 000 元，增值税销项税额为 13 000 元。当日收到甲公司签发的商业承兑汇票一张，期限为 6 个月，票面利率为 5%。东华公司的账务处理如下：

(1) 收到票据时：

借：应收票据　　　　　　　　　　　　　　　　　　　　　　113 000

　贷：主营业务收入　　　　　　　　　　　　　　　　　　　　100 000

　　　应交税费——应交增值税（销项税额）　　　　　　　　　　13 000

(2) 2019 年 12 月 31 日计提票据利息：

票据利息 = 113 000 × 5% ÷ 12 × 4 = 1 883.33（元）

借：应收票据　　　　　　　　　　　　　　　　　　　　　　1 883.33

　贷：财务费用　　　　　　　　　　　　　　　　　　　　　　1 883.33

(3) 票据到期收回款项时：

本息合计收款金额 = 113 000 × (1 + 5% ÷ 12 × 6) = 115 825（元）

2020 年 1—2 月未计提的票据利息 = 113 000 × 5% ÷ 12 × 2 = 941.67（元）

借：银行存款　　　　　　　　　　　　　　　　　　　　　　115 825

　贷：应收票据　　　　　　　　　　　　　　　　　　　　　114 883.33

　　　财务费用　　　　　　　　　　　　　　　　　　　　　　941.67

四、应收票据贴现

如果企业在持有的应收票据到期前出现资金短缺的情况，可以持未到期的票据向其开户银行申请贴现，从而提前获得所需资金。

（一）应收票据贴现的概念和步骤

贴现是指企业将未到期的票据转让给银行，由银行按票据的到期值扣除贴现日至票据到期日的利息后，将余额付给企业的融资行为。贴现是企业与贴现银行之间就票据权利所做的一种转让。

贴现期是指票据贴现日至票据到期日的期间。

贴现息是指贴现银行扣除的利息。

贴现净额是指银行将票据到期值扣除贴现息后支付给企业的资金额。

应收票据贴现的计算过程可以概括为以下三个步骤：

第一步：计算票据的到期值。带息票据到期值即为到期日的面值与利息之和；不带息票据的到期值为票据的面值。

第二步：计算贴现利息。计算公式为：

贴现息 = 票据到期值 × 贴现率 × 贴现期

贴现期 = 票据期限 - 企业已持有票据期限

第三步：计算贴现净额。计算公式为：

贴现净额 = 票据到期值 - 贴现息

(二) 应收票据贴现的账务处理

(1) 不带息应收票据的贴现，按实际收到的贴现净额：
借：银行存款（面值 – 贴现利息）
　　财务费用（贴现利息）
　贷：应收票据（面值）

(2) 带息应收票据的贴现，按实际收到的贴现净额：
借：银行存款
　　财务费用（账面金额 – 贴现净额）
　贷：应收票据
　　　财务费用（贴现净额 – 账面金额）

【例3-10】东华公司于2019年5月23日，持一张2019年3月23日签发的面值为200 000元、年利率为6%，且在2019年9月23日到期的商业汇票向银行贴现。银行年贴现率为7%。该票据的到期值、贴现息、贴现所得额的计算如下：

$$票据到期值 = 200\ 000 \times (1 + 6\% \times 6 \div 12) = 206\ 000(元)$$
$$贴现息 = 206\ 000 \times 7\% \times 4 \div 12 = 4\ 807(元)$$
$$贴现所得额 = 206\ 000 - 4\ 807 = 201\ 193(元)$$

账务处理为：
借：银行存款　　　　　　　　　　　　　　　　　　　201 193
　贷：应收票据　　　　　　　　　　　　　　　　　　200 000
　　　财务费用　　　　　　　　　　　　　　　　　　　1 193

若为不带息票据：

$$票据到期值 = 200\ 000(元)$$
$$贴现息 = 200\ 000 \times 7\% \times 4 \div 12 = 4\ 667(元)$$
$$贴现所得额 = 200\ 000 - 4\ 667 = 195\ 333(元)$$

账务处理为：
借：银行存款　　　　　　　　　　　　　　　　　　　195 333
　　财务费用　　　　　　　　　　　　　　　　　　　　4 667
　贷：应收票据　　　　　　　　　　　　　　　　　　200 000

如果申请贴现企业的银行存款账户余额不足，银行作逾期贷款处理，将本息转做贷款：
借：应收票据
　贷：短期借款

五、应收票据背书转让

应收票据背书转让是指持票人因偿还前欠货款等原因，将未到期的商业汇票背书后转让给其他单位或个人的业务活动。企业可以将自己持有的商业汇票背书转让。背书是指持票人在票据背面签字，签字人称为背书人，背书人对票据的到期付款负连带责任。

企业将持有的应收票据背书转让，以取得所需物资，按应计入物资成本的价值作会计分录：

借：原材料（在途物资）
    应交税费——应交增值税（进项税额）
  贷：应收票据

如有差额，借记或贷记"银行存款"等账户。

【例3-11】 东华公司将一张面值36 000元、6个月到期的商业承兑汇票背书转让给飞跃公司，以购买原材料，货款30 000元，增值税进项税额3 900元，材料已验收入库，同时收到差额款存入银行。

借：原材料   30 000
    应交税费——应交增值税（进项税额）   3 900
    银行存款   2 100
  贷：应收票据   36 000

【例3-12】 东华公司将期限为3个月、面值为40 000元的银行承兑汇票，背书转让给正大公司以偿付原欠货款42 000元，差额以银行存款支付。

借：应付账款   42 000
  贷：应收票据   40 000
      银行存款   2 000

第三节　预付账款及其他应收款

一、预付账款

预付账款是指企业按照购货合同或劳务合同规定，预先支付给供货方或提供劳务方的账款。为了加强对预付账款的管理，一般应单独设置会计账户进行核算，预付账款不多的企业，也可以将预付的货款计入"应付账款"账户的借方。但在编制会计报表时，仍然要将"预付账款"和"应付账款"的金额分开填列报告。

预付账款应按实际付出的金额入账，并单独设置"预付账款"账户核算。会计期末，预付账款按历史成本反映。账务处理程序如下：

(1) 企业按购货合同的规定预付货款时，按预付金额作会计分录：
借：预付账款
  贷：银行存款

(2) 企业收到预订的货物时，应根据发票账单所列购入货物成本的金额作会计分录：
借：原材料
    应交税费——应交增值税（进项税额）
  贷：预付账款

(3) 补付货款时：
借：预付账款
  贷：银行存款

(4) 退回多付的款项时：
借：银行存款
　　贷：预付账款

【例 3-13】 东华公司订购原材料 50 吨，按照合同规定预付供货方 B 公司货款 50 000 元。10 日后，收到 B 公司运来货物 50 吨，开出的增值税专用发票上注明的价格 100 000 元，增值税 13 000 元。收到材料 6 日后补付货款 63 000 元。东华公司编制会计分录如下：

(1) 预付货款时：

借：预付账款——B 公司　　　　　　　　　　　　　　　　50 000
　　贷：银行存款　　　　　　　　　　　　　　　　　　　　　50 000

(2) 10 日后收到货物时：

借：原材料　　　　　　　　　　　　　　　　　　　　　　100 000
　　应交税费——应交增值税（进项税额）　　　　　　　　　 13 000
　　贷：预付账款——B 公司　　　　　　　　　　　　　　　113 000

(3) 收到材料 6 日后补付货款 63 000 元时：

借：预付账款——B 公司　　　　　　　　　　　　　　　　63 000
　　贷：银行存款　　　　　　　　　　　　　　　　　　　　63 000

二、其他应收款

其他应收款是指除了应收账款、应收票据、预付账款以外的其他应收或暂付的款项。其他应收款的发生一般与企业的正常生产经营活动无直接联系。其核算内容主要包括：预付给企业内部各部门及职工个人的备用金；收取的各种赔款、罚款；存出的保证金；应收出租包装物租金；出售固定资产应收款；应向职工收取的各种垫付款项等。其他应收款是企业的一项流动资金，属于短期性债权。

为了总括地核算其他应收款项的发生及结算情况，企业应设置"其他应收款"账户。该账户属于资产类账户，借方登记各种其他应收款项的发生额；贷方登记各种其他应收款项的结算回收额；余额一般在借方，表示期末尚未结算收回的其他应收款项金额。该账户还应按其他应收款项的种类或债务人分设明细账账户，进行明细核算。

【例 3-14】 东华公司职工毕雁因公出差预借差旅费 1 000 元。编制会计分录如下：

(1) 根据填制的借款单经审核后：

借：其他应收款——毕雁　　　　　　　　　　　　　　　　1 000
　　贷：库存现金　　　　　　　　　　　　　　　　　　　　 1 000

(2) 职工毕雁经数日出差返回后，持车票、住宿费收据等单据，共报销差旅费 880 元，并交回剩余现金 120 元。根据差旅费报销单等凭证，编制会计分录如下：

借：管理费用——差旅费　　　　　　　　　　　　　　　　　880
　　库存现金　　　　　　　　　　　　　　　　　　　　　　 120
　　贷：其他应收款——毕雁　　　　　　　　　　　　　　　1 000

【例 3-15】 东华公司材料物资因火灾遭毁损，保险公司已确认赔偿 20 000 元。编制会计分录如下：

借：其他应收款——保险公司　　　　　　　　　　　　　　　　　　　20 000
　　贷：待处理财产损溢——待处理流动资产损溢　　　　　　　　　　20 000
收到保险公司划来款项时：
借：银行存款　　　　　　　　　　　　　　　　　　　　　　　　　　20 000
　　贷：其他应收款——保险公司　　　　　　　　　　　　　　　　　20 000

第四节　坏账损失

坏账是企业无法收回的或收回的可能性极小的应收款项。由于发生坏账而产生的损失，称为坏账损失。

一、坏账损失的确认

坏账的确认是指会计人员依据客观存在的证据和有关规定，对确实无法收回的应收款项所作的判断和鉴别。按照我国现行制度的规定，企业的应收款项符合下列条件之一的，应确认为坏账：

（1）因债务人死亡，以其遗产清偿后仍然无法收回。
（2）因债务人破产，以其破产财产清偿后仍然无法收回。
（3）债务人较长时期内未履行其偿债义务，并有足够的证据表明无法收回或收回的可能性极小。

企业应当定期或者至少于每年年度终了，对应收款项进行全面检查，预计各项应收款项可能发生的坏账，对于没有把握能够收回的应收款项，应按规定程序及时处理。值得注意的是，按照规定程序已确认为坏账的应收款项，并不意味着企业放弃其法律上的追索权，一旦重新收回，应及时办理入账手续。

二、坏账损失的账务处理

坏账损失的核算一般有两种方法：直接转销法和备抵法。我国企业会计制度规定，企业应当采用备抵法核算坏账损失。

（一）直接转销法

直接转销法是在某项应收账款被确认为无法收回时，将其实际损失直接计入当期损益，并相应转销该笔应收账款的会计处理方法。这种方法的账务处理程序如下：

（1）实际发生坏账时：
借：信用减值损失
　　贷：应收账款等
（2）确认的坏账又收回时，先恢复债权：
借：应收账款
　　贷：信用减值损失
同时：
借：银行存款
　　贷：应收账款

【例3–16】 A公司所欠东华公司货款10 000元,已逾期三年,确认已无法收回,按直接转销法予以核销。

(1) 实际发生坏账时:

借:信用减值损失——坏账损失　　　　　　　　　　　　　　10 000
　　贷:应收账款——A公司　　　　　　　　　　　　　　　　　　10 000

(2) 假如已被确认的A公司欠款又收回5 000元:

借:应收账款——A公司　　　　　　　　　　　　　　　　　　5 000
　　贷:信用减值损失——坏账损失　　　　　　　　　　　　　　　5 000

同时:

借:银行存款　　　　　　　　　　　　　　　　　　　　　　5 000
　　贷:应收账款——A公司　　　　　　　　　　　　　　　　　　5 000

(二) 备抵法

备抵法是对企业的各项应收账款按期估计坏账损失并计入当期损益,形成坏账准备,当应收款项全部或部分被确认为坏账时,将其金额冲减坏账准备,同时转销相应的应收账款的方法。

采用备抵法,企业需要设置"坏账准备"账户。该账户属于资产类账户,是应收账款的备抵账户,其账务处理程序如下:

(1) 企业计提坏账准备时:

借:信用减值损失
　　贷:坏账准备

(2) 实际发生坏账时:

借:坏账准备
　　贷:应收账款

(3) 已确认并转销的坏账以后又收回时,应按收回的金额作会计分录:

借:应收账款
　　贷:坏账准备

同时:

借:银行存款
　　贷:应收账款

采用备抵法首先要按期估计坏账损失。估计坏账损失的方法主要有四种:应收账款余额百分比法、销货百分比法、账龄分析法和个别认定法。下面分别加以介绍。

1. 应收账款余额百分比法

应收账款余额百分比法是按应收账款期末余额的一定百分比来估计坏账损失的一种方法。

这一方法是根据会计期末应收账款的余额,乘以估计坏账率,即为当期应估计的坏账损失,可据此提取坏账准备。估计坏账率可以按照以往的数据资料加以确定,也可根据规定的百分率计算。理论上讲,这一比例应按发生坏账的概率计算,企业发生的坏账多,比例相应就高些；反之则低些。

会计期末，企业应提取的坏账准备大于其账面余额的，按其差额提取；应提取坏账准备小于其账面余额的，按其差额冲回坏账准备。

【例 3 – 17】 东华公司 2017 年年末应收账款的期末余额为 1 000 000 元，提取坏账准备的比例为 3‰，2018 年发生了坏账损失 6 000 元，其中甲单位 1 000 元，乙单位 5 000 元，2018 年年末应收账款余额为 1 200 000 元。2019 年，已冲销的上年乙单位应收账款 5 000 元又收回，2019 年年末应收账款 1 300 000 元。东华公司编制会计分录如下：

（1）2017 年年末提取坏账准备：

借：信用减值损失　　　　　　　　　　　　　　　　　　　3 000
　　贷：坏账准备　　　　　　　　　　　　　　　　　　　　　3 000

（2）2018 年间冲销坏账：

借：坏账准备　　　　　　　　　　　　　　　　　　　　　　6 000
　　贷：应收账款——甲单位　　　　　　　　　　　　　　　　1 000
　　　　　　　——乙单位　　　　　　　　　　　　　　　　　5 000

（3）2018 年年末按应收账款的余额计算提取坏账准备：

$$坏账准备余额 = 1\ 200\ 000 \times 3‰ = 3\ 600（元）$$

$$应提的坏账准备 = 3\ 600 + 6\ 000 - 3\ 000 = 6\ 600（元）$$

"坏账准备"账户余额实际应为 3 600 元，但在期末提取坏账准备前，"坏账准备"账户已有借方余额 3 000 元，因此，期末应提取的坏账准备合计金额实际为 6 600 元。

借：信用减值损失　　　　　　　　　　　　　　　　　　　6 600
　　贷：坏账准备　　　　　　　　　　　　　　　　　　　　　6 600

（4）2019 年，上年已冲销的乙单位应收账款 5 000 元又收回入账。

借：应收账款——乙单位　　　　　　　　　　　　　　　　5 000
　　贷：坏账准备　　　　　　　　　　　　　　　　　　　　　5 000

同时：

借：银行存款　　　　　　　　　　　　　　　　　　　　　　5 000
　　贷：应收账款——乙单位　　　　　　　　　　　　　　　　5 000

（5）2019 年年末，按应收账款的余额计算提取坏账准备：

"坏账准备"账户的余额实际为 3 900 元，但在期末提取坏账准备前，"坏账准备"账户已有贷方余额 8 600 元，即期初贷方余额 3 600 元加上收回的已冲销坏账 5 000 元，所以，应冲回多提坏账准备 4 700 元。

借：坏账准备　　　　　　　　　　　　　　　　　　　　　　4 700
　　贷：信用减值损失　　　　　　　　　　　　　　　　　　　4 700

2. 销货百分比法

销货百分比法是根据某一会计期间赊销金额的一定百分比估计坏账损失的方法。采用这一方法估计坏账损失，将应收账款的发生与当期赊销业务直接联系，当期赊销业务越多，产生坏账损失的可能性就越大。因此，可以根据过去的经验和有关资料，估计坏账损失与赊销金额之间的比率，再用这一比率乘以当期的赊销净额，计算坏账损失的估计数。

【例3-18】 东华公司2019年全年赊销金额为300 000元,根据以往资料和经验,估计坏账损失率为赊销金额的1.5%。东华公司编制会计分录如下:

年末估计坏账损失 = 300 000 × 1.5% = 4 500(元)

借:信用减值损失　　　　　　　　　　　　　　　　　　　　　　　4 500
　　贷:坏账准备　　　　　　　　　　　　　　　　　　　　　　　　　4 500

3. 账龄分析法

账龄分析法是根据应收账款入账时间的长短来估计坏账损失的方法。虽然应收账款能否收回以及能收回多少,不一定完全取决于时间的长短,但一般来说,账款拖欠的时间越长,发生坏账的可能性就越大。账龄分析法的具体步骤如下:

(1) 将企业各种应收账款按其账龄长短分组,编制账龄分析表。
(2) 估计各账龄组坏账百分比,编制坏账损失估计表。
(3) 根据各账龄组应收账款金额和坏账百分比,计算各账龄组的坏账损失额。
(4) 计算各账龄组坏账损失额之和,即为本期估计的坏账损失。计算公式为:

估计坏账损失 = ∑各时间段"应收账款"余额 × 该段坏账率

【例3-19】 东华公司2019年12月31日应收账款账龄及估计坏账损失见表3-1。

表3-1 应收账款账龄及坏账损失估计分析

应收账款账龄	应收账款金额/元	估计损失/%	估计损失金额/元
未到期	30 000	0.5	150
过期1个月	20 000	1	200
过期2个月	15 000	2	300
过期3个月	10 000	3	300
过期3个月以上	5 000	5	250
合计	80 000	—	1 200

如表3-1所示,企业2019年12月31日"坏账准备"账户的账面金额应为1 200元,企业需要根据前期"坏账准备"账户的账面余额,计算本期应入账的金额,编制调整分录,予以入账。由于调整分录的入账金额受调整前账面余额的影响,将会出现两种情况:

(1) 假设调整前"坏账准备"账户的账面余额为贷方200元,则本期调整分录的金额为1 200 - 200 = 1 000元。调整分录为:

借:信用减值损失　　　　　　　　　　　　　　　　　　　　　　　1 000
　　贷:坏账准备　　　　　　　　　　　　　　　　　　　　　　　　　1 000

(2) 假设调整前"坏账准备"账户的账面余额为借方200元,则本期调整分录的金额为1 200 + 200 = 1 400元。调整分录为:

借:信用减值损失　　　　　　　　　　　　　　　　　　　　　　　1 400
　　贷:坏账准备　　　　　　　　　　　　　　　　　　　　　　　　　1 400

采用账龄分析法计提坏账准备时,收到债务单位当期偿还的部分债务后,剩余的应收账款，不应改变其账龄，仍应按原账龄加上本期应增加的账龄确定；在存在多笔应收账款且各笔应收账款账龄不同的情况下，收到债务单位当期偿还的部分债务，应当逐笔认定收到的是哪一笔应收账款；如果确实无法认定，则按照先发生先收回的原则确定，剩余应收账款的账龄按上述同一原则确定。

4. 个别认定法

个别认定法就是根据每一应收款项的情况来估计坏账损失的方法。

在采用账龄分析法、余额百分比法等方法的同时，能否采用个别认定法，应当视具体情况而定。如果某项应收账款的可收回性与其他各项应收账款存在明显的差别，导致该项应收账款如果按照与其他各项应收账款同样的方法计提坏账准备，将无法真实地反映其可收回金额的，则可对该项应收账款采用个别认定法计提坏账准备。企业应根据应收账款的实际可收回情况，合理计提坏账准备，不得多提或少提，否则应视为滥用会计估计，按照重大会计差错更正的方法进行会计处理。在同一会计期间内运用个别认定法的应收账款应从用其他方法计提坏账准备的应收账款中剔除。

【例 3-20】 东华公司采用余额百分比法计提坏账准备，计提比例为 5%，期初坏账准备余额 260 000 元，本期发生坏账损失 80 000 元，本期收回前期已转销的坏账 50 000 元，期末应收账款余额为 5 000 000 元，其中一项 300 000 元的应收账款，有确凿证据表明只能收回 60%。东华公司编制的会计分录如下：

(1) 本期发生坏账损失 80 000 元时：

借：坏账准备　　　　　　　　　　　　　　　　　　　　80 000
　　贷：应收账款　　　　　　　　　　　　　　　　　　　　80 000

(2) 本期收回前期已转销的坏账 50 000 元时：

借：应收账款　　　　　　　　　　　　　　　　　　　　50 000
　　贷：坏账准备　　　　　　　　　　　　　　　　　　　　50 000

同时：

借：银行存款　　　　　　　　　　　　　　　　　　　　50 000
　　贷：应收账款　　　　　　　　　　　　　　　　　　　　50 000

(3) 本期应计提的坏账准备 = 4 700 000 × 5% + 300 000 × (100% - 60%) = 355 000（元）

期末应补提坏账准备 = 355 000 - (260 000 - 80 000 + 50 000) = 125 000（元）。

借：信用减值损失　　　　　　　　　　　　　　　　　　125 000
　　贷：坏账准备　　　　　　　　　　　　　　　　　　　125 000

思考题

1. 应收及预付款项包括哪些内容？
2. 应收账款的计量应考虑的因素有哪些？
3. 坏账损失的核算有哪两种方法？它们各自有什么优缺点？
4. 什么是应收票据贴现？贴现净额的计算分为几步？如何计算？

练习题

1. A企业发生以下经济业务：

（1）向B单位销售产品，货款20 000元，增值税额2 600元，共计22 600元。取得不带息商业承兑汇票一张，面值22 600元。

（2）向C公司销售产品，货款60 000元，增值税额7 800元，共计67 800元。取得期限为3个月的带息银行承兑汇票一张，出票日期为2019年11月1日，票面利率为10%。

（3）B单位承兑的商业汇票到期，企业收回款项22 600元，存入银行。

（4）向D公司销售产品，货款40 000元，增值税额5 200元，共计45 200元，取得期限为2个月的带息商业承兑汇票一张，出票日期为2019年11月1日，票面利率为9%。

（5）2019年12月31日，计提C公司和D公司商业汇票利息。

（6）向C公司销售产品所收的银行承兑汇票到期，企业收回款项，面值68 930元，利息565元，共计69 495元。

（7）向D公司销售产品的商业承兑汇票到期，D公司无力偿还票款［参看业务（4）］。

（8）向E单位销售产品，货款45 000元，增值税额5 850元，共计50 850元。收到E单位签发的、期限为4个月的商业承兑汇票一张，面值为50 850元，出票日期为2019年3月1日。

（9）向F企业销售产品，货款80 000元，增值税额10 400元，共计90 400元，收到F企业签发的、期限为3个月的商业承兑汇票一张，面值为90 400元，票面利率为10%，出票为2019年4月1日。

（10）A企业将持有的账面价值为11 300元的商业汇票背书转让，用以采购材料。材料的价款为10 000元，增值税进项税额为1 300元。

要求：根据上述资料编制会计分录。

2. 某企业自2017年起采用备抵法核算应收账款坏账，并按账龄分析法计提坏账准备。2017年年末，按应收账款账龄估计的坏账为10 000元；2018年发生坏账4 000元，年末估计的坏账为14 000元；2019年发生坏账20 000元，2018年确认的坏账4 000元中有3 000元收回，2019年年末估计的坏账为9 000元。

要求：根据上述资料编制该企业2017年、2018年及2019年与坏账有关的各项会计分录。

3. 某企业"其他应收款"初期余额在借方2 500元，本期支付的存出保证金为1 000元，支付预借差旅费1 000元，采用定额制备用金的一车间前来报销办公费用1 500元，出差人员退回多余预支款100元（原预支800元）。

要求：编制有关的会计分录，并计算该企业"其他应收款"末期余额。

4. 收到A公司交来的一张已经银行承兑、期限为2个月的不带息商业汇票，面值226 000元，向银行贴现，贴现天数为45天，贴现年利率为9%，贴现净额已收存银行。

要求：计算贴现息和贴现净额，同时编制有关的会计分录。

第四章

存 货

【本章知识要点提示】

通过本章的学习：理解存货的概念、分类、确认条件以及存货初始计量；熟悉存货发出的计价方法，包括实际成本法下发出存货的计价、计划成本法下发出存货的计价、已售商品成本的计算；掌握实际成本法和计划成本法下各种存货收发的核算，委托加工物资发、收的核算，库存商品的核算，成本与可变现净值孰低法在存货期末价值确定中的运用，周转材料的取得、使用及摊销的核算，存货清查的核算等。本章所包括的内容：存货概述、存货的初始计量和发出计价、原材料、库存商品、周转材料、存货的期末计量和存货的清查。

第一节 存货概述

一、存货的概念

存货是指企业在日常活动中持有以备出售的产成品或商品、处在生产过程中的在产品、在生产过程或提供劳务过程中耗用的材料和物料等，包括各类材料、在产品、半成品、产成品、商品以及包装物、低值易耗品、委托代销商品等。

存货与其他资产相比主要有以下四个特点：

（1）存货是一种流动资产。存货的性质决定了它处于不断购置、消耗、销售的循环过程中，存货的周转周期在1年或一个营业周期内。

（2）存货是一种非货币性资产。存货的价格处于不断变化中，从而使存货的变现价值具有一定的不确定性。

（3）存货是企业为销售或耗用而储备的资产。

（4）存货是一种具有实物形态的资产。

二、存货的确认条件

存货的确认,首先要符合存货的定义;其次,必须满足以下两个条件:

(1) 与该存货有关的经济利益很可能流入企业。

首先,企业拥有存货的所有权是与存货有关的经济利益很可能流入企业的一个前提条件。凡是企业的存货,法定所有权属于企业,不论其存放地点是否在该企业,都应视为该企业的存货;凡是企业没有取得所有权的存货,即使存放在本企业,也不能作为本企业自有存货核算。

其次,存货预期可以给企业带来经济利益,且该经济利益很可能流入企业。比如,企业已经毁损的存货,应从存货总额中扣除,因为毁损的存货不能再给企业带来经济利益。

(2) 存货的成本能够可靠地计量。

存货的成本能够可靠地计量必须以取得确凿、可靠的证据为依据,并且具有可验证性;如果存货的成本不能可靠地计量,则不能确认为存货,如企业签订的订货合同,由于并未实际发生,不能可靠确定其成本,因此就不能确认为企业购买的存货。

三、存货的分类

为了加强企业对存货的管理和核算,在会计上必须对存货进行科学的分类,以便按照不同的类别采用不同的会计核算方法。按照不同的标准,将存货分为不同的种类。

(1) 存货按经济业务内容分类,可分为:

①原材料:企业购入或以其他方式取得的用于生产产品的各种物料,包括原料及主要材料、辅助材料、外购半成品、修理用备件、包装材料、燃料等。

②在产品:尚未完成全部加工程序,或虽已完成全部加工程序但尚未验收入库,不可直接对外出售的物品。

③半成品:已经完成部分加工步骤,已验收合格入库,若要形成最终产品,仍需进一步加工的中间产品。

④产成品:企业完成全部生产过程并已验收入库,可以作为商品直接对外销售的物品。

⑤库存商品:企业购入不需任何加工就可以对外出售的商品。

⑥包装物:为包装本企业的产品,并随同产品出售、出租或出借而储备的各种包装容器,如各种箱、桶、瓶、坛、罐等。但铁丝、木板、麻绳等包装材料不属于包装物的范畴。

⑦低值易耗品:不能作为固定资产核算的用具物品。与固定资产类似,这类用具物品在较长的使用过程中可以保持实物形态不变,但与固定资产相比,使用期限较短,如办公用品、工具、器具、劳保用品等。

⑧委托代销商品:企业委托其他单位代销的商品。

(2) 存货按其存放地点分类,可分为:

①在途存货:已从企业外部购入,但尚未验收入库,正在运输途中的各种存货。

②加工中存货:企业自己或委托外单位正在加工中的存货,如在产品、半成品和委托加工物资等。

③在库存货：企业已验收入库，并且拥有所有权的存货。该类存货既包括存放于本企业的存货，也包括寄存于外单位和委托他人代销的存货。

第二节　存货的初始计量和发出计价

一、存货初始成本的计量

存货应当按照成本进行初始计量。存货成本包括采购成本、加工成本和其他成本。

（一）采购成本

存货的采购成本，包括购买价款和采购费用两部分。

1. 购买价款

购买价款是指企业购入的材料或商品的发票账单上列明的价款，但不包括按规定可以抵扣的增值税额。一般而言，所有购入的存货，均应根据发票金额确认购买价款，但在某些情况下，可能出现发票价格与实际付款不一致的问题，如在发生购货折扣的情况下，购买价款是指扣除商业折扣但包括现金折扣的金额，供货者允许扣除的现金折扣不抵减有关项目的成本。在允许扣除折扣的期限内取得的现金折扣，作为理财收益，冲减财务费用。如果没有现金折扣，存货的购买价款就是发票金额。

2. 采购费用

采购费用指买价以外，其他为取得存货且在入库前所需要支付的各种税费。

（1）运杂费用，主要包括运输费、装卸费、保险费、包装费用及运输途中的临时仓储费用。

（2）运输途中的合理损耗。

（3）入库前的挑选整理费用。

（4）相关税费：指企业购买、自制或委托加工存货发生的消费税、资源税、不能从销项税额中抵扣的增值税进项税额和进口存货按照规定缴纳的关税。

税法中规定企业可以将运输费的 7% 作为增值税进项税额予以抵扣。

（二）加工成本

存货的加工成本包括直接人工以及按照一定方法分配的制造费用。

（1）直接人工：在生产产品过程中，直接从事产品生产的工人工资和福利费等。

（2）制造费用：企业为生产产品和提供劳务而发生的各项间接费用，包括职工薪酬、生产产品相关的折旧费、修理费、办公费、水电费、机物料消耗、劳动保护费等。

直接人工可以直接归属于某一成本核算对象，直接计入相应产品的存货成本；制造费用属于间接费用，难以直接将其归属于某一成本核算对象，因此企业应当根据制造费用的性质，合理地选择分配方法，将制造费用在各受益对象中进行分配。

（三）存货的其他成本

存货的其他成本是指除采购成本、加工成本以外，使存货达到目前场所或状态所发生的其他支出。如企业设计产品发生的设计费用通常应计入当期损益，但是为特定客户设计产品所发生的、可直接确定的设计费用应计入存货的成本。

（四）不计入存货成本的费用

下列费用应当在发生时确认为当期损益，不计入存货成本。

(1) 非正常消耗的直接材料、直接人工和制造费用。

(2) 仓储费用。其是指存货入库后发生的存储费用，不包括在生产过程中为达到下一个生产阶段所必须发生的存储费用，如葡萄酒生产商为使生产的葡萄酒达到一定的质量等级所必须发生的仓储费用，就应计入葡萄酒的成本，而不是计入当期费用。

(3) 不能归属于存货达到目前场所和状态的其他支出。

（五）其他方式取得存货的成本确认

(1) 委托外单位加工存货。委托外单位加工存货成本包括该存货实际耗用的原材料或半成品的实际成本、委托加工费和往返过程中发生的运杂费以及应计入成本的相关税金等。

(2) 投资者投入的存货。投资者投入存货的成本，应当按照投资合同或协议约定的价值确定存货成本。但合同或协议约定价值不公允的除外。

(3) 接受捐赠的存货。接受捐赠的存货，应当按照以下规定确定存货成本：

捐赠方提供了有关凭据的，按凭证标明的金额加上应支付的相关税费确定存货成本；

捐赠方未提供有关凭据的，按以下顺序确定其实际成本：①同类或类似存货存在活跃市场的，按同类或类似存货的市场价格估计金额，加上应支付的相关税费，作为实际成本；②同类或类似存货不存在活跃市场的，按接受存货的预计未来现金流量的现值计算实际成本。

(4) 非货币性资产交换。当非货币性资产交换具有商业实质和换入资产或换出资产的公允价值能够可靠计量时，应当以换出资产的公允价值，加上应付的相关税费作为换入存货的成本。

如果有确凿证据表明换入存货的公允价值更加可靠时，则可以直接以换入存货的公允价值确认存货成本。

(5) 债务重组取得的存货。其是指企业收到的债务重组过程中债务人用以抵债的存货。企业收到债务人用以抵债的存货时，应当按照公允价值确认该存货的成本。

二、存货发出计价

确认发出存货成本需要解决两个问题，即数量和单价。存货数量核算较为容易，可以简单通过实地盘存制和永续盘存制两种存货数量确认方法对存货发出数量予以确认。存货发出单价的确定相对较为复杂。企业在发出存货时，必须采用一定的方法计算并确定发出存货的单位成本，以便计算发出存货的实际成本。存货发出计价方法主要有：个别计价法、先进先出法、加权平均法、移动加权平均法、计划成本法、毛利率法。

（一）个别计价法

个别计价法是指以每次购入存货的实际成本作为计算该次发出存货成本的依据。其计算公式如下：

每次发出存货成本 = 该次存货发出数量 × 该次存货取得的单位成本

采用这种方法，企业可以准确确认存货实物流动价值，保证存货实物流动和成本流动完全一致。这种方法要求对全部存货逐一辨认并详细记录，以便按照发出存货的实际成本进行计价。根据这种方法的特征，只可以采用永续盘存制确认存货发出数量。

【例 4-1】 东华公司 2019 年 3 月 A 存货的购入、发出及结存明细账如表 4-1 所示。本期发出存货的具体情况如下：3 月 10 日发出的 500 件存货，均为 6 日购入；16 日发出的 400 件存货中，200 件为期初结存存货，其余 200 件为 14 日购入的存货；22 日发出的 600 件存货中，100 件为 6 日购入存货，500 件为 20 日购入存货。采用个别计价法，东华公司 2019 年 3 月 A 存货的购入、发出与结存的成本情况如表 4-2 所示。

表 4-1 A 存货明细账

日期		摘要	购入			发出			结存		
月	日		数量/件	单价/(元·件$^{-1}$)	金额/元	数量/件	单价/(元·件$^{-1}$)	金额/元	数量/件	单价/(元·件$^{-1}$)	金额/元
3	1	期初余额							200	30	6 000
	6	购入	600	28	16 800				800		
	10	发出				500			300		
	14	购入	300	31	9 300				600		
	16	发出				400			200		
	20	购入	500	32	16 000				700		
	22	发出				600			100		
	28	购入	200	35	7 000				300		
3	31	本月发生额及月末余额	1 600		49 100	1 500			300		

表 4-2 A 存货明细账

日期		摘要	购入			发出			结存		
月	日		数量/件	单价/(元·件$^{-1}$)	金额/元	数量/件	单价/(元·件$^{-1}$)	金额/元	数量/件	单价/(元·件$^{-1}$)	金额/元
3	1	期初余额							200	30	6 000
	6	购入	600	28	16 800				200 600	30 28	22 800
	10	发出				500	28	14 000	200 100	30 28	8 800
	14	购入	300	31	9 300				200 100 300	30 28 31	18 100

续表

日期		摘要	购入			发出			结存		
月	日		数量/件	单价/(元·件$^{-1}$)	金额/元	数量/件	单价/(元·件$^{-1}$)	金额/元	数量/件	单价/(元·件$^{-1}$)	金额/元
	16	发出				200 200	30 31	12 200	100 100	28 31	5 900
	20	购入	500	32	16 000				100 100 500	28 31 32	21 900
	22	发出				100 500	28 32	18 800	100	31	3 100
	28	购入	200	35	7 000				100 200	31 35	10 100
3	31	本月发生额及月末余额	1 600	—	49 100	1 500	—	45 000	100 200	31 35	10 100

从表中可以得出，东华公司 2019 年 3 月存货发出成本和期末存货成本：

存货发出成本 $= 500 \times 28 + 200 \times 30 + 200 \times 31 + 100 \times 28 + 500 \times 32 = 45\,000$（元）

期末存货成本 $=$ 期初存货成本 $+$ 本期存货购入成本 $-$ 本期存货发出成本

$= 200 \times 30 + 600 \times 28 + 300 \times 31 + 500 \times 32 + 200 \times 35 - 45\,000$

$= 10\,100$（元）

或者：

期末存货成本 $= 100 \times 31 + 200 \times 35 = 10\,100$（元）

（二）先进先出法

先进先出法是以先入库的存货先发出为存货实物流动假设，在这种假设下，发出存货成本是依据存货的购入顺序依次确认的。用这种方法的话，存货发出数量的确定既可以采用实地盘存制，也可以采用永续盘存制。

【例 4-2】 仍以表 4-1 东华公司 2019 年 3 月 A 存货的购入、发出及结存明细账为例，采用先进先出法对发出存货进行计价，结果见表 4-3。

表 4-3　A 存货明细账

日期		摘要	购入			发出			结存		
月	日		数量/件	单价/(元·件$^{-1}$)	金额/元	数量/件	单价/(元·件$^{-1}$)	金额/元	数量/件	单价/(元·件$^{-1}$)	金额/元
3	1	期初余额							200	30	6 000
	6	购入	600	28	16 800				200 600	30 28	22 800

续表

日期		摘要	购入			发出			结存		
月	日		数量/件	单价/(元·件$^{-1}$)	金额/元	数量/件	单价/(元·件$^{-1}$)	金额/元	数量/件	单价/(元·件$^{-1}$)	金额/元
	10	发出				200 300	30 28	14 400	300	28	8 400
	14	购入	300	31	9 300				300 300	28 31	17 700
	16	发出				300 100	28 31	11 500	200	31	6 200
	20	购入	500	32	16 000				200 500	31 32	22 200
	22	发出				200 400	31 32	19 000	100	32	3 200
	28	购入	200	35	7 000				100 200	32 35	10 200
3	31	本月发生额及月末余额	1 600	—	49 100	1 500	—	44 900	100 200	32 35	10 200

若企业采用永续盘存制确定存货数量,则从表中可以得出先进先出法下,东华公司2019年3月存货发出成本和期末存货成本:

存货发出成本 = 200×30 + 300×28 + 300×28 + 100×31 + 200×31 + 400×32
= 44 900(元)

期末存货成本 = 期初存货成本 + 本期存货购入成本 - 本期存货发出成本
= 200×30 + 600×28 + 300×31 + 500×32 + 200×35 - 44 900
= 10 200(元)

若企业采用实地盘存制确定存货数量,则应当先按照后购入存货的单位成本确定期末存货成本,再根据期初存货成本、本期存货购入成本与期末存货成本之间的关系确定本期存货发出成本。根据表4-3可以知道东华公司3月31日期末存货数量为300件,根据后购入存货的顺序,确定其中200件为28日购入,单位成本为35元/件,100件为20日购入,单位成本为32元/件,因此,东华公司2019年3月存货发出成本和期末存货成本分别为:

期末存货成本 = 100×32 + 200×35 = 10 200(元)

存货发出成本 = 期初存货成本 + 本期存货购入成本 - 期末存货成本
= 200×30 + 600×28 + 300×31 + 500×32 + 200×35 - 10 200
= 44 900(元)

先进先出法的优点是可以随时结转存货发出成本,期末存货成本比较接近现行市场价值。但是,存货收发业务较多,且存货单价不稳定时,其工作量较大。另外,在物价持续上时,期末存货成本接近于市价,而发出成本偏低,会高估企业存货价值和当期利润;反之,会低估企业存货价值和当期利润。

(三) 加权平均法

加权平均法也称月末一次加权平均法,是指每月月末计算一次存货平均成本,进而对发出存货成本计价的方法。

月末一次加权平均法下的存货平均成本,是月末根据期初存货成本与本月购入存货成本之和除以期初存货数量与本月购入存货数量之和计算而得。这种计价方法,既可以采用实地盘存制,也可以采用永续盘存制确认存货发出数量。计算公式如下:

$$存货平均成本 = \frac{期初存货成本 + 本月购入存货成本}{期初存货数量 + 本月购入存货数量}$$

采用永续盘存制确定存货数量时,先根据记录的发出存货数量和确定的存货平均成本计算发出存货成本,然后再倒轧出存货期末结存成本。其公式为:

$$存货发出成本 = 发出存货数量 \times 存货平均成本$$

$$存货期末结存成本 = 期初存货成本 + 本月购入存货成本 - 本月发出存货成本$$

若采用实地盘存制确定存货数量,则应当先根据盘点的存货期末结存数量和确定的存货平均成本计算存货期末结存成本,然后再倒轧出发出存货成本。其公式为:

$$存货期末结存成本 = 存货期末结存数量 \times 存货平均成本$$

$$本月发出存货成本 = 期初存货成本 + 本月购入存货成本 - 存货期末结存成本$$

【例 4-3】 仍以表 4-1 东华公司 2019 年 3 月 A 存货的购入、发出及结存明细账为例,采用月末一次加权平均法对发出存货进行计价。

$$月末一次加权平均法下的存货平均成本 = \frac{期初存货成本 + 本月购入存货成本}{期初存货数量 + 本月购入存货数量}$$

$$= \frac{200 \times 30 + 600 \times 28 + 300 \times 31 + 500 \times 32 + 200 \times 35}{200 + 600 + 300 + 500 + 200}$$

$$= 30.61(元/件)$$

当企业采用永续盘存制确定存货数量时,东华公司 2019 年 3 月 A 存货发出成本和期末结存成本分别为:

$$3 月 A 存货发出成本 = 1\,500 \times 30.61 = 45\,915(元)$$

$$3 月 A 存货期末结存成本 = 6\,000 + 49\,100 - 45\,915 = 9\,185(元)$$

若企业采用实地盘存制确定存货数量,则东华公司 2019 年 3 月 A 存货发出成本和期末结存成本分别为:

$$3 月 A 存货期末结存成本 = 300 \times 30.61 = 9\,183(元)$$

$$3 月 A 存货发出成本 = 6\,000 + 49\,100 - 9\,183 = 45\,917(元)$$

从上面的计算结果,我们可以发现,在永续盘存制和实地盘存制两种不同的方法下,使用加权平均法确认存货发出成本和期末结存成本的结果并不完全相同,这一差异主要是由计算单位产品成本时产生误差导致的。

(四) 移动加权平均法

移动加权平均法是指以每次进货的成本加上原有库存存货的成本,除以每次进货数量加

上原有库存存货的数量,据以计算加权平均单位成本,作为在下次进货前计算各次发出存货成本依据的一种计价方法。计算公式如下:

$$存货加权平均单位成本 = \frac{原有库存存货的实际成本 + 本次进货的实际成本}{原有库存存货数量 + 本次进货数量}$$

$$存货发出成本 = 发出存货数量 \times 存货加权平均单位成本$$

$$存货结存成本 = 本次购入存货前存货成本余额 + 本次购入存货成本 - 本次发出存货成本$$

用这种方法时,需要随时核算存货结余数量和成本,因而移动加权平均法只可以采用永续盘存制确认存货发出数量。

【例4-4】 仍以表4-1东华公司2019年3月A存货的购入、发出及结存明细账为例,采用移动加权平均法对发出存货进行计价,结果如表4-4所示,其中:

(1) 3月6日企业购入存货后,其移动加权平均单位成本为:

$$3月6日购入存货后的移动加权平均单位成本 = \frac{6\,000 + 600 \times 28}{200 + 600}$$
$$= 28.5(元/件)$$

(2) 3月6日存货结存成本为:$6\,000 + 600 \times 28 = 22\,800$(元)。

(3) 3月10日发出存货成本为:$500 \times 28.5 = 14\,250$(元)。

(4) 3月10日存货结存余额为:$22\,800 - 14\,250 = 8\,550$(元)。

(5) 3月14日企业购入存货后,其加权平均单位成本为:

$$3月14日购入存货后的加权平均单位成本 = \frac{8\,550 + 300 \times 31}{300 + 300}$$
$$= 29.75(元/件)$$

(6) 3月14日存货结存成本为:$8\,550 + 300 \times 31 = 17\,850$(元)。

(7) 3月16日发出存货成本为:$400 \times 29.75 = 11\,900$(元)。

表4-4 A存货明细账

日期		摘要	购入			发出			结存		
月	日		数量/件	单价/(元·件$^{-1}$)	金额/元	数量/件	单价/(元·件$^{-1}$)	金额/元	数量/件	单价/(元·件$^{-1}$)	金额/元
3	1	期初余额							200	30	6 000
	6	购入	600	28	16 800				800	28.5[1]	22 800[2]
	10	发出				500	28.5	14 250[3]	300	28.5	8 550[4]
	14	购入	300	31	9 300				600	29.75[5]	17 850[6]
	16	发出				400	29.75	11 900[7]	200	29.75	5 950[8]
	20	购入	500	32	16 000				700	31.36[9]	21 950[10]
	22	发出				600	31.36	18 816[11]	100	31.36	3 134[12]
	28	购入	200	35	7 000				300	33.78[13]	10 134[14]
3	31	本月发生额及月末余额	1 600	—	49 100	1 500	—	44 966	300	33.78	10 134

(8) 3月16日存货结存成本为:17 850 - 11 900 = 5 950 (元)。

(9) 3月20日企业购入存货后,其加权平均单位成本为:

$$3月20日购入存货后的加权平均单位成本 = \frac{5\ 950 + 500 \times 32}{200 + 500}$$
$$= 31.36(元/件)$$

(10) 3月20日存货结存成本为:5 950 + 500 × 32 = 21 950 (元)。

(11) 3月22日发出存货成本为:600 × 31.36 = 18 816 (元)。

(12) 3月22日存货结存成本为:21 950 - 18 816 = 3 134 (元)。

(13) 3月28日企业购入存货后,其加权平均单位成本为:

$$3月28日购入存货后的加权平均单位成本 = \frac{3\ 134 + 200 \times 35}{100 + 200}$$
$$= 33.78(元/件)$$

(14) 3月28日存货结存成本为:3 134 + 200 × 35 = 10 134 (元)。

(五) 计划成本法

计划成本法是指存货的收入、发出以及结存均采用计划成本进行日常核算,同时设置有关成本差异账户(如"材料成本差异")反映实际成本与计划成本的差额,期末再计算发出存货和结存存货应负担的成本差异,将发出存货和结存存货的计划成本调整为实际成本的方法。

计划成本法下平时不对发出存货进行账务处理,待期末一并结转发出存货的成本。发出存货的实际成本应当等于其计划成本加上存货超支差异,减去存货节支差异。因而存货实际成本的结转包括两部分:计划成本和存货成本差异。存货成本差异是由期初存货和本期购入存货共同形成,这些差异应由本期发出存货和期末存货一起分担,所以应当计算一个差异率将期初存货和本期购入存货形成的成本差异在本期发出存货和期末存货之间进行分配。存货成本差异率的计算公式如下:

$$本月存货成本差异率 = \frac{月初结存存货成本差异 + 本月购入存货成本差异}{月初结存存货计划成本 + 本月购入存货计划成本} \times 100\%$$

为了简化成本差异率的计算,也可以直接用月初存货成本差异率作为存货成本差异分配率。

$$月初存货成本差异率 = \frac{月初结存存货成本差异}{月初结存存货计划成本} \times 100\%$$

发出存货应负担的成本差异 = 发出存货的计划成本 × 存货成本差异率

发出存货的实际成本 = 发出存货的计划成本 + 发出存货应负担的成本差异

结存存货的实际成本 = 结存存货的计划成本 + 结存存货应负担的成本差异

在计算差异率时,尚未收到结算凭证暂估入账存货的计划成本不应包含在分母计划成本的计算之中。

【例4-5】东华公司2019年3月初结存材料计划成本185 000元,本月收入材料的计划成本450 000元,本月发出材料的计划成本375 000元,月初结存材料成本差异额为3 560元,本月收入材料成本差异额为8 220元,材料成本差异率及发出材料应负担的成本差异计算如下:

$$材料成本差异率 = \frac{3\,560 + 8\,220}{185\,000 + 450\,000} \times 100\% = 1.855\%$$

$$发出材料应负担的成本差异 = 375\,000 \times 1.855\% = 6\,956(元)$$

$$发出材料实际成本 = 375\,000 + 6\,956 = 381\,956(元)$$

企业在采用计划成本法的情况下,应该按照存货的类别或品种,对成本差异进行明细核算,不能使用一个综合成本差异率来分摊发出存货和结存存货应负担的存货成本差异。采用计划成本法有利于对存货进行计划管理和成本控制,将核算与管理有机地结合在一起。

(六) 毛利率法

毛利率法是利用本期销售净额与该产品前期实际或者本月计划的销售毛利率之积估计出本期销售毛利,据以计算发出存货和期末结存存货成本的一种方法,其计算公式如下:

$$发出存货成本(销售成本) = 销售净额 - 销售毛利$$

$$期末存货成本 = 期初存货成本 + 本期购入存货成本 - 本期发出存货成本$$

其中:

$$销售净额 = 销售收入 - 销售退回与折让$$

$$销售毛利 = 销售净额 \times 毛利率$$

【例4-6】 某百货公司月初厨具存货成本为150 000元,本月购入厨具成本为450 000元,销售收入总额为600 000元,其中销售退回和折让50 000元,该百货公司上月厨具的销售毛利率为15%,计算本期发出存货成本和期末存货成本。

$$本月销售净额 = 销售收入 - 销售退回与折让 = 600\,000 - 50\,000 = 550\,000(元)$$

$$销售毛利 = 销售净额 \times 毛利率 = 550\,000 \times 15\% = 82\,500(元)$$

$$发出存货成本(销售成本) = 销售净额 - 销售毛利 = 550\,000 - 82\,500 = 467\,500(元)$$

$$期末存货成本 = 期初存货成本 + 本期购入存货成本 - 本期发出存货成本$$

$$= 150\,000 + 450\,000 - 467\,500 = 132\,500(元)$$

采用毛利率法估计发出存货成本的准确性取决于毛利率的可靠性。一般情况下应当采用企业上期实际毛利率作为估计的基础;但是,如果过去几期毛利率波动幅度较大,也可采用过去若干期(如3年或3个月)的平均毛利率作为估计的基础;如果能够区分影响毛利波动的具体因素(如商品成本、售价、产销结构等),则可以利用这些影响因素与毛利率的关系调整过去的毛利率,并以其作为本期估计存货发出成本所依据的毛利率。毛利率法主要应用于品种繁多的商品流通企业。

第三节 原 材 料

原材料是指企业在生产过程中,经过加工改变其形态或性质并构成产品主要实体的各种原料、主要材料和外购半成品,以及不构成产品实体但有助于产品形成的辅助材料。原材料主要包括原料及主要材料、辅助材料、外购半成品(外购件)、修理用备件、包装物、低值易耗品、燃料等。原材料的核算可以采用实际成本计价,也可以采用计划成本计价。

一、原材料按实际成本计价的核算

原材料的购入、发出及结存按实际成本核算时,需要设置"在途物资""原材料"等账户。

(1)"在途物资"账户。

"在途物资"账户用于核算企业已经购入,但尚未验收入库的材料。该账户借方登记已经购入,但尚未验收入库的材料成本,贷方登记在途物资验收入库的材料成本,期末余额在借方,反映企业已经购入,但尚未验收入库的材料成本。

(2)"原材料"账户。

"原材料"账户适用于核算企业不同的库存材料。该账户的借方登记企业验收入库的材料实际成本,贷方登记企业发出的材料实际成本,期末余额在借方,反映期末企业库存材料成本。

(一)外购原材料的核算

企业外购材料,由于结算方式、采购地点、凭证传递和运输方式的差异,造成企业收到材料与支付款项时间的不一致,其账务处理方法也有所不同。

1. 收到材料,同时支付货款

在这种情况下,企业应根据增值税专用发票等结算凭证确定的材料采购成本进行账务处理:

借:原材料
  应交税费——应交增值税(进项税额)
 贷:银行存款(等相关账户)

【例4-7】 2019年3月12日,东华公司购入一批A材料,取得的增值税专用发票中的存货价款为25 000元,增值税额为3 250元,东华公司在将材料验收入库后,用银行存款支付相关货款。东华公司为增值税一般纳税人。

账务处理如下:

借:原材料   25 000
  应交税费——应交增值税(进项税额)   3 250
 贷:银行存款   28 250

【例4-8】 承上例,假如东华公司在购买该批材料时,另支付1 000元的运费。税法规定购买存货发生的相关运费可以按照支付金额的9%计入进项税额,予以抵扣销项税。

根据题意可知:

$$原材料的成本 = 25\,000 + 1\,000 \times 91\% = 25\,910(元)$$
$$增值税进项税额 = 3\,250 + 1\,000 \times 9\% = 3\,340(元)$$

相应的账务处理如下:

借:原材料   25 910
  应交税费——应交增值税(进项税额)   3 340
 贷:银行存款   29 250

若企业为小规模纳税企业或者企业外购材料时未能获得增值税专用发票,则应当根据结算凭证中注明的包含增值税的交易金额进行账务处理：

借：原材料
　　贷：银行存款（等相关账户）

【例 4-9】 承例 4-7，假设东华公司为小规模纳税人，则相应的账务处理如下：

借：原材料　　　　　　　　　　　　　　　　　　　　　　　　28 250
　　贷：银行存款　　　　　　　　　　　　　　　　　　　　　　28 250

2. 收到材料，货款尚未支付

企业已收到存货，但尚未支付价款，存在两种可能的原因：信用政策允许企业在收到存货后的一定期限内支付货款；企业尚未收到销货方开出的相关结算凭证。

（1）信用政策允许在一定期限内支付货款的情况下：

借：原材料
　　应交税费——应交增值税（进项税额）
　　贷：应付账款（或应付票据）

【例 4-10】 东华公司 2019 年 5 月 20 日购买 B 材料，取得的增值税专用发票中的材料价款为 38 000 元，增值税额为 4 940 元，该材料已经验收入库，东华公司尚未支付该笔货款。账务处理如下：

借：原材料　　　　　　　　　　　　　　　　　　　　　　　　38 000
　　应交税费——应交增值税（进项税额）　　　　　　　　　　　4 940
　　贷：应付账款　　　　　　　　　　　　　　　　　　　　　　42 940

（2）企业尚未收到相关结算凭证的情况下：

当企业收到材料时，尚未收到相关结算凭证，可以暂不进行相关账务处理，待收到结算凭证时，按照收到材料同时支付价款情况进行账务处理。

如果月末仍未收到相关结算凭证，则按暂估价入账：

借：原材料
　　贷：应付账款

下月月初用红字冲销。待结算凭证到达后，再进行相应账务处理。

【例 4-11】 2019 年 4 月 21 日，东华公司与利群公司签订购销合同，合同约定，东华公司以单价 920 元/吨向利群公司购买 D 材料 1 000 吨。东华公司已经将该材料验收入库，但尚未收到相关结算凭证。

假如 4 月 30 日仍未收到相关结算凭证，则按照合同规定暂时估计材料成本 920 000 元（920×1 000）入账。账务处理如下：

借：原材料　　　　　　　　　　　　　　　　　　　　　　　　920 000
　　贷：应付账款　　　　　　　　　　　　　　　　　　　　　920 000

下月初（5 月初）用红字编制相同的会计分录冲销已经暂估入账的存货（这里加框表示红字）：

借：原材料　　　　　　　　　　　　　　　　　　　　　　　　920 000
　　贷：应付账款　　　　　　　　　　　　　　　　　　　　　920 000

收到结算凭证时再根据发票账单和付款方式进行相应的账务处理。

3. 货款已经支付或开出并承兑商业汇票，材料尚未验收入库

如果企业已经收到销货方开出的相关结算凭证，并已付款；或者开出并承兑商业汇票，但存货尚未验收入库，则按照确定材料采购成本作会计分录：

借：在途物资
　　应交税费——应交增值税（进项税额）
　贷：银行存款
　　　应付票据

【例 4-12】 2019 年 3 月 5 日东华公司向立新公司购买 D 材料 1 000 吨，790 元/吨，东华公司已经按照收到的结算凭证向立新公司支付货款 892 700 元，其中 D 材料的购买价格为 790 000 元，增值税进项税额为 102 700 元，材料尚未验收入库。账务处理如下：

借：在途物资　　　　　　　　　　　　　　　　　　　　　790 000
　　应交税费——应交增值税（进项税额）　　　　　　　　102 700
　贷：银行存款　　　　　　　　　　　　　　　　　　　　892 700

当收到材料，并验收入库时，再结转材料采购成本：

借：原材料　　　　　　　　　　　　　　　　　　　　　　790 000
　贷：在途物资　　　　　　　　　　　　　　　　　　　　790 000

4. 按照合同或协议的约定，预先支付货款

其账务处理如下：

（1）预付货款时：

借：预付账款——××公司
　贷：银行存款

（2）所购材料验收入库时：

借：原材料
　　应交税费——应交增值税（进项税额）
　贷：预付账款——××公司

（3）若预付货款少于所购材料的实际价款，需要补付货款，在补付货款时：

借：预付账款——××公司
　贷：银行存款

（4）若预付货款多于所购材料的实际价款，在收回多付款项时：

借：银行存款
　贷：预付账款——××公司

【例 4-13】 2019 年 4 月 3 日东华公司按照约定向生力公司预付货款 700 000 元，4 月 21 日生力公司向东华公司发出 E 材料 1 000 吨，同时开出增值税发票，发票中列明的价款为 700 000 元，增值税进项税额为 91 000 元，东华公司已将该材料验收入库。

（1）4 月 3 日东华公司预付货款时：

借：预付账款——生力公司　　　　　　　　　　　　　　　700 000
　贷：银行存款　　　　　　　　　　　　　　　　　　　　700 000

(2) 4月21日生力公司发出 E 材料，开出增值税发票时：

借：原材料 700 000
　　应交税费——应交增值税（进项税额） 91 000
　　贷：预付账款——生力公司 791 000

(3) 东华公司补足货款时：

借：预付账款——生力公司 91 000
　　贷：银行存款 91 000

（二）企业自行生产取得的原材料

企业自行生产原材料，主要包括以下步骤：生产车间从仓库领用原材料；生产车间对原材料进行加工；将验收合格的产品交送仓库。相应账务处理如下：

(1) 生产领用原材料时：

借：生产成本
　　贷：原材料

(2) 对原材料进行加工时，按照分配人工成本和制造费用作会计分录：

借：生产成本
　　贷：应付职工薪酬
　　　　制造费用（等相关账户）

(3) 验收入库时：

借：原材料
　　库存商品
　　贷：生产成本

【例4-14】 东华公司甲车间领用 A 材料 50 吨，用于生产 Z 产品（材料），领用的 A 材料成本共计 12 500 元。东华公司按照一定的成本归集方法，得出应当归集为 Z 产品的人工成本为 12 000 元，制造费用为 5 000 元。该批 Z 产品已经生产完工并且验收入库。相应的账务处理如下：

(1) 生产领用原材料时：

借：生产成本 12 500
　　贷：原材料——A 材料 12 500

(2) 对原材料进行加工时：

借：生产成本 17 000
　　贷：应付职工薪酬 12 000
　　　　制造费用 5 000

(3) 验收合格产品入库时：

借：原材料——Z 材料 29 500
　　贷：生产成本 29 500

（三）委托加工取得的原材料

委托外单位加工材料时，主要经过以下步骤：向受托方交付准备加工的原材料；支付加工费和相应税金；收回委托加工存货和多余的原材料。企业应当设置"委托加工物资"账户专门核算委托加工而存放于外单位的存货。账务处理如下：

（1）向受托方交付准备加工的原材料时：

借：委托加工物资
　　贷：原材料

（2）支付加工费和相应税金时：

借：委托加工物资
　　应交税费——应交增值税（进项税额）
　　贷：银行存款

（3）收回委托加工存货和多余原材料时：

借：原材料
　　贷：委托加工物资

【例 4-15】 东华公司委托远方公司加工一批材料，东华公司向远方公司交付的原材料成本为 10 000 元，双方协商加工费为 9 400 元（不含增值税）。双方都是一般纳税企业，增值税税率为 13%。

（1）东华公司向远方公司交付准备加工的原材料时：

借：委托加工物资　　　　　　　　　　　　　　　　　　10 000
　　贷：原材料　　　　　　　　　　　　　　　　　　　　　10 000

（2）东华公司向远方公司支付加工费和相应税金：

$$增值税进项税额 = 9\,400 \times 13\% = 1\,222(元)$$

借：委托加工物资　　　　　　　　　　　　　　　　　　 9 400
　　应交税费——应交增值税（进项税额）　　　　　　　　 1 222
　　贷：银行存款　　　　　　　　　　　　　　　　　　　 10 622

（3）东华公司收回委托加工物资时：

借：原材料　　　　　　　　　　　　　　　　　　　　　 19 400
　　贷：委托加工物资　　　　　　　　　　　　　　　　　　19 400

【例 4-16】 东华公司委托远方公司加工一批轮胎（消费税税率 3%），东华公司向远方公司交付的原材料成本为 10 000 元，双方协商加工费为 9 400 元（不含增值税）。双方都是一般纳税企业，增值税税率为 13%。

（1）东华公司向远方公司交付准备加工的原材料时：

借：委托加工物资　　　　　　　　　　　　　　　　　　10 000
　　贷：原材料　　　　　　　　　　　　　　　　　　　　　10 000

（2）东华公司向远方公司支付加工费和相应税金：

东华公司支付的可以抵扣的增值税进项税额为：

$$9\,400 \times 13\% = 1\,222(元)$$

东华公司支付的消费税为：

$$消费税组成计税价格 = (10\,000 + 9\,400) \div (1 - 3\%) = 20\,000(元)$$

$$远方公司代扣代缴的消费税 = 20\,000 \times 3\% = 600(元)$$

东华公司将收回的轮胎直接用于销售时：
借：委托加工物资　　　　　　　　　　　　　　　　　　　10 000
　　应交税费——应交增值税（进项税额）　　　　　　　　1 222
　　贷：银行存款　　　　　　　　　　　　　　　　　　　　11 222
东华公司将收回的轮胎继续用于生产小轿车：
借：委托加工物资　　　　　　　　　　　　　　　　　　　9 400
　　应交税费——应交增值税（进项税额）　　　　　　　　1 222
　　　　　　——应交消费税　　　　　　　　　　　　　　600
　　贷：银行存款　　　　　　　　　　　　　　　　　　　　11 222
（3）东华公司收回委托加工的原材料：
①东华公司将收回的轮胎直接用于销售时：
借：原材料　　　　　　　　　　　　　　　　　　　　　　20 000
　　贷：委托加工物资　　　　　　　　　　　　　　　　　　20 000
②东华公司将收回的轮胎继续用于生产小轿车：
借：原材料　　　　　　　　　　　　　　　　　　　　　　19 400
　　贷：委托加工物资　　　　　　　　　　　　　　　　　　19 400

（四）投资者投入的原材料

投资者投入的原材料，按照投资合同或协议约定的价值进行账务处理：
借：原材料
　　应交税费——应交增值税（进项税额）
　　贷：实收资本（或股本）
　　　　资本公积（材料价值与增值税额之和大于双方约定的出资额）

【例4-17】　按照合同约定，东华公司收到华阳公司500 000元的原材料投资，华阳公司提供的增值税发票中，注明可以抵扣的进项税额为65 000元，该材料已验收入库。东华公司的账务处理为：
借：原材料　　　　　　　　　　　　　　　　　　　　　　500 000
　　应交税费——应交增值税（进项税额）　　　　　　　　65 000
　　贷：实收资本　　　　　　　　　　　　　　　　　　　　565 000

【例4-18】　承上例，若双方约定华阳公司的出资额为450 000元，则东华公司的账务处理为：
借：原材料　　　　　　　　　　　　　　　　　　　　　　500 000
　　应交税费——应交增值税（进项税额）　　　　　　　　65 000
　　贷：实收资本　　　　　　　　　　　　　　　　　　　　450 000
　　　　资本公积　　　　　　　　　　　　　　　　　　　　115 000

（五）以债务重组方式取得的原材料

企业接受债务人以非货币资产抵偿债务方式取得的原材料，或以应收账款债权换入的原材料，按照应收债权的公允价值减去可抵扣的增值税进项税额后的差额，加上应支付的补价

（或减去收到的补价）和相关税费，作为原材料的实际成本。换入原材料的实际成本计算公式如下：

$$实际成本 = 应收账款的账面余额 - 坏账准备 - 增值税进项税额 +$$
$$补价支出（-补价收入）+ 相关税费$$

账务处理如下：
借：原材料
　　应交税费——应交增值税（进项税额）
　　坏账准备
　　银行存款（补价收入）
　贷：应收账款
　　银行存款（补价支出）

【例4-19】 东华于2019年1月1日销售给乙企业一批材料，价值400 000元（包括应收取的增值税），乙企业款项未付。随后由于乙企业财务发生困难，且短期内不能支付货款，经双方协商，东华公司同意乙企业以一批材料偿还债务。该批材料的账面价值250 000元，公允价值300 000元，公允价等于计税价。增值税税率为13%。东华公司对该项应收账款提取坏账准备20 000元。假设债务重组过程中未发生相关税费，则东华公司账务处理如下：

　　换入原材料实际成本 = 400 000 - 20 000 - 39 000 = 341 000（元）

借：原材料　　　　　　　　　　　　　　　　　　　　341 000
　　应交税费——应交增值税（进项税额）　　　　　　 39 000
　　坏账准备　　　　　　　　　　　　　　　　　　　 20 000
　贷：应收账款　　　　　　　　　　　　　　　　　　400 000

【例4-20】 东华于2019年1月1日销售给乙企业一批材料，价值400 000元（包括应收取的增值税），乙企业于2019年10月31日尚未支付货款。经与东华公司协商，东华公司同意乙企业以银行存款50 000元偿还一部分债务，剩余350 000元由乙企业以一批材料偿还。该批产品的账面价值200 000元，公允价值250 000元，公允价等于计税价。增值税税率为13%。东华公司对该项应收账款提取坏账准备20 000元。假设债务重组过程中未发生相关税费，则东华公司账务处理如下：

　　换入原材料实际成本 = 400 000 - 20 000 - 32 500 - 50 000 = 297 500（元）

借：原材料　　　　　　　　　　　　　　　　　　　　297 500
　　应交税费——应交增值税（进项税额）　　　　　　 32 500
　　坏账准备　　　　　　　　　　　　　　　　　　　 20 000
　　银行存款　　　　　　　　　　　　　　　　　　　 50 000
　贷：应收账款　　　　　　　　　　　　　　　　　　400 000

（六）材料发出的核算

企业在实际工作中，为了简化日常核算工作，平时材料明细账应随时登记，以反映各种材料的收发及结存情况。月末按实际成本计价的发料凭证、材料领用部门和用途归类汇总编制"发料凭证汇总表"，据以编制记账凭证，一次登记材料总分类账。

企业领用原材料，按其用途的不同作会计分录：
借：生产成本
　　制造费用
　　管理费用
　　销售费用
　　在建工程（等相关账户）
　　贷：原材料
　　　　应交税费——应交增值税（进项税额转出）

【例 4-21】 东华公司根据"发料凭证汇总表"的记录：2019 年 6 月，生产 A 产品领用甲材料 500 000 元，车间管理部门领用甲材料 5 000 元，行政管理部门领用甲材料 4 000 元，基建领用甲材料 100 000 元，共计 609 000 元。增值税税率为 13%，作以下账务处理：

借：生产成本——A 产品　　　　　　　　　　　　　　　　500 000
　　制造费用　　　　　　　　　　　　　　　　　　　　　　5 000
　　管理费用　　　　　　　　　　　　　　　　　　　　　　4 000
　　在建工程　　　　　　　　　　　　　　　　　　　　　113 000
　　贷：原材料——甲材料　　　　　　　　　　　　　　　609 000
　　　　应交税费——应交增值税（进项税额转出）　　　　　13 000

二、原材料按计划成本计价的核算

原材料按计划成本计价时，原材料的购入、发出及结存均按计划成本计价。原材料的总账和明细账都要按计划成本进行登记，而原材料的实际成本与计划成本的差异，则作为材料成本差异核算。

（一）账户的设置

计划成本法与实际成本法在账户的设置上存在一定的差异，计划成本法下需要设置"材料采购""原材料""材料成本差异"等账户，分别核算存货的实际成本、计划成本以及两者之间的差异。

1. "材料采购"账户

"材料采购"账户用于核算企业购入原材料的采购成本。该账户借方登记企业购入材料的实际采购成本以及结转实际成本小于计划成本的节支差异，贷方登记企业验收入库材料的计划成本以及结转实际成本大于计划成本的超支差异，期末余额在借方反映企业已经购入但尚未验收入库材料的实际成本。

2. "原材料"账户

"原材料"账户用于核算企业库存各种材料的计划成本。该账户借方登记企业验收入库材料的计划成本，贷方登记企业发出材料的计划成本，期末余额在借方，反映期末企业库存材料的计划成本。

3. "材料成本差异"账户

"材料成本差异"账户用于核算企业购入材料的实际成本与计划成本的差异。借方登记入库材料实际成本大于计划成本的超支差异以及结转出库材料实际成本小于计划成本的节支差异;贷方登记入库材料实际成本小于计划成本的节支差异以及结转出库材料实际成本大于计划成本的超支差异;余额可能在借方也可能在贷方,借方余额表示期末库存材料应负担的实际成本大于计划成本的超支差异,贷方余额表示期末库存材料应负担的实际成本小于计划成本的节支差异。

(二) 计划成本法下购入材料的账务处理程序

(1) 购入材料,按实际成本结算时:

借:材料采购
　　应交税费——应交增值税(进项税额)
　贷:银行存款
　　　应付账款(等相关账户)

(2) 按计划成本验收入库时:

借:原材料
　贷:材料采购

(3) 如果实际成本大于计划成本,属于超支,则:

借:材料成本差异
　贷:材料采购

(4) 如果实际成本小于计划成本,属于节约,则:

借:材料采购
　贷:材料成本差异

【例4-22】 东华公司2019年3月发生了一系列购买E材料业务,该材料的计划成本为600元/千克。东华公司为一般纳税人。

(1) 4日,购入E材料100千克,取得的增值税专用发票中的材料价款为58 000元,增值税额为7 540元,东华公司已用银行存款支付相关货款,该批材料已验收入库。账务处理如下:

借:材料采购	58 000
应交税费——应交增值税(进项税额)	7 540
贷:银行存款	65 540

(2) 12日,购买E材料150千克,取得的增值税专用发票中的材料价款为91 500元,增值税额为11 895元,该批材料已验收入库,东华公司尚未支付该笔货款。账务处理如下:

借:材料采购	91 500
应交税费——应交增值税(进项税额)	11 895
贷:应付账款	103 395

(3) 18日,购买E材料200千克,材料已经验收入库,但是东华公司尚未收到相关结算凭证,可以暂时不作相应账务处理,月末一并暂估入账。

(4) 25日,购买E材料120千克,580元/千克,东华公司已经按照收到的结算凭证支付货款78 648元,其中E材料的购买价格为69 600元(580×120),增值税专用发票中标明的可以抵扣的增值税进项税额为9 048元,该材料尚未验收入库。账务处理如下:

借:材料采购	69 600
应交税费——应交增值税(进项税额)	9 048
贷:银行存款	78 648

(5) 31 日，汇总记录已验收入库的 E 材料。

东华公司 2019 年 3 月 E 材料总共入库 450 千克（100 + 150 + 200），则入库 E 材料的计划成本为 270 000 元（600 × 450），其中东华公司尚未收到 18 日购买的 200 千克 E 材料的结算凭证，需要按照计划成本暂估入账。相应会计分录为：

借：原材料　　　　　　　　　　　　　　　　　　　　　　　　270 000
　　贷：材料采购　　　　　　　　　　　　　　　　　　　　　　150 000
　　　　应付账款——暂估应付款　　　　　　　　　　　　　　　120 000

结转本月已收到相关结算凭证并且验收入库材料的材料成本差异，实际成本为 149 500 元（58 000 + 91 500），材料成本差异为 – 500 元（149 500 – 150 000）。账务处理如下：

借：材料采购　　　　　　　　　　　　　　　　　　　　　　　　500
　　贷：材料成本差异　　　　　　　　　　　　　　　　　　　　　500

企业对尚未收到结算凭证而暂估入账材料的账务处理与实际成本法下的账务处理相同，可以在下月初或者实际收到结算凭证时以红字冲销暂估入账的材料，待企业收到结算凭证时再视同普通材料购入进行账务处理。

（三）计划成本法下发出材料的账务处理程序

（1）发出材料，按计划成本结转时：

借：生产成本
　　制造费用
　　管理费用
　　销售费用
　　在建工程
　　贷：原材料
　　　　应交税费——应交增值税（进项税额转出）

（2）结转材料成本差异：

如果实际成本大于计划成本，属于超支，则：

借：生产成本
　　制造费用
　　管理费用
　　销售费用
　　在建工程
　　贷：材料成本差异

如果实际成本小于计划成本，属于节约，则：

借：材料成本差异
　　贷：生产成本
　　　　制造费用
　　　　管理费用
　　　　销售费用
　　　　在建工程

【例4－23】 承上例 [例4－22]，东华公司为增值税一般纳税人，2019年3月份发生了一系列发出E材料的业务：

（1）6日，生产车间领用120千克用于生产A产品。
（2）10日，车间领用10千克用于维修机器设备。
（3）16日，管理部门领用100千克。
（4）20日，生产车间又领用150千克用于生产A产品。
（5）25日，施工部门领用80千克用于自建固定资产。

假设该公司期初有E材料100千克，计划成本为60 000元（600×100），期初材料成本差异为超支2 810元。相应的账务处理如下：

（1）结转发出E材料的计划成本，其中应当转入：

生产成本＝600×120＋600×150＝162 000（元）
制造费用＝600×10＝6 000（元）
管理费用＝600×100＝60 000（元）
在建工程＝600×80＝48 000（元）

该公司领用E材料计划成本的相应账务处理如下：

借：生产成本　　　　　　　　　　　　　　　　　162 000
　　制造费用　　　　　　　　　　　　　　　　　　6 000
　　管理费用　　　　　　　　　　　　　　　　　 60 000
　　在建工程　　　　　　　　　　　　　　　　　 48 000
　　贷：原材料　　　　　　　　　　　　　　　　276 000

（2）计算材料成本差异率

$$本月材料成本差异率=\frac{2\,810+(-500)}{60\,000+150\,000}\times100\%$$

$$=1.1\%$$

借：生产成本　　　　　　　　　　　　　　　　　　1 782
　　制造费用　　　　　　　　　　　　　　　　　　　　66
　　管理费用　　　　　　　　　　　　　　　　　　　 660
　　在建工程　　　　　　　　　　　　　　　　　　　 528
　　贷：材料成本差异　　　　　　　　　　　　　　 3 036

第四节　库存商品

库存商品是指企业库存的各种商品，包括企业生产完工验收入库的产成品和以销售为目的而购入的商品。工业企业产成品的核算方法与原材料的核算方法相同，这里不再介绍。本节主要介绍商业企业"库存商品"的核算。

商业企业库存商品的核算方法有两大类四种方法：一类是数量金额核算法，包括数量进价金额核算法和数量售价金额核算法；另一类是金额核算法，包括进价金额核算法和售价金额核算法。

一、数量进价金额核算法

数量进价金额核算法是同时以数量和金额反映商品增减变动及结存情况的方法。这种方法一般适用于商品批发行业批发商品的核算。其基本内容包括:

(1) "库存商品"的总分类,以进价核算商品的增减变动及结存情况。

(2) "库存商品"的明细账,以数量和进价核算商品的增减变动及结存情况。

(3) 因商品品种较多,在总账与明细账之间设置类目账,又称"二级账",并按进价金额核算商品的增减变动及结存情况。

(4) 按商品品名、规格由仓库设置商品保管账,反映商品的增减变动及结存情况。

(一) 商品购进的核算举例

【例 4-24】 东华批发公司向金叶公司购入商品一批,专用发票上注明的货款为 100 000 元,增值税为 13 000 元,供货方代垫运杂费 2 000 元。东华批发公司收到金叶公司的专用发票和运费清单,审核无误后以银行存款支付。账务处理如下:

(1) 采购商品,支付货款时:

借:在途物资——甲商品　　　　　　　　　　　　　　　　102 000
　　应交税费——应交增值税(进项税额)　　　　　　　　 13 000
　　贷:银行存款　　　　　　　　　　　　　　　　　　　115 000

(2) 收到商品,验收入库时:

借:库存商品——甲商品　　　　　　　　　　　　　　　　102 000
　　贷:在途物资——甲商品　　　　　　　　　　　　　　102 000

(二) 商品销售的核算

【例 4-25】 东华批发公司销售商品一批,售价为 80 000 元,增值税为 10 400 元,价税共计 90 400 元,销货款送存银行。该商品的销售成本为 65 000 元。账务处理如下:

(1) 发出商品,收到货款并确认收入时:

借:银行存款　　　　　　　　　　　　　　　　　　　　　 90 400
　　贷:主营业务收入　　　　　　　　　　　　　　　　　 80 000
　　　　应交税费——应交增值税(销项税额)　　　　　　　10 400

(2) 结转已售商品成本:

借:主营业务成本　　　　　　　　　　　　　　　　　　　 65 000
　　贷:库存商品　　　　　　　　　　　　　　　　　　　 65 000

二、数量售价金额核算法

数量售价金额核算法是指同时以数量和售价金额反映商品增减变动及结存情况的核算方法,适用于大中型商品批发企业,会计、业务及仓库等部门具有同一办公地点,进销价格相对稳定的小型批发企业及零售企业的贵重商品的核算。其基本内容包括:

(1) "库存商品"总账、二级账及明细账均以售价金额记录其增减变动及结存情况。总账和二级账只记录售价金额,不记数量。明细账同时记录售价金额和数量。

(2) 需要设置"商品进销差价"调整账户，将商品售价调整为进价。
商品进销差价率的计算公式如下：

$$商品进销差价率 = \frac{期初进销差价 + 当期发生的进销差价}{期初商品售价 + 当期发生的商品售价} \times 100\%$$

本月已销售商品应分摊的进销差价 = 本月商品销售收入 × 商品进销差价率
期末库存商品的进销差价 = 期末分摊前库存商品进销差价 − 本期销售商品应分摊的进销差价

【例4-26】 东华公司采用数量售价金额核算方法核算存货。2019年1月的期初存货成本为150 000元，售价总额为180 000元；当期购货成本为250 000元，售价总额为320 000元；当期销售商品收入为400 000元（不考虑相关税费）。

(1) 东华公司购入商品时：
借：在途物资　　　　　　　　　　　　　　　　　　　　　250 000
　　贷：银行存款　　　　　　　　　　　　　　　　　　　　　250 000
商品按售价入库时：
借：库存商品　　　　　　　　　　　　　　　　　　　　　320 000
　　贷：在途物资　　　　　　　　　　　　　　　　　　　　　250 000
　　　　商品进销差价　　　　　　　　　　　　　　　　　　　70 000
(2) 销售商品时：
借：银行存款　　　　　　　　　　　　　　　　　　　　　400 000
　　贷：主营业务收入　　　　　　　　　　　　　　　　　　　400 000
(3) 结转商品销售成本时：
借：主营业务成本　　　　　　　　　　　　　　　　　　　400 000
　　贷：库存商品　　　　　　　　　　　　　　　　　　　　　400 000
(4) 计算当月已销商品应分摊的进销差价：

$$商品进销差价率 = \frac{期初进销差价 + 当期发生的进销差价}{期初商品售价 + 当期发生的商品售价} \times 100\%$$

$$= \frac{(180\ 000 - 150\ 000) + (320\ 000 - 250\ 000)}{180\ 000 + 320\ 000} \times 100\%$$

$$= 20\%$$

已销商品应分摊的进销差价 = 本月商品销售收入 × 商品进销差价率
$$= 400\ 000 \times 20\% = 80\ 000(元)$$

根据已售商品应分摊的进销差价结转商品销售成本：
借：商品进销差价　　　　　　　　　　　　　　　　　　　80 000
　　贷：主营业务成本　　　　　　　　　　　　　　　　　　　80 000
注：经转账，当月商品销售成本调整为实际成本320 000元（400 000 − 80 000）。

三、售价金额核算法

售价金额核算法是以售价金额反映商品增减变动及结存情况的核算方法，主要适用于经营日用商品的零售企业。其基本内容包括：
(1) 建立实物负责制。确定相应的实物负责人，各实物负责人对所经管的商品负完全的经济责任。

(2) 售价记账，金额控制。库存商品总账和明细账一律按售价记账，按实物负责人设置明细账。

(3) 设置"商品进销差价"账户，反映含税售价与进价成本的差额。

(4) 平时按售价结转销售成本，定期计算和结转已售商品实现的进销差价。

（一）商品购进的核算

【例 4-27】 某商场从某百货批发公司购入商品一批，进价 19 000 元，进项税额为 2 470 元，售价 25 000 元（不含税），销项税额 3 250 元。货款以支票付讫，商品由百货组验收。

(1) 购入商品并支付货款时：

借：在途物资——某百货公司	19 000
应交税费——应交增值税（进项税额）	2 470
贷：银行存款	21 470

(2) 商品按售价验收入库时：

借：库存商品——百货组（售价＋销项税）	28 250
贷：在途物资——某百货公司	19 000
商品进销差价——百货组（毛利＋销项税）	9 250

（二）商品销售的核算

【例 4-28】 某商场各营业组日销货款（含税）为：百货组 28 600 元，针织组 37 500 元，收入的现金全部送存银行。账务处理如下：

(1) 取得销售收入并送存银行时：

借：银行存款	66 100
贷：主营业务收入——百货组	28 600
——针织组	37 500

(2) 按含税的零售价结转商品销售成本，注销库存商品：

借：主营业务成本	66 100
贷：库存商品——百货组	28 600
——针织组	37 500

(3) 按 13% 的增值税税率，从"主营业务收入"中将"应交增值税（销项税额）"分离出来：

$$应交增值税 = 66\ 100 \div (1 + 13\%) \times 13\% = 7\ 604(元)$$

借：主营业务收入	7 604
贷：应交税费——应交增值税（销项税额）	7 604

（三）已销商品进销差价的计算和结转

将已售商品成本调整为进价成本，则其差价率＝

$$\frac{月末结账前"商品进销差价"账户的余额}{月末"库存商品"账户余额 + 月末"委托代销商品"账户余额 + 月末"主营业务成本"账户余额} \times 100\%$$

本月已销商品应分摊的进销差价 = 本月"主营业务成本"账户余额×差价率

上例中，若含税差价率百货组为20%，针织组为10%，则账务处理如下：

百货组成本进销差价 = 28 600×20% = 5 720（元）

针织组成本进销差价 = 37 500×10% = 3 750（元）

借：商品进销差价——百货组	5 720
——针织组	3 750
贷：主营业务成本——百货组	5 720
——针织组	3 750

上述已销售商品的进价成本 = 66 100 - 7 604 - 5 720 - 3 750 = 49 026（元）

上述业务实现的毛利 = 主营业务收入 - 销项税额 - 已销售商品的进价成本

（已售商品进销差价）= 66 100 - 7 604 - 49 026 = 9 470（元）

四、进价金额核算法

进价金额核算法又称"进价记账，盘存计销"核算法，是以进价金额反映商品增减变动及结存情况的核算方法。其基本内容包括：

（1）"库存商品"总账与明细账均按商品进价记账，只记金额，不记数量。

（2）商品销售时，不记录库存商品的减少。

（3）平时一般不进行账务处理。

（4）月末通过实际盘点，倒挤计算销售商品的进价成本，并进行结转。

计算公式为：

本月已销商品进价成本 = 月初结存商品的进价成本 + 本月购进商品的进价金额 - 月末结存商品的进价金额

【例4-29】 某商场水产组月初商品余额为15 000元，本月购进商品总额为87 000元，本月商品销售总额为140 000元，月末库存商品余额为4 900元。账务处理如下：

（1）进货时：

借：库存商品——水产组	87 000
贷：银行存款	87 000

（2）销货时：

借：银行存款	140 000
贷：主营业务收入	140 000

（3）月末计算已售商品进价成本 = 15 000 + 87 000 - 4 900 = 97 100（元）

借：主营业务成本	97 100
贷：库存商品——水产组	97 100

第五节 周转材料

周转材料是指企业能够多次使用、逐渐转移其价值但仍保持原有形态、不确定为固定资产的材料。一般包括包装物和低值易耗品等。

一、设置的主要账户

对周转材料的核算，应设置"周转材料"总分类账，该账户按周转材料的类别分别设置"低值易耗品"和"包装物"二级明细账账户进行明细核算。

二、周转材料的摊销

周转材料可以长期周转使用，其价值在使用中因磨损而逐渐消耗。因此，需要对周转材料价值的磨损采用一定的方法进行摊销，并将摊销额计入有关的成本和费用中。周转材料的摊销方法一般包括：

（1）一次转销法：一次领用的周转材料，可将其成本一次全部摊入成本或费用中。

（2）五五摊销法：领用时摊销其成本的50%，报废时，再摊销其成本的50%。

三、周转材料的账务处理

（1）购入周转材料时：
借：周转材料——低值易耗品（包装物）——在库
　　贷：银行存款（等相关账户）
（2）领用周转材料时：
若采用一次转销法，则：
借：生产成本
　　其他业务成本
　　制造费用
　　管理费用（销售费用）（等相关账户）
　　贷：周转材料——低值易耗品（包装物）——在库
若采用五五摊销法，则：
①领用时：
借：周转材料——低值易耗品（包装物）——在用周转材料
　　贷：周转材料——低值易耗品（包装物）——在库周转材料
同时按其用途转销其50%的价值，则：
借：生产成本
　　其他业务成本
　　制造费用
　　管理费用（销售费用）（等相关账户）
　　贷：周转材料——周转材料摊销
②报废时，转销剩余的50%的价值，则：
借：生产成本
　　其他业务成本
　　制造费用
　　管理费用（销售费用）（等相关账户）
　　贷：周转材料——周转材料摊销

周转材料报废时，如果有残料，则：

借：原材料
　　贷：生产成本
　　　　其他业务成本
　　　　制造费用
　　　　管理费用（销售费用）（等相关账户）

③将在用周转材料与周转材料摊销两个明细账账户对冲：

借：周转材料——低值易耗品（包装物）——周转材料摊销
　　贷：周转材料——低值易耗品（包装物）——在用周转材料

四、周转材料核算举例

（一）低值易耗品收发的核算举例

【例4-30】 东华公司2019年4月7日，购进一批周转材料，价值30 000元，增值税税率为13%，企业按实际成本计价，货款未支付，材料已验收入库。

借：周转材料——低值易耗品——在库低值易耗品　　　　　　30 000
　　应交税费——应交增值税（进项税额）　　　　　　　　　　3 900
　　贷：应付账款　　　　　　　　　　　　　　　　　　　　　　33 900

【例4-31】 东华公司采用一次转销法核算周转材料。2019年3月8日，该企业领用低值易耗品一批，用于生产A产品，价值20 000元。

借：生产成本——A产品　　　　　　　　　　　　　　　　　　20 000
　　贷：周转材料——低值易耗品——在库低值易耗品　　　　　20 000

【例4-32】 2019年3月12日，东华公司报废一批周转材料，该批周转材料的残料价值为2 000元，账务处理为：

借：原材料　　　　　　　　　　　　　　　　　　　　　　　　2 000
　　贷：生产成本　　　　　　　　　　　　　　　　　　　　　　2 000

【例4-33】 东华公司采用五五摊销法进行低值易耗品的核算。2019年4月6日，企业领用低值易耗品一批，分配到管理部门使用，价值60 000元。

（1）管理部门领用时：

借：周转材料——低值易耗品——在用低值易耗品　　　　　　60 000
　　贷：周转材料——低值易耗品——在库低值易耗品　　　　　60 000

同时，摊销其价值的50%：

借：管理费用　　　　　　　　　　　　　　　　　　　　　　　30 000
　　贷：周转材料——低值易耗品——低值易耗品摊销　　　　　30 000

（2）2019年8月3日，该批周转材料报废，收到残料价值500元，同时摊销其剩余价值的50%：

借：管理费用　　　　　　　　　　　　　　　　　　　　　　　30 000
　　贷：周转材料——低值易耗品——低值易耗品摊销　　　　　30 000

同时：

借：原材料	500
贷：管理费用	500

（3）结转周转材料摊销额：

借：周转材料——低值易耗品——低值易耗品摊销	60 000
贷：周转材料——低值易耗品——在用低值易耗品	60 000

（二）包装物收发的核算

（1）购入包装物时：

【例 4-34】 东华公司以现金购进包装物，实际成本 1 000 元，进项税额 130 元。

借：周转材料——包装物（在库包装物）	1 000
应交税费——应交增值税（进项税额）	130
贷：库存现金	1 130

（2）生产领用包装物，作为产品组成部分计入成本：

【例 4-35】 东华公司生产 A 产品领用包装物一批，实际成本 1 000 元。

借：生产成本	1 000
贷：周转材料——包装物（在库包装物）	1 000

（3）随同产品出售，不单独计价的包装物，实际成本计入"销售费用"：

【例 4-36】 销售 A 产品领用不单独计价的包装箱一批，实际成本 2 000 元。

借：销售费用	2 000
贷：周转材料——包装物（在库包装物）	2 000

（4）随同产品出售，单独计价包装物，销售收入计入"其他业务收入"，其成本计入"其他业务成本"：

【例 4-37】 某企业销售 A 产品领用单独计价的包装物一批，销售收入为 3 000 元，取得的增值税专用发票上注明的增值税额为 390 元，取得的款项存入银行，包装物的实际成本为 2 500 元。

①出售单独计价的包装物时：

借：银行存款	3 390
贷：其他业务收入	3 000
应交税费——应交增值税（销项税额）	390

②结转单独出售包装物的实际成本时：

借：其他业务成本	2 500
贷：周转材料——包装物（在库包装物）	2 500

第六节　存货的期末计量

企业期末存货应按成本与可变现净值孰低法进行计量。

一、成本与可变现净值孰低法的含义

成本与可变现净值孰低法是指对期末存货按照成本与可变现净值两者之中较低者计价的

方法。就是说当成本低于可变现净值时，期末存货应按成本计价；当可变现净值低于成本时，期末存货按可变现净值计价，同时按成本大于可变现净值的差额计提存货跌价准备，计入当期损益。

成本与可变现净值孰低法中的"成本"指存货的历史成本；"可变现净值"指在日常活动中，存货的估计售价减去至完工时估计要发生的成本、估计的销售费用以及相关税费后的金额。可变现净值的计算公式为：

可变现净值 = 估计售价 – 估计完工尚需投入的成本 – 估计销售费用及相关税费

成本与可变现净值孰低法是对历史成本原则的修正。在这一方法下确认的存货更加符合资产的定义，从而充分体现了谨慎性原则的要求。

二、成本与可变现净值孰低法的应用

（一）存货跌价准备计提的条件

当企业的存货出现以下情况之一时，需要计提存货跌价准备：

(1) 存货市价持续下跌，且在可预见的未来无回升的希望。
(2) 使用该原材料生产产品的成本大于产品的销售价格。
(3) 因产品更新换代，原有库存原材料已不适应新产品的需要，而该原材料的市场价格又低于其账面成本。
(4) 因企业所提供的商品或劳务过时或消费者偏好改变而使市场需求发生变化，导致市场价格逐渐下跌。
(5) 其他足以证明存货已在实质上发生减值的情形。

当企业的存货出现以下情况之一时，应确认为存货价值完全丧失，不再需要计提存货跌价准备，而是将存货的账面价值全部转为当期损益：

(1) 存货已霉烂变质。
(2) 存货已过期且无转让价值。
(3) 存货在生产中已不再需要，并且已无使用价值和转让价值。

（二）成本与可变现净值孰低法下存货价值的确定方法

成本与可变现净值孰低法下存货价值的确定有三种方法：单项比较法、分类比较法、总额比较法。

1. 单项比较法

单项比较法又称个别比较法，是按每种存货的成本与可变现净值逐一进行比较，每项存货均按较低者确定存货的期末成本。

2. 分类比较法

分类比较法是按照存货类别的成本与相同类别的可变现净值进行比较，按较低者确定该存货类别的期末成本。

3. 总额比较法

总额比较法又称综合比较法，指将全部存货的总成本与可变现净值总额比较，按较低者确认期末存货总成本。

【例 4 – 38】 2019 年 12 月 31 日，东华公司有 A、B、C、D 四种存货，这四种存货按照其性质的不同分为甲、乙两大类，其中 A、B 属于甲类存货，C、D 属于乙类存货，有关四种存货的成本与可变现净值的资料如表 4 – 5 所示。

表 4 – 5 有关四种存货成本与可变现净值资料

元

存货种类	成本	可变现净值	成本与可变现净值孰低法存货价值确定方法		
			单项比较法	分类比较法	总额比较法
甲类存货					
A 存货	12 000	14 000	12 000		
B 存货	9 600	9 000	9 000		
合计	21 600	23 000	21 000	21 600	
乙类存货					
C 存货	26 000	24 000	24 000		
D 存货	3 900	4 200	3 900		
合计	29 900	28 200	27 900	28 200	
合计	51 500	51 200	48 900	49 800	51 200

从表 4 – 5 中三种方法的比较可以看出，单项比较法确定的期末存货价值最低，其次是分类比较法，最高的是总额比较法，也就是说单项比较法最能体现谨慎性原则。在我国，允许采用单项比较法；在特殊情况下可以采用分类比较法；一般不采用总额比较法。

三、成本与可变现净值孰低法的账务处理

期末存货采用成本与可变现净值孰低法计价时，如果成本低于可变现净值，则不需要作任何账务处理，资产负债表上的存货仍按存货的期末账面价值列示；如果期末存货可变现净值低于成本，则必须在当期确认存货跌价损失，并进行有关的账务处理。具体的账务处理方法主要有两种：直接转销法和备抵法。

（一）直接转销法

直接转销法是将可变现净值低于成本的损失直接冲减"存货"账户，将存货成本调整至可变现净值。账务处理程序如下：

（1）发生减值时，按成本与可变现净值之间的差额作会计分录：
借：资产减值损失
　贷：原材料
　　　库存商品（等相关账户）

（2）可变现净值恢复时：
借：原材料
　　库存商品（等相关账户）
　贷：资产减值损失

采用直接转销法，在对存货总账金额进行调整的同时，需要调整存货明细账中相应的单位成本和总成本金额，工作量较大，而且如果已作调整的存货以后可变现净值又得以恢复，再恢复有关存货的成本记录也十分麻烦，因此这一方法不常用。

（二）备抵法

备抵法是指对于存货可变现净值低于成本的损失不再直接冲减"存货"账户，而是单设"存货跌价准备"账户进行核算。账务处理程序如下：

（1）每一会计期期末，计提或补提存货跌价损失准备时：

借：资产减值损失
　　贷：存货跌价准备

（2）回冲或转销存货跌价损失时：

借：存货跌价准备
　　贷：资产减值损失

【例 4-39】 东华公司 2017 年 12 月 31 日，期末存货成本为 60 000 元，可变现净值为 54 000 元，该存货可变现净值低于成本 6 000 元，应当计提存货减值准备 6 000 元，"存货跌价准备"账户余额为零。其相应的账务处理如下：

借：资产减值损失　　　　　　　　　　　　　　　　　　　　　　　　　6 000
　　贷：存货跌价准备　　　　　　　　　　　　　　　　　　　　　　　　6 000

假设东华公司 2018 年 12 月 31 日存货的种类、数量和成本均未发生变化，可变现净值继续下跌为 52 000 元。相应的账务处理如下：

$$应计提存货跌价准备 = 60\ 000 - 52\ 000 = 8\ 000（元）$$
$$需补提的跌价准备 = 8\ 000 - 6\ 000 = 2\ 000（元）$$

借：资产减值损失　　　　　　　　　　　　　　　　　　　　　　　　　2 000
　　贷：存货跌价准备　　　　　　　　　　　　　　　　　　　　　　　　2 000

假设东华公司 2019 年 12 月 31 日存货的种类、数量和成本均未发生变化，可变现净值回升至 59 000 元。相应的账务处理如下：

$$应计提存货跌价准备 = 60\ 000 - 59\ 000 = 1\ 000（元）$$
$$应回冲的跌价准备 = 1\ 000 - 8\ 000 = -7\ 000（元）$$

借：存货跌价准备　　　　　　　　　　　　　　　　　　　　　　　　　7 000
　　贷：资产减值损失　　　　　　　　　　　　　　　　　　　　　　　　7 000

第七节　存货的清查

一、存货清查的目的、分类和方法

企业为了确保存货的安全完整，保证存货的账簿记录与实物相符，需要对存货进行清查。按照清查的时间可将存货清查分为定期清查和不定期清查；按照清查的范围可将存货清查分为全面清查和局部清查。

企业在每年编写年度报表之前，必须组织相关人员对存货进行一次全面清查。

企业进行存货清查的主要方法是实地盘点、账实核对,并对清查的结果编制"账存实存对比表"作为调整账簿记录的原始凭证。

二、存货清查结果的账务处理

(一) 存货清查结果

存货的清查结果可能有三种情况:实存数量小于账面数量;实存数量等于账面数量;实存数量大于账面数量。第二种情况被称为"账实相符",不需要进行任何账务处理。其他两种情况都属于"账实不符",企业需要对其原因进行调查并处理。

(二) 存货清查结果的账务处理

为了能够反映企业存货"账实不符"的情况,需要设置账户"待处理财产损溢——待处理流动资产损溢"。该账户借方登记存货盘亏金额和结转的已处理盘盈金额,贷方登记存货的盘盈金额和结转的已处理盘亏金额,该账户期末处理以后应无余额。

1. 存货盘盈的账务处理

(1) 审批处理以前,根据"账存实存对比表",调整账簿记录:

借:原材料
　　库存商品(等相关账户)
　　贷:待处理财产损溢——待处理流动资产损溢

(2) 经查明,盘盈存货为收发计量或核算误差造成,经批准一般应冲减当期管理费用。

借:待处理财产损溢——待处理流动资产损溢
　　贷:管理费用

【例 4-40】 东华公司 2019 年 11 月 21 日对存货进行清查时,发现盘盈 E 材料 10 千克,单位实际成本为 580 元/千克,则盘盈存货的实际成本为 5 800 元。账务处理如下:

(1) 审批处理以前,根据"账存实存对比表",调整账簿记录:

借:原材料　　　　　　　　　　　　　　　　　　　　　　5 800
　　贷:待处理财产损溢——待处理流动资产损溢　　　　　　　　5 800

(2) 经查明,盘盈原因为计量误差,经批准应冲减当期管理费用。

借:待处理财产损溢——待处理流动资产损溢　　　　　　　5 800
　　贷:管理费用　　　　　　　　　　　　　　　　　　　　　5 800

2. 存货盘亏或毁损的账务处理

(1) 审批处理以前,根据"账存实存对比表",按照盘亏存货的实际成本调整账簿记录:

借:待处理财产损溢——待处理流动资产损溢
　　贷:原材料(库存商品)(等相关账户)
　　　　应交税费——应交增值税(进项税额转出)

(2) 批准处理时,按盘亏的原因进行相应的账务处理。

①属于定额内损耗或者计量误差而产生的盘亏:

借:管理费用
　　贷:待处理财产损溢——待处理流动资产损溢

②由过失人或保险公司赔偿的盘亏或毁损：
借：其他应收款——×××责任人
　　　　　　——×××保险公司
　　贷：待处理财产损溢——待处理流动资产损溢
③属于非常损失的盘亏：
借：营业外支出
　　贷：待处理财产损溢——待处理流动资产损溢
④若盘亏存货有残料收回时：
借：原材料
　　贷：待处理财产损溢——待处理流动资产损溢
⑤在对盘亏存货进行账务处理时，需要同时结转与其相关的增值税进项税额。

【例4–41】 东华公司在期末存货清查中发现存货盘亏6 000元，增值税额为780元。

（1）审批处理前，根据"账存实存对比表"的账务处理如下：

借：待处理财产损溢——待处理流动资产损溢　　　　　　6 780
　　贷：原材料　　　　　　　　　　　　　　　　　　　6 000
　　　　应交税费——应交增值税（进项税额转出）　　　 780

（2）经查，此次盘亏是自然灾害造成的，其中应由保险公司赔偿4 800元，处置残值收到现金300元。

借：其他应收款——××保险公司　　　　　　　　　　　4 800
　　库存现金　　　　　　　　　　　　　　　　　　　　 300
　　营业外支出　　　　　　　　　　　　　　　　　　　1 680
　　贷：待处理财产损溢——待处理流动资产损溢　　　　6 780

思考题

1. 存货确认的条件有哪些？
2. 简述存货成本的构成内容。
3. 简述存货的期末计量方法。
4. 原材料按实际成本和计划成本核算有哪些共同点和不同点？

练习题

1. 某公司采用"备抵法"核算存货跌价损失。2017年年末甲种存货的实际成本为100 000元，可变现净值为90 000元；假设2018年和2019年年末，该存货的种类、数量和成本均未发生变化，预计可变现净值分别为87 000元和98 000元。要求：计算各年应提取的存货跌价准备并进行相应的会计处理。

2. 某企业（一般纳税人）从外地购进原材料一批，取得的增值税专用发票上注明的原材料价款为100 000元，增值税额为13 000元；另外，支付运输部门运费2 000元，支付装卸费500元，以转账方式支付（按税法规定，运费可抵扣9%的进项税额，该批材料已验收入库)。要求：编制有关的会计分录。

3. A公司5月28日购进一批材料已验收入库，价款8 800元，增值税额1 144元，对方代垫运费200元，月终结算凭证未到，暂估入账，暂估价款10 000元；6月1日用红字冲回；6月10日收到对方开来的结算凭证，正常入账。要求：编制有关的会计分录。

4. 某企业为增值税一般纳税人，该企业2019年采用计划成本进行原材料的核算，有关资料如下：

(1) 1月1日，原材料账面计划成本为100 000元，材料成本差异为5 000元（超支）。

(2) 1月10日，购入原材料一批，取得的增值税专用发票上注明的原材料价款为200 000元，增值税额为26 000元，外地运费为9 000元，装卸费630元，按照税法有关规定，外地运费可按9%抵扣增值税进项税额，有关款项已通过银行存款支付。

(3) 上述材料已验收入库，计划成本为210 000元。

(4) 本月领用材料的计划成本为200 000元，其中：生产部门领用150 000元，车间管理部门领用30 000元，厂部管理部门领用11 000元，销售部门领用9 000元。

要求：计算材料成本差异率及发出材料和结存材料应分摊的差异额，并编制有关的会计分录。

5. 练习委托加工物资的会计处理：

(1) 甲公司委托乙公司将A原材料加工为B原材料，发出A材料一批，计划成本为800 000元，材料成本差异为2%。

(2) 以银行存款支付乙公司委托加工费用34 000元。

(3) 以银行存款支付乙公司代扣、代缴增值税税率13%。

(4) 开出现金支票支付委托加工物资的往返运杂费1 000元。

(5) 收回委托加工完毕的B材料10 000千克并验收入库，每千克计划单价为85元。

要求：编制有关业务的会计分录。

6. 某公司为一般纳税人（增值税税率13%），在期末对存货清查中发现存货盘亏5 000元。经查明盘亏原因为：定额内损耗为2 000元；管理员过失造成损失1 000元；保险公司赔偿1 000元；非常损失为500元；残料作价500元入库。其余损失计入管理费用。要求：编制有关的会计分录。

7. 某工业企业为增值税一般纳税人，增值税税率为13%。该企业低值易耗品采用"五五摊销法"核算，2019年5月第一生产车间领用低值易耗品一批，实际成本6 000元，预计使用三个月；另该车间2019年2月领用的一批低值易耗品在本月报废（与原预计使用期限一致），实际成本7 200元，残料200元作原材料入库。要求：编制有关的会计分录。

第五章 证券投资

【本章知识要点提示】

通过本章的学习：理解以公允价值计量且其变动计入当期损益的金融资产、以公允价值计量且其变动计入其他综合收益的金融资产以及以摊余成本计量的金融资产三者的特点以及对会计核算的要求；熟悉证券投资按品种和按管理意图的分类以及以公允价值计量且其变动计入当期损益的金融资产、以公允价值计量且其变动计入其他综合收益的金融资产以及以摊余成本计量的金融资产明细账的设置；掌握证券投资的确认、计量、会计处理程序以及减值的会计处理过程。本章所包括的内容：证券投资概述、以公允价值计量且其变动计入当期损益的金融资产、以公允价值计量且其变动计入其他综合收益的金融资产以及以摊余成本计量的金融资产。

第一节 证券投资概述

一、证券投资的定义

证券投资是指投资者购买股票、债券、基金等有价证券，以获取红利、利息及资本利得的投资行为和投资过程，是投资者间接投资的重要形式。

二、证券投资的分类

（一）证券投资按投资品种分类

证券投资按投资品种可分为股票投资、债券投资和基金投资。

1. 股票投资

股票投资是指投资者以购买股票的方式将资金投资于被投资企业。投资者购入股票后，表明投资者已拥有被投资企业的股份,成为被投资企业股东。

2. 债券投资

债券投资是指企业通过从证券市场购买债券方式对被投资企业进行的投资。债券投资表明投资者与被投资者之间是债权债务关系,而不是所有权关系,投资企业不参与被投资企业的各项经营管理活动,只有按约定条款从被投资企业取得利息和到期收回本金的权利。与股票投资相比,债券投资的风险小,有稳定的投资收益和投资回收期。

3. 基金投资

基金投资是指投资者通过购买基金的方式投资于证券市场的投资。基金投资与股票投资、债券投资有着明显的区别。股票投资者是公司的股东;债券投资者是债券发行人的债权人;基金单位的持有人是基金的受益人,体现的是信托关系。

(二) 证券投资按管理意图分类

证券投资的管理意图是指证券投资的目的。证券投资按管理意图分类可分为:以公允价值计量且其变动计入当期损益的金融资产、以公允价值计量且其变动计入其他综合收益的金融资产、以摊余成本计量的金融资产。

1. 以公允价值计量且其变动计入当期损益的金融资产

以公允价值计量且其变动计入当期损益的金融资产,是指企业为了近期内出售而持有的金融资产。通常情况下,以赚取差价收入为目的从二级市场购买的股票、债券和基金等,应确认为以公允价值计量且其变动计入当期损益的金融资产。在投资者改变其购入的股票、债券和基金的管理金融资产的业务模式时,投资者可以将以公允价值计量且其变动计入当期损益的金融资产,重分类为以摊余成本计量的金融资产或以公允价值计量且其变动计入其他综合收益的金融资产。

2. 以公允价值计量且其变动计入其他综合收益的金融资产

以公允价值计量且其变动计入其他综合收益的金融资产,是指初始确认时即被指定为可供出售的,除以公允价值计量且其变动计入当期损益的金融资产和以摊余成本计量的金融资产以外的那部分金融资产。通常意义下,作为以公允价值计量且其变动计入其他综合收益的金融资产应当在活跃的市场上有报价。因此,企业从二级市场上购入的、有报价的股票投资、债券投资、基金投资等,均可以作为以公允价值计量且其变动计入其他综合收益的金融资产进行核算。由于该金融资产没有明确的持有期,在报表中将其归属于非流动资产类。

3. 以摊余成本计量的金融资产

以摊余成本计量的金融资产,是指到期日固定、回收金额固定或可确定,且企业有明确意图和能力持至到期的那部分投资。股票投资没有明确的到期日,不作为以摊余成本计量的金融资产。对于债权投资而言,企业只要有明确意图和能力将其持有至到期日,无论是固定利率的债权还是浮动利率的债权都应归为以摊余成本计量的金融资产。在资产负债表中,以摊余成本计量的金融资产归类于非流动资产。

第二节 以公允价值计量且其变动计入当期损益的金融资产

一、以公允价值计量且其变动计入当期损益的金融资产的确认

企业从二级市场上购入的股票、债券和基金等，准备短期内出售，并以获取价差收入为目的的投资，应确认为以公允价值计量且其变动计入当期损益的金融资产，并在资产负债表中作为流动资产列示。其主要特征为：无论初始投资还是期末计价均按公允价值计量，且其变动计入当期损益。

二、设置的账户

根据企业会计准则规定，为了反映以公允价值计量且其变动计入当期损益的金融资产的增加、持有、出售及其公允价值变动情况，会计上设置了两个主要账户："交易性金融资产"和"公允价值变动损益"。"交易性金融资产"属于资产类账户，按照类别和品种下设"成本"和"公允价值变动"两个明细账账户，用于核算企业取得交易性金融资产时的公允价值和持有期间其公允价值的增减变动。"公允价值变动损益"属于损益类账户，核算以公允价值计量且其变动计入当期损益的金融资产公允价值变动所形成的应计入当期损益的利得或损失。

三、以公允价值计量且其变动计入当期损益的金融资产取得的核算

以公允价值计量且其变动计入当期损益的金融资产初始取得时，按取得时的公允价值计入成本；交易费用计入当期损益，反映在"投资收益"账户的借方；如果实际支付款项中包含已宣告发放但尚未领取的现金股利或已到期尚未支取的债券利息，应当计入"应收股利"或"应收利息"账户，按其注明的增值税进项税额计入"应交税费——应交增值税（进项税额）"。其账务处理如下：

（1）取得该金融资产时：
借：交易性金融资产——成本
　　投资收益
　　应收股利（或应收利息）
　　应交税费——应交增值税（进项税额）
　贷：银行存款

（2）收到已宣告但尚未领取的现金股利或债券利息时：
借：银行存款
　贷：应收股利（或应收利息）

【例5-1】东华公司以短期获利为目的，从二级市场上购入A公司股票100 000万股，每股10元，发生的交易费用30 000元，增值税进项税额为1 800（30 000×6%）元。以上款项均以银行存款支付。账务处理如下：

借：交易性金融资产——成本	1 000 000
投资收益	30 000
应交税费——应交增值税（进项税额）	1 800
贷：银行存款	1 031 800

【例 5-2】 东华公司购入 A 公司发行的分期付息、到期一次还本的债券 20 000 张，每张面值 100 元，买价为每张 110 元，其中包含每张已宣告但尚未发放的债券利息为 6 元，另外支付经纪人佣金 4 000 元，增值税进项税额 240 元。账务处理如下：

借：交易性金融资产——成本	2 080 000
投资收益	4 000
应收利息	120 000
应交税费——应交增值税（进项税额）	240
贷：银行存款	2 204 240

四、以公允价值计量且其变动计入当期损益的金融资产在持有期间收益的核算

企业在持有以公允价值计量且其变动计入当期损益金融资产期间，被投资企业宣布分派的现金股利或在资产负债表日按债券的面值和票面利率计算利息时，投资企业应当确认为当期损益，计入"投资收益"账户的贷方。账务处理如下：

(1) 确认现金股利或债券利息时：
借：应收股利（或应收利息）
　　贷：投资收益
(2) 收到现金股利或债券利息时：
借：银行存款
　　贷：应收股利（或应收利息）

【例 5-3】 2019 年 8 月 25 日，B 公司宣告 2019 年上半年利润分配方案，每股分派现金股利 0.30 元，并于 2019 年 9 月 20 日发放。东华公司持有 B 公司股票 50 000 股。假设不考虑相关税费。

(1) 2019 年 8 月 25 日，B 公司宣告分派现金股利时：
　　东华公司应收现金股利 = 50 000 × 0.30 = 15 000（元）

| 借：应收股利 | 15 000 |
| 贷：投资收益 | 15 000 |

(2) 2019 年 9 月 20 日，收到 B 公司支付的现金股利时：

| 借：银行存款 | 15 000 |
| 贷：应收股利 | 15 000 |

五、以公允价值计量且其变动计入当期损益金融资产的期末计价

资产负债表日，该金融资产公允价值发生变动的，企业应将变动差额计入当期损益。运用如下等式计算：

$$公允价值变动差额 = 新的公允价值 - 交易性金融资产账面价值$$

(1) 若公允价值大于账面价值的差额（正值）时：
借：交易性金融资产——公允价值变动
　　贷：公允价值变动损益
(2) 若公允价值小于账面价值的差额（负值）时：
借：公允价值变动损益
　　贷：交易性金融资产——公允价值变动

【例 5-4】 东华公司 2019 年 1 月 1 日购入 C 公司普通股票 3 000 股，每股付款 20 元，另付各项交易费用 450 元。假设不考虑税费。东华公司对该股票投资准备近期变现。

(1) 东华公司购入 C 公司股票时：
借：交易性金融资产——C 公司（成本）　　　　　　　　　　　　　　60 000
　　投资收益　　　　　　　　　　　　　　　　　　　　　　　　　　　　450
　　贷：银行存款　　　　　　　　　　　　　　　　　　　　　　　　　60 450
(2) 1 月 31 日，上述股票价格每股升为 23 元，共升值 9 000 元。
借：交易性金融资产——C 公司（公允价值变动）　　　　　　　　　　9 000
　　贷：公允价值变动损益——交易性金融资产损益　　　　　　　　　9 000
(3) 2 月 28 日，上述股票价格每股降为 21 元，共贬值 6 000 元。
借：公允价值变动损益——交易性金融资产损益　　　　　　　　　　　6 000
　　贷：交易性金融资产——C 公司（公允价值变动）　　　　　　　　6 000

六、以公允价值计量且其变动计入当期损益金融资产的出售

作为以公允价值计量且其变动计入当期损益金融资产，其目的在于保证流动性的前提下，取得投资收益。因此，在证券市价上升或企业需要现金的情况下，企业则会将作为交易性金融资产的股票、债券、基金等出售。

出售以公允价值计量且其变动计入当期损益金融资产时，应结转交易性金融资产的账面价值，账面价值与实际收取款项之间的差额确认为当期损益，计入"投资收益"账户。

(1) 若账面价值大于实际收取款项时：
借：银行存款
　　交易性金融资产——公允价值变动（跌价）
　　投资收益
　　贷：交易性金融资产——成本
　　　　　　　　　　　——公允价值变动（增值）
(2) 若账面价值小于实际收取款项时：
借：银行存款
　　交易性金融资产——公允价值变动（跌价）
　　贷：交易性金融资产——成本
　　　　　　　　　　　——公允价值变动（增值）
　　　　投资收益
同时，将"公允价值变动损益"的累计数转入"投资收益"账户。

【例5-5】 以上述［例5-4］（2）为例。若东华公司在2019年1月31日，股票价格每股升为23元，共升值9 000元，在2月10日以每股25元出售，交易费用为1 000元。假设不考虑税费。

借：银行存款　　　　　　　　　　　　　　　　　　　　　74 000
　　贷：交易性金融资产——成本　　　　　　　　　　　　　　60 000
　　　　　　　　　　　　——公允价值变动　　　　　　　　　 9 000
　　　　投资收益　　　　　　　　　　　　　　　　　　　　　 5 000

同时，结转"公允价值变动损益"账户：

借：公允价值变动损益——交易性金融资产损益　　　　　　　 9 000
　　贷：投资收益　　　　　　　　　　　　　　　　　　　　　 9 000

【例5-6】 以上述［例5-4］（3）为例。若东华公司在2月28日，上述股票价格每股降为21元，共贬值6 000元。在3月10日以每股19元出售，交易费用为1 000元。

借：银行存款　　　　　　　　　　　　　　　　　　　　　56 000
　　投资收益　　　　　　　　　　　　　　　　　　　　　 7 000
　　贷：交易性金融资产——成本　　　　　　　　　　　　　　60 000
　　　　　　　　　　　　——公允价值变动　　　　　　　　　 3 000

同时，结转"公允价值变动损益"账户：

借：公允价值变动损益——交易性金融资产损益　　　　　　　 3 000
　　贷：投资收益　　　　　　　　　　　　　　　　　　　　　 3 000

七、转让金融商品应交增值税

金融商品转让按照卖出价扣除买入价（不需要扣除已宣告未发放现金股利或已到付息期未领取的利息）后的余额作为销售额计算增值税，即转让金融商品按盈亏相抵后的余额为销售额。若相抵后出现负值，可结转下一纳税期与下期转让金融商品销售额互抵，但年末时仍出现负值的，不得转入下一会计年度。转让金融商品应纳税额的计算公式为：

转让金融商品应纳税额 =（金融商品卖出价 - 金融商品买入价）÷（1 + 6%）× 6%

转让金融资产当月月末，如产生转让收益，则按应纳税额处理：

借：投资收益
　　贷：应交税费——转让金融商品应交增值税

如产生转让损失，则按可结转下月抵扣税额处理：

借：应交税费——转让金融商品应交增值税
　　贷：投资收益

年末，如果"应交税费——转让金融商品应交增值税"科目有借方余额，说明本年度的金融商品转让损失无法弥补，且本年度的金融商品转让损失不可转入下年度继续抵减转让金融资产的收益，因此应作如下处理：

借：投资收益
　　贷：应交税费——转让金融商品应交增值税

将"应交税费——转让金融商品应交增值税"科目的借方余额全部转出。

【例 5-7】 东华公司 2019 年 1 月 1 日购入 C 公司普通股票 3 000 股，每股付款 20 元，月末以每股 25 元出售，计算转让该普通股股票应交纳的增值税。

转让金融商品应纳税额 = （金融商品卖出价 - 金融商品买入价）÷（1 + 6%）× 6%
= 3 000 × (25 - 20) ÷ (1 + 6%) × 6%
= 849.06（元）

借：投资收益　　　　　　　　　　　　　　　　　　　　　　　849.06
　　贷：应交税费——转让金融商品应交增值税　　　　　　　　　849.06

第三节　以公允价值计量且其变动计入其他综合收益的金融资产

一、以公允价值计量且其变动计入其他综合收益的金融资产的确认

（一）以公允价值计量且其变动计入其他综合收益的金融资产的确认

根据财政部修订发布的《企业会计准则第 22 号——金融工具确认和计量》《企业会计准则第 23 号——金融资产转移》《企业会计准则第 24 号——套期会计》规定，企业购入的在活跃市场上有报价的股票、债券和基金等投资，没有明确划分为以摊余成本计量的金融资产和以公允价值计量且其变动计入当期损益的金融资产，在会计上应确认为以公允价值计量且其变动计入其他综合收益的金融资产。

在计量上，以公允价值计量且其变动计入其他综合收益的金融资产与以公允价值计量且其变动计入当期损益的金融资产，既有共同点，也有不同点。共同点在于：二者初始投资和期末计价均以公允价值计量。不同点在于：

（1）对取得时发生的交易费用处理不同。

取得以公允价值计量且其变动计入当期损益的金融资产时发生的交易费用计入当期损益（冲减"投资收益"）；取得以公允价值计量且其变动计入其他综合收益的金融资产时发生的交易费用作为购入"成本"入账。将购入的债券作为以公允价值计量且其变动计入其他综合收益的金融资产处理的，按债券面值作为入账"成本"。

（2）公允价值变动差额的处理不同。

以公允价值计量且其变动计入当期损益的金融资产的公允价值变动差额计入"公允价值变动损益"科目；以公允价值计量且其变动计入其他综合收益的金融资产的公允价值变动差额计入"其他综合收益"科目。

（3）发生减值的处理方式不同。

以公允价值计量且其变动计入当期损益的金融资产在资产负债表日仅对其公允价值变动进行调整，不进行减值测试；以公允价值计量且其变动计入其他综合收益的金融资产需要在资产负债表日进行减值测试，并单独设置"可供出售金融资产减值准备"科目对其减值进行专门核算。

（二）应设置的账户

根据《企业会计准则》规定，为了反映以公允价值计量且其变动计入其他综合收益的

金融资产的增加、持有、出售及持有期内公允价值变动情况，会计上设置了"其他债权投资""其他权益工具投资""其他综合收益"等科目。

1. "其他债权投资"账户

该账户属于非流动资产账户，按类别和品种，分别设置"成本""公允价值变动""利息调整""应计利息"明细账账户进行明细核算。

"其他债权投资——成本"账户的借方登记债权投资的面值，贷方登记出售债权投资时结转的面值。

"其他债权投资——公允价值变动"账户的借方登记资产负债表日其他债权投资公允价值高于账面余额的差额及企业出售该债券投资时结转该明细科目贷方余额，贷方登记资产负债表日其公允价值低于账面余额以及企业出售该债券时结转的该明细科目借方余额。

"其他债权投资——利息调整"账户的借方登记实际支付的到期一次还本付息的债券投资的价款（不包括购入时已到付息期但尚未领取的"应付利息"）高于面值的差额以及以后摊销的购入时实际支付金额低于面值的差额，贷方登记实际支付的到期一次还本付息的债券价款低于面值的差额以及以后摊销的购入时实际支付金额高于面值的差额。

"其他债权投资——应计利息"账户的借方登记到期一次还本付息的债券应于资产负债日按票面利率计算确定的应收未收利息，贷方登记到期时实际收到的利息或出售时转出的应收未收的利息。

2. "其他权益工具投资"账户

该账户属于非流动资产账户，按类别和品种，分别设置"成本"和"公允价值变动"等明细账账户进行明细核算。

"其他权益工具投资——成本"账户的借方登记股票等权益投资的公允价值与交易费用之和，贷方登记出售该金融资产时结转的公允价值与交易费用之和。

"其他权益工具投资——公允价值变动"账户的借方登记资产负债表日公允价值高于账面余额的差额及企业出售该投资时结转的该明细科目贷方余额，贷方登记资产负债表日其公允价值低于账面余额以及企业出售该金融资产时结转的该明细科目借方余额。

3. "其他综合收益"账户

该科目核算企业以公允价值计量且其变动计入其他综合收益的金融资产公允价值变动而形成的利得和损失。

该账户的贷方登记资产负债表日企业持有的以公允价值计量且其变动计入其他综合收益金融资产的公允价值高于账面余额的差额，借方登记资产负债表日企业持有的该金融资产的公允价值低于账面余额的差额。在处置该金融资产时，应将该账户对应处置部分的金额转出，计入"投资收益"账户。

二、以公允价值计量且其变动计入其他综合收益的金融资产的核算

（一）企业取得该金融资产核算

以公允价值计量且其变动计入其他综合收益的金融资产初始取得时，若购入的是股票，按取得时的公允价值和交易费用之和计入成本，如果实际支付款项中包含已宣告发放但尚未

领取的现金股利，应当计入"应收股利"账户。账务处理程序为：
　　借：其他权益工具投资——成本
　　　　　应收股利
　　　贷：银行存款（其他货币资金）（等相关账户）
　　若企业取得的该金融资产为债券投资的，应按债券的面值计入成本，按实际支付的价款中包含的已到付息期但尚未领取的利息，计入"应收利息"科目，如果实际支付的价款与债券面值加上应收利息之和有差额，则通过"可供出售金融资产——利息调整"账户进行调整。账务处理程序为：
　　借：其他债权投资——成本
　　　　　　　　　——利息调整（折价在贷方）
　　　　　应收利息
　　　贷：银行存款（其他货币资金）（等相关账户）

（二）以公允价值计量且其变动计入其他综合收益的金融资产持有期间收益的核算

（1）该金融资产是股票投资时，当被投资企业宣布分派现金股利时：
　　借：应收股利
　　　贷：投资收益
（2）该金融资产是债券投资时，若为分期付息、一次还本债券投资的，应按票面利率计算确定应收未收利息，按可供出售债券的摊余成本和实际利率计算确定的利息收入差额，摊销"其他债权投资——利息调整"。
　　借：应收利息
　　　　其他债权投资——利息调整（折价）
　　　贷：投资收益
　　　　　其他债权投资——利息调整（溢价）
　　若可供出售债券为一次还本付息债券投资的，应于资产负债表日按票面利率计算确定的应收未收利息，计入"其他债权投资——应计利息"，按可供出售债券的摊余成本和实际利率计算确定的利息收入差额，摊销"其他债权投资——利息调整"。
　　借：其他债权投资——应计利息
　　　　其他债权投资——利息调整（折价）
　　　贷：投资收益
　　　　　其他债权投资——利息调整（溢价）
（3）收到现金股利或债券利息时：
　　借：银行存款
　　　贷：应收股利（或应收利息）
　　　　　其他债权投资——应计利息

（三）以公允价值计量且其变动计入其他综合收益的金融资产期末计价

1. 公允价值变动

资产负债表日，若该金融资产的公允价值高于其账面余额，则按其差额作会计分录：

借：其他债权投资——公允价值变动
　　　其他权益工具投资——公允价值变动
　　贷：其他综合收益——其他债权投资公允价值变动
　　　　　　　　　　——其他权益工具投资公允价值变动

若可供出售金融资产的公允价值低于其账面余额，则按其差额作相反的会计分录。

2. 资产减值

期末，确定该金融资产发生减值的，按应减记的金额计入"信用减值损失"科目，转出原计入其他综合收益的累计损失金额，按其差额，再冲减"其他债权投资——公允价值变动"或"其他权益工具投资——公允价值变动"科目。账务处理程序为：

借：信用减值损失
　贷：其他综合收益
　　　其他权益工具投资——公允价值变动
　　　其他债权投资——公允价值变动

（1）对于该金融资产是债券的已确认减值损失，在随后会计期间内公允价值已上升且客观上与确认原减值损失事项有关的，应按原确认的减值损失转回。

借：其他债权投资——公允价值变动
　贷：信用减值损失

（2）对于该金融资产为股票的已确认减值损失，减值转回时计入其他综合收益。

借：其他权益工具投资——公允价值变动
　贷：其他综合收益

（四）以公允价值计量且其变动计入其他综合收益的金融资产出售

（1）出售"其他债权投资"（债券）时：

按实际收到的金额处理：

借：银行存款
　贷：其他债权投资——成本
　　　　　　　　　　——应计利息
　　贷记或借记其他债权投资——利息调整（公允价值变动）
　　　投资收益（亏损在借方）

同时结转"其他综合收益"的期末余额：

借：其他综合收益——其他债权投资公允价值变动
　贷：投资收益

在上述会计分录中，如果"其他综合收益——其他债权投资公允价值变动"余额在借方，则作相反的会计分录。

（2）出售"其他权益工具投资"（股票）时：

按实际收到的金额处理：

借：银行存款
　　其他权益工具投资——公允价值变动（减值）
　贷：其他权益工具投资——成本
　　　　　　　　　　　　——公允价值变动（升值）
　　　投资收益（亏损在借方）
同时结转"其他综合收益"的期末余额：
借：其他综合收益——其他权益工具投资公允价值变动
　贷：投资收益
在上述会计分录中，如果"其他综合收益——其他权益工具投资公允价值变动"余额在借方，则作相反的会计分录。

三、以公允价值计量且其变动计入其他综合收益的金融资产核算举例

（一）股票投资核算

【例5-8】 东华公司2018年3月25日，购入A公司普通股票4 000股，每股价格22元，另付已宣告但尚未发放的现金股利4 000元和各项交易费用660元。东华公司对该股票投资作为以公允价值计量且其变动计入其他综合收益的金融资产核算。

2018年4月5日，东华公司收到现金股利4 000元，存入银行。
2018年12月31日，A公司股票每股价格降为20元。
2019年3月31日，东华公司对A公司股票进行减值测试，每股价格仅为17元。
2019年6月30日，A公司股票价格上升为21元。
2019年7月15日，东华公司售出全部A公司股票，每股23元，另付各种交易费用700元。东华公司有关账务处理如下：

(1) 东华公司2018年3月25日购入A公司股票时：
借：其他权益工具投资——A公司股票（成本）　　　　　　　　88 660
　　应收股利　　　　　　　　　　　　　　　　　　　　　　　4 000
　贷：银行存款　　　　　　　　　　　　　　　　　　　　　　92 660

(2) 2018年4月5日，东华公司收到现金股利4 000元时：
借：银行存款　　　　　　　　　　　　　　　　　　　　　　　4 000
　贷：应收股利　　　　　　　　　　　　　　　　　　　　　　4 000

(3) 2018年12月31日，A公司股票每股价格降为20元时，东华公司确认公允价值变动损益8 660元（88 660-4 000×20），作如下会计分录：
借：其他综合收益　　　　　　　　　　　　　　　　　　　　　8 660
　贷：其他权益工具投资——A公司股票（公允价值变动）　　　 8 660
说明：如果股票价格上升超过22元，其差额作与此相反的会计分录。

(4) 2019年3月31日，A公司股票每股价格仅为17元，计提减值损失。
　　　　　减值损失金额=4 000×(22-17)=20 000(元)
借：信用减值损失　　　　　　　　　　　　　　　　　　　　　20 000
　贷：其他综合收益　　　　　　　　　　　　　　　　　　　　8 660
　　　其他权益工具投资——A公司股票（公允价值变动）　　　 11 340

(5) 2019年6月30日，A公司股票价格每股升为21元，共升值16 000元 [4 000 × (21 − 17)]。东华公司作如下会计分录：

借：其他权益工具投资——A公司股票（公允价值变动）   16 000
  贷：其他综合收益   16 000

(6) 2019年7月15日，东华公司将A公司股票全部出售，每股23元，另付各种交易费用700元，实际收款91 300元。

该股票出售时，相关账户的余额情况如下："其他权益工具投资——成本"借方88 660元、公允价值变动贷方为4 000元，"其他综合收益"贷方余额为16 000元，则东华公司7月15日出售股票时，作如下会计分录：

借：银行存款   91 300
  其他权益工具投资——A公司股票（公允价值变动）   4 000
  贷：其他权益工具投资——A公司股票（成本）   88 660
    投资收益   6 640

同时，结转"其他综合收益"账户余额：
借：其他综合收益   16 000
  贷：投资收益   16 000

（二）债券投资核算

【例5-9】 东华公司10月1日购入B公司当年4月1日发行的3年期、票面利率8%、面值48 000元的债券。该债券在10月1日证券市场上显示的实际利率为6%。东华公司共付款52 120元，其中，债券买价50 050元（本金48 000元，溢价2 050元），债券半年期利息1 920元（48 000×8%×6÷12），经纪人佣金150元。该债券每年9月30日和3月31日付息，到期一次还本。东华公司作以公允价值计量且其变动计入其他综合收益的金融资产核算。

当年10月5日，东华公司收到B公司第一期利息1 920元，存入银行。

当年12月31日，东华公司对B公司债券进行计息。

第2年3月31日计息，并收到第二期利息1 920元。

第2年9月30日计息，并收到第三期利息1 920元。

第2年年末计息，同时发现B公司债券市场价值持续下跌，短期内无望上升，故对其进行减值测试，确认减值1 100元。

第3年4月5日，东华公司将B公司的债券全部售出，实际收款47 200元存入银行。

东华公司有关账务处理如下：

(1) 东华公司当年10月1日购入B公司债券时：

借：其他债权投资——B公司债券（成本）   48 000
    ——B公司债券（利息调整）   2 200
  应收利息   1 920
  贷：银行存款   52 120

(2) 当年10月5日，东华公司收到B公司第一期利息1 920元：

借：银行存款   1 920
  贷：应收利息   1 920

(3) 当年 12 月 31 日,东华公司在资产负债表日,按票面利率计算 B 公司债券自 10 月 1 日至 12 月 31 日 3 个月应收利息 960 元,同时按取得该债券时的实际利率 6% 确认的实际投资收益 753 元[(48 000 + 2 200)×6%×3÷12]。12 月 31 日,该债券市场价值为 49 893 元。

  借:应收利息   960
   贷:投资收益   753
    其他债权投资——B 公司债券(利息调整)   207

东华公司当年 12 月 31 日确认债券公允价值变动损益(损失)100 元[(48 000 + 2 200 - 207) - 49 893],作如下会计分录:

  借:其他综合收益   100
   贷:其他债权投资——B 公司债券(公允价值变动)   100

  说明:如果债券升值,作相反的会计分录。

(4) 第 2 年 3 月 31 日,东华公司按债券票面利率计算 1 月 1 日至 3 月 31 日 3 个月的利息 960 元。同时按取得该债券时的实际利率 6% 确认实际投资收益 749.90 元[(48 000 + 2 200 - 207)×6%×3÷12]。

  借:应收利息   960
   贷:投资收益   749.90
    其他债权投资——B 公司债券(利息调整)   210.10

同时,收到 B 公司第二期利息 1 920 元,存入银行。

  借:银行存款   1 920
   贷:应收利息   1 920

(5) 第 2 年 9 月 30 日,东华公司按债券票面利率计算 4 月 1 日至 9 月 30 日的 6 个月利息 1 920 元,同时按取得该债券时的实际利率 6% 确认实际投资收益 1 493.49 元[(48 000 + 2 200 - 207 - 210.10)×6%×6÷12]。

  借:应收利息   1 920
   贷:投资收益   1 493.49
    其他债权投资——B 公司债券(利息调整)   426.51

同时,收到 B 公司第三期债券利息 1 920 元,存入银行。

  借:银行存款   1 920
   贷:应收利息   1 920

(6) 第 2 年 12 月 31 日,东华公司 3 个月利息 960 元,同时按取得该债券时的实际利率 6% 确认实际投资收益 740.35 元[(48 000 + 2 200) - (207 + 210.10 + 426.51)]×6%×3÷12。

同时,东华公司对 B 公司债券进行减值测试:债券公允价值已持续下跌,短期内无望上升,预计可收回金额为 48 036.74 元。

  借:应收利息   960
   贷:投资收益   740.35
    其他债权投资——B 公司债券(利息调整)   219.65

东华公司第 2 年 12 月 31 日计算减值损失如下：

B 公司债券减值损失 = 账面摊余成本 – 可收回金额

= (48 000 + 2 200 – 207 – 210.10 – 426.51 – 219.65) – 48 036.74

= 49 136.74 – 48 036.74

= 1 100(元)

根据上述计算，东华公司第 2 年 12 月 31 日编制计提资产减值损失的会计分录如下：

借：资产减值损失　　　　　　　　　　　　　　　　　　　　　　1 100

　　贷：其他综合收益　　　　　　　　　　　　　　　　　　　　　　100

　　　　其他债权投资——B 公司债券（公允价值变动）　　　　　　1 000

(7) 第 3 年 3 月 31 日，东华公司计算的 3 个月利息 960 元，同时按取得该债券时的实际利率 6% 确认实际投资收益 720.55 元 [(48 000 + 2 200) – (207 + 210.10 + 426.51 + 219.65 + 1 100)] × 6% × 3 ÷ 12（此处计息与上述不同之处是要扣除计提的减值损失后计息）。东华公司 3 月 31 日作如下会计分录：

借：应收利息　　　　　　　　　　　　　　　　　　　　　　　　960

　　贷：投资收益　　　　　　　　　　　　　　　　　　　　　　　720.55

　　　　其他债权投资——B 公司债券（利息调整）　　　　　　　　239.45

同时，东华公司收到 B 公司第四期利息 1 920 元，存入银行。

借：银行存款　　　　　　　　　　　　　　　　　　　　　　　1 920

　　贷：应收利息　　　　　　　　　　　　　　　　　　　　　　1 920

(8) 第三年 4 月 5 日，东华公司将 B 公司的债券全部售出，实际收到现款 47 200 元。该债券"其他债权投资——成本"明细科目的借方余额为 48 000 元，"其他债权投资——利息调整"明细科目借方余额为 897.29 元（2 200 – 207 – 210.10 – 426.51 – 219.65 – 239.45），"其他债权投资——公允价值变动"账户贷方余额 1 100 元。东华公司 2 月 1 日作如下会计分录：

借：银行存款　　　　　　　　　　　　　　　　　　　　　　47 200

　　其他债权投资——B 公司债券（公允价值变动）　　　　　　1 100

　　投资收益　　　　　　　　　　　　　　　　　　　　　　　597.29

　　贷：其他债权投资——B 公司债券（成本）　　　　　　　　48 000

　　　　——B 公司债券（利息调整）　　　　　　　　　　　　897.29

第四节　以摊余成本计量的金融资产

一、以摊余成本计量的金融资产概述

(一) 以摊余成本计量的金融资产确认

以摊余成本计量的金融资产（即债权投资），是指企业持有的、具有固定到期日的、回收金额固定或可确定的、企业有明确意图和能力持有至到期的债券投资，属于债权性投资。

对于投资者明确指定到期日并有能力将其持有至到期，且收回金额固定或可确定的投资，在会计上就确认其为债权投资（即以摊余成本计量的金融资产）。

其特点是：到期日固定；回收金额固定或可确定；企业有明确意图或能力持有至到期；有活跃的证券市场。任何一个条件不满足，则不能被确认为以摊余成本计量的金融资产。

（二）应设置的账户

以摊余成本计量的金融资产又称为债权投资，企业应设置"债权投资"一级科目，用来核算企业以摊余成本计量的金融资产的价值。此科目属于资产类科目，应当按照以摊余成本计量的金融资产的类别和品种，分别设置"成本""利息调整""应计利息"明细账账户进行明细分类核算。其中，"成本"明细账账户反映债券的本金；"利息调整"明细账账户反映企业债券投资的溢价或折价及相应的摊销；"应计利息"明细账账户反映企业计提的到期一次付息债券应计未付的利息。

二、以摊余成本计量的金融资产增加的核算

企业购入的列作"债权投资"的债券，按取得时的公允价值和相关交易费用之和作为初始确认金额。其中，按面值确认为"债权投资——成本"金额，其余部分包括交易费用均确认为"债权投资——利息调整"金额。

企业购入的债券，由于票面利率和实际利率的区别，分别有三种价格：按债券票面价值购入，即平价购入；按高于债券票面价值购入，即溢价购入；按低于债券票面价值购入，即折价购入。这三种价格对债券发行公司来说，分别表述为平价发行、溢价发行和折价发行。企业不论以哪种价格购入，均称为"买价"。

企业购入的债券，所支付价款中含有已到付息期但尚未领取的债券利息，应作为应收项目单独核算，计入"应收利息"账户；会计对初始确认计入"债权投资——利息调整"明细科目的金额，应在债券到期前分期摊销，摊销期次一般与计息期次一致。

下面以企业在以平价与溢价购入债券时为例，介绍以摊余成本计量的金融资产的账务处理程序。

【例 5-10】 东华公司 2019 年 1 月 7 日，购入 N 公司 1 日发行的 5 年期债券，票面利率为 10%，面值为 1 000 元。公司按 1 000 元（或 1 040 元）的价格购入 100 张，该债券到期一次还本付息。假设东华公司按年计算利息。

(1) 按面值（1 000 元）购入时：

借：债权投资——N 公司债券（成本） 100 000
　　贷：银行存款 100 000

(2) 按溢价（1 040 元）购入时：

借：债权投资——N 公司债券（成本） 100 000
　　　　　　　——利息调整 4 000
　　贷：银行存款 104 000

三、以摊余成本计量的金融资产收益的确认

以摊余成本计量的金融资产收益的确认，采用实际利率法。资产负债表日，以摊余成本计量的金融资产若为分期付息、一次还本债券投资的，其应收利息、投资收益及利息调整的摊销额的确认计算如下：

$$应收利息 = 债券面值 \times 票面利率$$
$$投资收益（或称实际利息收入） = 债券账面摊余成本 \times 实际利率$$
$$债权投资——利息调整的摊销额 = 应收利息 - 投资收益$$

账务处理程序如下：
借：应收利息
　　债权投资——利息调整（折价摊销额）
　贷：投资收益
　　　债权投资——利息调整（溢价摊销额）

以摊余成本计量的金融资产，若为一次还本付息债券投资，应于资产负债表日按票面利率计算确定的应收未收利息：

借：债权投资——应计利息
　　债权投资——利息调整（折价摊销额）
　贷：投资收益
　　　债权投资——利息调整（溢价摊销额）

收到持有至到期投资支付的价款中，包含的已到付息期的债券利息或收到分期付息、一次还本债权投资持有期间支付的利息时：

借：银行存款
　贷：应收利息

【例5-11】 东华公司2015年1月1日，购入N公司1日发行的5年期债券，票面利率为6%，发行面值为1 000 000元。公司按1 060 000元的价格购入，该债券到期一次还本付息，且利息不是以复利计算。假设东华公司按年计算利息，并按实际利率法确认投资收益和利息调整的摊销。

（1）按溢价（1 060 000元）购入时：

借：债权投资——N公司债券（成本）　　　　　　　　　　　1 000 000
　　　　　　——N公司债券（利息调整）　　　　　　　　　　60 000
　贷：银行存款　　　　　　　　　　　　　　　　　　　　　1 060 000

（2）按实际利率法确认收益和摊销。
①计算实际利率。按下列公式计算实际利率：

$$债券投资成本 = 债券到期本金的贴现值 + 债券应收利息的贴现值$$
$$1\,060\,000 = (1\,000\,000 + 1\,000\,000 \times 6\% \times 5) \div (1+i)^5$$
$$i = 4.17\%$$

②计算各期应计利息、投资收益和利息调整摊销额,如表5-1所示。

表5-1 债券各期应计利息、投资收益与利息调整摊销额   元

计息日期	应收利息 (1) (1)=面值× 面值利率	投资收益(2) (利息收入) (2)=上期(5)× 实际利率	利息调整摊销额(3) (3)=(1)-(2)	未摊销金额(4) (4)=上期(4)-(3)	摊余成本(5) (5)=上期(5)-(3)+(1)
2015.1.1				60 000	1 060 000
2015.12.31	60 000	44 202	15 798	44 202	1 104 202
2016.12.31	60 000	46 045	13 955	30 247	1 150 247
2017.12.31	60 000	47 965	12 035	18 212	1 198 212
2018.12.31	60 000	49 965	10 035	8 177	1 248 177
2019.12.31	60 000	51 823	8 177	0	1 300 000
合计	300 000	240 000	60 000		

说明:数字四舍五入取整数;2019年利息调整8 177元考虑了计算过程中出现的尾差,即利息调整60 000元减去前4年累计摊销利息调整后余额为8 177元,应全部摊完。故实际利息收入为51 823元(60 000-8 177)。

③编制会计分录:

每个资产负债表日确认的应计利息、投资收益和利息调整摊销额的账务处理相同,现以东华公司2013年12月31日为例,编制会计分录如下:

$$每期应计利息 = 1\ 000\ 000 \times 6\% = 60\ 000(元)$$

$$第一年投资收益(实际利息收入) = 1\ 060\ 000 \times 4.17\% = 44\ 202(元)$$

$$第一年摊销额 = 60\ 000 - 44\ 202 = 15\ 798(元)$$

借:债权投资——N公司债券(应计利息)　　　　　　　　　　60 000
　贷:投资收益　　　　　　　　　　　　　　　　　　　　　　　44 202
　　　债权投资——N公司债券(利息调整)　　　　　　　　　　15 798

五年到期收回本息时:
借:银行存款　　　　　　　　　　　　　　　　　　　　　　1 300 000
　贷:债权投资——N公司债券(成本)　　　　　　　　　　　1 000 000
　　　——N公司债券(应计利息)　　　　　　　　　　　　　300 000

【例5-12】 东华公司2018年1月1日,购入M公司当年发行的2年期债券,并准备持有至到期,债券面值为200 000元。票面年利率为10%,每半年付息一次,付息日为7月1日和1月1日,到期还本。东华公司以银行存款支付债券买价207 259元。假设债券的实际年利率为8%。

(1) 按溢价购入时:

借:债权投资——M公司债券(成本)　　　　　　　　　　　200 000
　　　　　　——M公司债券(利息调整)　　　　　　　　　　7 259
　贷:银行存款　　　　　　　　　　　　　　　　　　　　　207 259

(2) 按实际利率法确认收益和摊销。

计算各期应计利息、投资收益和利息调整摊销额，如表 5-2 所示。

表 5-2　债券各期应计利息、投资收益与利息调整摊销额　　　　　　　　元

计息日期	应收利息 （1）	投资收益（2） （利息收入）	利息调整摊销额（3）	未摊销金额 （4）	摊余成本 （5）
	（1）= 面值 × 面值利率	（2）= 上期(5) × 实际利率4%	（3）=（1）-（2）	（4）= 上期(4) - （3）	（5）= 上期(5) - （3）
2018. 1. 1				7 259	207 259
2018. 6. 30	10 000	8 290.36	1 709.64	5 549.36	205 549.36
2018. 12. 31	10 000	8 221.97	1 501.30	3 771.33	203 771.33
2019. 6. 30	10 000	8 150.85	1 849.15	1 922.18	201 922.18
2019. 12. 31	10 000	8 077.82	1 922.18	0	200 000

注：2019 年 12 月 31 日的投资收益 = 10 000 - 1 922.18 = 8 077.82（元）。

(3) 编制会计分录：

每个资产负债表日确认的应计利息、投资收益和利息调整摊销额的账务处理相同，现以东华公司 2018 年 6 月 30 日为例，编制会计分录如下：

每期应收利息 = 200 000 × 10% ÷ 2 = 10 000（元）

2018 年 6 月 30 日投资收益（实际收入）= 207 259 × 8% ÷ 2 = 8 290.36（元）

第一期摊销额 = 10 000 - 8 290.36 = 1 709.64（元）

借：应收利息　　　　　　　　　　　　　　　　　　　　　　10 000
　　贷：投资收益　　　　　　　　　　　　　　　　　　　　　 8 290.36
　　　　债权投资——M 公司债券——利息调整　　　　　　　　 1 709.64

2018 年 7 月 1 日收到利息时：

借：银行存款　　　　　　　　　　　　　　　　　　　　　　10 000
　　贷：应收利息　　　　　　　　　　　　　　　　　　　　　10 000

四、以摊余成本计量的金融资产减值核算

根据企业会计准则，对金融工具减值采用"预期信用损失法"。信用损失是指企业根据合同应收的现金流量与预期能收到的现金流量之间的差额的现值。在资产负债表日，企业除了确认债券的投资收益外，还应对以摊余成本计量的金融资产进行减值测试。确定该投资发生减值时，应将该债权投资的账面价值与预计未来现金流量现值之间的差额确认为减值损失，计入"信用减值损失"账户。

为了核算企业债权投资的减值准备，企业应设置"债权投资减值准备"科目，且按债权投资类别和品种进行明细核算。该科目是"债权投资"的备抵账户，在资产负债表日，债权投资发生减值的，按应减值的金额编制会计分录：

借：信用减值损失

贷：债权投资减值准备

注：已计提减值准备的债权投资价值以后又得以恢复，应在原已计提的减值准备金额内，按恢复增加的金额编制会计分录，至债权投资减值准备账户冲至"0"为止：

  借：债权投资减值准备
  贷：信用减值损失

【例5-13】 东华公司2019年1月1日购入的E公司当年发行的3年期债券，并准备持有至到期日。于当年12月31日进行测试时，其债权投资的账面价值为300 000元，预计未来现金流量的现值为250 000元，发生减值50 000元，计提减值准备。

  借：信用减值损失   50 000
    贷：债权投资减值准备   50 000

若以后得以恢复30 000元，则账务处理为：

  借：债权投资减值准备   30 000
    贷：信用减值损失   30 000

五、以摊余成本计量的金融资产出售

以摊余成本计量的金融资产出售时，应按实际收到的金额计入"银行存款"账户，围绕"债权投资"所有相关联的账户均要结转。原余额在借方的账户从贷方转出；原余额在贷方的账户从借方转出，其借贷方之间的差额计入"投资收益"账户的借方或贷方。账务处理程序为：

（1）实收金额大于账面价值时：

  借：银行存款
    债权投资减值准备
    贷：债权投资——成本
              ——利息调整（未摊销金额）
              ——应计利息
        投资收益（净收益）

（2）实收金额小于账面价值时：

  借：银行存款
    债权投资减值准备
    投资收益（净损失）
    贷：债权投资——成本
              ——利息调整（未摊销金额）
              ——应计利息

【例5-14】 东华公司2018年3月1日购入的F公司当年发行的3年期债券，并准备持有至到期日。因流动资金周转困难，于2019年10月30日出售，所得净收入320 000元存入银行。出售时，债权投资明细账为："成本""利息调整""应计利息"的借方余额分别为300 000元、5 000元和45 000元，"债权投资减值准备"贷方余额为20 000元。试编制持有至到期投资出售的会计分录。

借:银行存款	320 000
债权投资减值准备	20 000
投资收益(净损失)	10 000
贷:债权投资——成本	300 000
——利息调整	5 000
——应计利息	45 000

六、购买"可转换公司债券"的核算

可转换公司债券是指企业发行的、债券持有人可在一定时期以后,按规定转换为发行公司普通股票的债券。转为股份后,再按股权投资业务处理。现举例予以说明。

【例 5-15】 东华公司 2018 年 1 月 1 日,购入龙达股份有限公司当日发行的 3 年期、面值为 150 000 元可转换公司债券(面值购入)。债券票面利率 5%,并规定该债券发行一年后可转换为股份,每 100 元转普通股 5 股,每股面值 18 元。2019 年 5 月 1 日,东华公司将全部债券都转换了股票,股票的公允价值(市价)为 147 700 元。东华公司有关账务处理如下:

(1) 2018 年 1 月 1 日购买可转换公司债券时:

借:债权投资——可转换债券投资(成本)	150 000
贷:银行存款	150 000

(2) 2018 年 12 月 31 日计提利息时:

借:债权投资——可转换债券投资(应计利息)	7 500
贷:投资收益	7 500

(3) 2019 年 5 月 1 日转换为股票时:

计提 1—4 月利息 = 15 000 × 5% × 4 ÷ 12 = 2 500(元)

借:债权投资——可转换债券投资(应计利息)	2 500
贷:投资收益	2 500

注销债券账面价值,转为股权投资:

借:长期股权投资——龙达股票	147 700
营业外支出	12 300
贷:债权投资——可转换债券投资(成本)	150 000
——可转换债券投资(应计利息)	10 000

思考题

1. 证券投资按品种、管理意图是如何进行分类的?请简要介绍。
2. 交易性金融资产持有期间收到分配的现金股利或利息应如何处理?
3. "其他债权投资"总分类账户下,应设置哪些明细分类账户?如何使用?
4. 以摊余成本计量的金融资产有哪些特点?

练习题

1. 2018年1月15日A公司以银行存款购入B公司股票80 000股，买价10元/股，另支付已宣告发放但尚未支付的股利1元/股，佣金、手续费和印花税5 000元，增值税进项税额为300元。A公司将其划分为交易性金融资产（购买时，要有会计处理）。

（1）2018年2月15日，A公司收到已宣告发放尚未支付的股利80 000元。

（2）2018年5月15日，A公司收到非垫付的股利0.5元/股，计40 000元，款存银行。

（3）2018年12月31日，该股票的市价为12元/股，公允价值为960 000元。

（4）2019年3月15日，A公司将该股票全部出售，售价为15元/股，支付佣金、手续费和印花税9 000元（从售价中直接扣除），增值税税率为6%。

要求：编制有关的会计分录。

2. 长虹股份有限公司2017年1月1日购入B公司当日发行的五年期债券，准备持有至到期。债券的票面利率为12%，面值1 000元，企业按1 050元的价格购入80张。该债券每年年末付息一次，最后一年还本并付最后一次利息。假设长虹股份有限公司按年计算利息。不考虑相关税费。债券的实际利率为10.66%。要求：

（1）编制取得该债券时的会计分录。

（2）编制2017年年末确认债券利息及投资收益的会计分录。

3. F公司2019年1月8日从二级市场购入G公司面值为3 000 000元的债券作为以公允价值计量且其变动计入其他综合收益的金融资产管理，该债券已到付息期但尚未领取的利息为150 000元。F公司为购入该债券实际支付价款3 210 000元。2019年1月19日，F公司收到G公司支付的债券利息150 000元。

要求：编制有关的会计分录。

4. 假设上述F公司购入G公司债券的票面利率为5%，实际利率为4%，每年付息一次。2019年12月31日，该债券的市场价格为3 450 000元。

要求：编制F公司2019年年末确认债券利息和公允价值变动的会计分录。

5. 某企业购买100 000股某上市公司的股票，将其划分为以公允价值计量且其变动计入当期损益的金融资产。股价10.2元，其中含0.2元的已宣告发放但尚未领取的股利，交易费7 000元。

（1）购买时，以银行存款支付。

（2）一周后，收到已宣告发放但尚未领取的现金股利，存入银行。

（3）持有期间宣告分派现金股利10 000元。

（4）期末资产负债表日，股价涨到15元，公司调整公允价值变动。

要求：编制有关的会计分录。

第六章

长期股权投资

【本章知识要点提示】

通过本章的学习：理解长期股权投资的概念、分类及股权投资与债权投资的区别；熟悉企业合并形成的长期股权投资的初始计量、长期股权投资下投资企业与被投资企业关系界定；掌握以成本法核算长期股权投资的取得、投资收益的确定和投资回收的具体操作，以权益法核算长期股权投资的取得、投资收益、被投资方其他因素引起的所有者权益变动和投资收回的具体操作，成本法向权益法转换以及权益法向成本法转换的具体操作，长期股权投资减值准备计提的条件以及长期股权投资减值准备的核算方法。本章所包括的内容：长期股权投资概述、长期股权投资的初始计量、长期股权投资的核算、长期股权投资核算的成本法、长期股权投资核算的权益法以及长期股权投资的减值和处置。

第一节　长期股权投资概述

一、长期股权投资的概念

长期股权投资是指投资主体投出的、期限在1年以上（不含1年）的，供被投资方长期使用的权益性资本的投资，包括长期股票投资和其他股权投资两部分。

二、股权投资与债权投资的区别

股权投资和债权投资是有根本区别的。

（一）两者投资的性质不同

企业一旦购买了其他单位发行的股票，企业就成了股票发行单位的股东，可参加股票发行单位的董事会，参与经营决策；企业购买发行单位的债券，企业仅是发行单位的债权人，不论购买份额多大，均没有参加发行单位企业经营管理的权利。

（二）两者投资的风险程度不同

股票投资收益与股票发行单位的经营成果息息相关。如果经营成果好，持股者除按期获得股息外，还可按股份的一定比例分得红利；如果经营成果不好，发生亏损，持股者不仅不能取得股息和红利，还要承担直至破产的损失；企业进行债券投资，不管债券发行单位的情况如何（破产除外），企业一般都能获得固定的利息收入。

（三）两者投资的期限不同

股票投资是无期限的，一旦购买就不得退股，只可以转让、买卖或作抵押。对股票发行单位来说，是"永久性股本"；而债券投资者到期则收回全部本金。

第二节　长期股权投资的初始计量

根据《企业会计准则第2号——长期股权投资》规定，初始计量要分"企业合并"形成的长期股权投资和"其他方式"形成的长期股权投资两种情况分别进行。

一、企业合并形成的长期股权投资的初始计量

企业合并是指将两个或者两个以上独立的企业合并形成一个报告主体的交易或事项。企业合并分为同一控制下的企业合并和非同一控制下的企业合并。

（一）同一控制下企业合并形成的长期股权投资计量

所谓"同一控制下的企业合并"，是指参与合并的企业在合并前后均受同一方或相同的多方最终控制，且该控制并非暂时性的控制。例如，同一企业集团下的两个企业合并要受到企业集团的控制。又如，总公司下的两个分公司合并要受到总公司的控制。

按规定，同一控制下的企业合并，合并方以支付现金、转让非现金资产或承担债务方式作为合并对价的，应当在合并日按照取得的被合并方所有者权益账面价值的份额作为长期股权投资的初始投资成本。对长期股权投资初始投资成本与支付的现金、转让的非现金资产以及所承担债务账面价值或发行权益性证券的面值之间的差额，应当调整资本公积；资本公积不足冲减的，调整留存收益。账务处理程序如下：

【例6-1】　东华公司和A企业均为东华集团的下属单位。在东华集团组织下，东华公司同A企业合并。东华公司付现1 500 000元，拥有A企业60%的权益。合并日A企业所有者权益账面价值为2 800 000元。

东华公司合并A企业确认初始投资成本＝2 800 000×60%＝1 680 000(元)：

借：长期股权投资——其他股权投资　　　　　　　　　　　　1 680 000
　　贷：银行存款　　　　　　　　　　　　　　　　　　　　　　　1 500 000
　　　　资本公积——资本溢价　　　　　　　　　　　　　　　　　　180 000

若东华公司付现2 400 000元，此时东华公司"资本公积""盈余公积""利润分配——未分配利润"贷方余额分别为300 000元、200 000元和280 000元，则账务处理如下：

借：长期股权投资——其他股权投资　　　　　　　　　　　　1 680 000

  资本公积——资本溢价   300 000
  盈余公积   200 000
  利润分配——未分配利润   220 000
 贷：银行存款   2 400 000

（二）非同一控制下的企业合并形成的长期股权投资计量

  参与合并的各方在合并前后不属于同一方或相同的多方最终控制的，为非同一控制下的企业合并。非同一控制下企业合并形成的长期股权投资，按企业合并准则的规定，应按购买方在购买日对作为企业合并对价付出的资产、发生或承担的责任的公允价值及相关费用之和，作为初始投资成本。该公允价值与其付出的资产、发生或承担责任的账面价值之间的差额，被确认为营业外收支，计入当期损益。

  【例6-2】 东华公司和A企业合并，属于非同一控制下的企业合并。东华公司付现1 500 000元，拥有A企业60%的权益。合并日A企业所有者权益账面价值为2 800 000元。

 借：长期股权投资——其他股权投资   1 680 000
  贷：银行存款   1 500 000
    营业外收入   180 000

  若东华公司付现1 700 000元，拥有A企业60%的权益，则账务处理如下：

 借：长期股权投资——其他股权投资   1 680 000
   营业外支出   20 000
  贷：银行存款   1 700 000

二、非企业合并形成的长期股权投资的初始计量

  除企业合并形成的长期股权投资以外，其他方式取得的长期股权投资，应当按照下列规定确认其初始投资成本：

  （1）以现金取得的长期股权投资，将实际支付的购价和相关税费之和，作为初始投资成本。

  （2）以发行权益性证券（如股票等）取得的长期股权投资，应当将发行权益性证券的公允价值作为初始投资成本。

  （3）投资者投入的长期股权投资，应当按照投资合同或协议约定的价值核算初始投资成本，但合同或协议约定价值不公允的除外。

  （4）通过非货币性资产交换取得的长期股权投资，其初始投资成本的确认应分以下两种情况分别进行处理：

  ①在非货币性资产交换具有商业实质，且公允价值能够可靠地计量的情况下，长期股权投资的初始投资成本应当以换出资产公允价值、支付的补价（收到的补价）和应支付的相关税费确定。将公允价值与换出资产账面价值的差额计入当期损益（营业外收入或营业外支出）。

  ②如果非货币性资产交换不具有商业实质，且公允价值不能够可靠地计量，长期股权投资的初始投资成本应当以换出资产账面价值、支付的补价（收到补价）和应支付的相关税费确定。这种将账面价值作为计量长期股权投资初始投资成本基础的行为不产生损益。

(5) 通过债务重组取得长期股权投资，是指将重组的应收款项转为长期股权投资，其初始投资成本应当按享有股份的公允价值确定。将重组债权的账面价值与股份的公允价值之间的差额计入当期损益。将重组损失计入"营业外支出——债务重组损失"科目。

【例 6 – 3】 东华公司用一台新设备同 B 企业进行股权交换，取得了 B 企业 15% 的股权。换出设备的账面原始价值 3 200 000 元（尚未计提折旧），增值税进项税已入账。该设备换出时的公允价值为 3 100 000 元。乙企业用新设备进行投资时作如下会计分录：

（1）将固定资产转入清理时：

借：固定资产清理　　　　　　　　　　　　　　　　　　　　3 603 000
　　贷：固定资产　　　　　　　　　　　　　　　　　　　　　　　3 200 000
　　　　应交税费——应交增值税（销项税额）　　　　　　　　　　　403 000

（2）确认长期股权投资初始投资成本时：

借：长期股权投资——其他股权投资　　　　　　　　　　　　3 100 000
　　营业外支出　　　　　　　　　　　　　　　　　　　　　　　 503 000
　　贷：固定资产清理　　　　　　　　　　　　　　　　　　　　　3 603 000

第三节　长期股权投资的核算

一、投资企业与被投资企业的关系

股权投资反映投资企业在被投资企业的地位和影响及其享有的利益或损失。股权的大小由持股比例（或投资比例）来反映。持股比例的高低不同，决定投资企业对被投资企业的长期股权投资的核算方法不同。《企业会计准则第 2 号——长期股权投资》应用指南确定了投资企业与被投资企业股权关系的四种类型。

（一）控制

控制是指有权决定被投资企业的财务和经营决策，并能据以从该企业的经营活动中获取利益。控制的一般情况如下：

（1）投资企业直接拥有被投资单位 50% 以上的表决权资本，则认为能控制被投资企业。

（2）投资企业虽然直接拥有被投资单位 50% 或以下的表决权资本，但具有实质控制权的也认为是控制。实质控制权可通过以下一项或若干项情况判定：

第一，通过与其他投资者签订协议而拥有 50% 以上表决权资本。如 A 公司拥有 B 公司 40% 的股份，C 公司拥有 B 公司 20% 的股份，A、C 公司达成协议，C 公司在 B 公司的权益由 A 公司代表，则 A 公司实质上拥有了 B 公司 60% 的股份。

第二，根据章程或协议，投资企业能够控制被投资单位的财务和经营决策。例如，A 公司拥有 B 公司 45% 的表决权资本；同时，根据协议，B 公司的董事长和总经理由 A 公司派出。A 公司可以通过其派出的董事长和总经理对 B 公司进行经营管理，控制 B 公司的财务和经营政策的实施。

第三，有权任免被投资单位董事会等类似权力机构的多数成员。通过任免董事会的董事，可以达到实质上控制的目的。

第四，在董事会或类似权力机构会议上有半数以上投票权。这种情况是指虽然投资企业拥有被投资单位 50% 或以下表决权资本，但能够控制被投资单位董事会等类似权力机构的会议，从而能够控制其财务和经营政策，使其达到实质上的控制。

（二）共同控制

共同控制是指按照合同约定对某项经济活动所共有的控制。通常意义的理解为出资各方的控股比例相同。投资企业与其他方对被投资企业实施共同控制的，被投资企业为其合营企业。

（三）重大影响

重大影响是指投资企业对被投资企业的财务和经营政策有参与决策的权利，但不是对决策的控制或共同控制。投资企业能够对被投资企业施加重大影响的，被投资企业为其联营企业。当投资企业直接拥有被投资单位 20%～50% 的表决权资本时，一般认为对被投资企业具有重大影响。

（四）无控制、无共同控制且无重大影响

其是指除上述三种类型以外的，且在活跃市场中没有报价以及公允价值不能可靠计量的权益性投资。具体表现为：

（1）投资企业直接拥有被投资企业 20% 以下的表决权资本，同时不存在其他实施重大影响的途径。

（2）投资企业直接拥有被投资企业 20% 或以上的表决权资本，但实质上对被投资单位不具有控制、共同控制和重大影响。

二、长期股权投资核算方法的选择及账户设置

（一）核算方法的选择

长期股权投资核算方法包括两种：权益法和成本法。这两种方法的根本区别在于长期股权投资的计量方式和投资收益的确认不同。长期股权投资核算方法选择的依据是投资企业与被投资企业的关系类型。具体方法的选择如下：

（1）投资企业对被投资企业属于控制或无控制、无共同控制且无重大影响的长期股权投资，采用成本法核算。

（2）投资企业对被投资企业具有共同控制或重大影响的长期股权投资，采用权益法核算。

（二）账户设置

为了反映长期股权投资的取得、投资额的增减变动、投资损益及投资处置等，在会计核算上应设置以下主要账户：

（1）"长期股权投资"账户。该账户核算企业投出的、期限在 1 年以上的，供被投资方长期使用的权益性资本的增减变动和投资收回。对外投资时按实际发生的支出计入该账户的借方，收回投资时计入该账户的贷方。在投资期间内该账户的具体登记方法不仅取决于实际投资额的变化，还取决于长期股权投资的核算方法。

(2)"投资收益"账户。该账户反映企业对外投资所发生的损益,取得投资收益时计入该账户的贷方,发生的投资损失计入该账户的借方,对于长期股权投资来说,投资损益的确认与核算方法有着密切联系。

(3)"长期股权投资减值准备"账户。该账户是"长期股权投资"账户的备抵账户。在资产负债表日,按账面价值与可收回金额孰低的原则来计量,对可收回金额低于账面价值的差额,借记"资产减值损失"账户,贷记"长期股权投资减值准备"账户。当企业处置长期股权投资时,应同时结转已计提的长期股权投资减值准备。"长期股权投资减值准备"账户应按被投资企业进行明细核算。

第四节 长期股权投资核算的成本法

长期股权投资核算的成本法是指长期股权投资按投资时的实际成本计价的方法。在成本法下,"长期股权投资"的账面投资金额不受被投资企业权益变动的影响。

一、采用成本法核算的一般程序

(1)在进行初始投资或追加投资时,按其成本计入"长期股权投资"账户。无特殊情况的话,一般不得调整长期股权投资的账面价值。账务处理如下:

借:长期股权投资
 贷:银行存款(等相关账户)

(2)被投资企业宣布分派现金股利,投资企业作投资收益入账。账务处理如下:

借:应收股利
 贷:投资收益

被投资企业不宣布分派现金股利,投资企业就不进行账务处理。

(3)在资产负债表日,若长期股权投资的可回收金额低于账面价值,则计提"长期股权投资减值准备"。

二、长期股权投资取得的核算

企业在取得长期股权投资时,按实际取得成本计入"长期股权投资"账户中。对于不同形式的出资,初始投资成本的确定有所不同。

(一)以现金取得的长期股权投资

以现金取得的长期股权投资包括长期股票投资和其他长期股权投资,它们都应当按实际支付的价款和相关税费之和作为初始投资成本,但在实际支付的价款中包含的已宣布分派但尚未领取的现金股利,应被作为应收项目单独核算。账务处理程序如下:

借:长期股权投资
  应收股利(或应收利息)
 贷:银行存款

【例 6-4】 东华公司 2019 年 4 月 2 日,以现金对万隆公司投资,买价 720 000 元,另付相关税费 3 800 元,占 60%的股份,采用成本法核算。账务处理如下:

东华公司计算初始投资成本 = 720 000 + 3 800
= 723 800(元)

借：长期股权投资——万隆公司　　　　　　　　　　　　　　723 800
　　贷：银行存款　　　　　　　　　　　　　　　　　　　　　　723 800

【例6-5】 东华公司2019年5月1日购入A公司股票100万股的15%，每股售价4元，其中含有已宣告发放而未领取的现金股利每股0.2元，支付交易费2 000元，长期持有。

确定投资成本：

成交价 = 1 000 000 × 15% × 4 = 600 000(元)

加：

交易费 = 2 000(元)

减：

已宣告发放但尚未领取的现金股利 = 1 000 000 × 15% × 0.2 = 30 000(元)

初始投资成本 = 600 000 + 2 000 - 30 000 = 572 000(元)

购入时的账务处理：

借：长期股权投资——C公司　　　　　　　　　　　　　　　572 000
　　应收股利——C公司　　　　　　　　　　　　　　　　　　30 000
　　贷：银行存款　　　　　　　　　　　　　　　　　　　　　　602 000

（二）以非现金资产对外投资取得的长期股权投资

以非现金资产对外投资时，应将付出非现金资产的公允价值加上相关税费作为长期股权投资的初始成本。账务处理程序如下。

1. 付出资产为存货类的，应当视同销售

借：长期股权投资（公允价值 + 相关税费）
　　贷：主营业务收入
　　　　应交税费——应交增值税（销项税额）

【例6-6】 东华公司以一批存货对B公司投资，存货的账面价值为800 000元，公允价值为1 000 000元，增值税税率为13%，东华公司占B公司12%的股份，无重大影响。

借：长期股权投资——B公司　　　　　　　　　　　　　　1 130 000
　　贷：主营业务收入　　　　　　　　　　　　　　　　　　　1 000 000
　　　　应交税费——应交增值税（销项税额）　　　　　　　　　130 000

同时，结转对外投资存货成本：

借：主营业务成本　　　　　　　　　　　　　　　　　　　　800 000
　　贷：库存商品　　　　　　　　　　　　　　　　　　　　　　800 000

2. 付出资产为固定资产或无形资产

付出资产为固定资产或无形资产的，将所付固定资产或无形资产的公允价值加上相关税费作为长期股权投资的入账价值，将公允价值与账面价值的差额作为营业外收支处理。

【例6-7】 东华公司以设备对A公司投资，占10%的股份，该设备的账面原值为

40 000 000 元，已提折旧 5 000 000 元，已提资产减值准备 1 000 000 元。公允价值为 38 000 000 元。账务处理如下：

（1）东华公司先清理设备账面价值：

借：固定资产清理　　　　　　　　　　　　　　　　　　　34 000 000
　　累计折旧　　　　　　　　　　　　　　　　　　　　　　5 000 000
　　固定资产减值准备　　　　　　　　　　　　　　　　　　1 000 000
　　贷：固定资产——设备　　　　　　　　　　　　　　　　40 000 000

（2）同时，进行设备投资的账务处理：

借：长期股权投资——B公司　　　　　　　　　　　　　　 38 000 000
　　贷：固定资产清理　　　　　　　　　　　　　　　　　　34 000 000
　　　　营业外收入　　　　　　　　　　　　　　　　　　　 4 000 000

【例6-8】东华公司以专利权对B公司投资，占5%的股份，该专利权的账面原值为 30 000 000 元，已摊销 3 000 000 元，已提减值准备 1 000 000 元，公允价值为 25 000 000 元。账务处理如下：

借：长期股权投资——B公司　　　　　　　　　　　　　　 25 000 000
　　累计摊销　　　　　　　　　　　　　　　　　　　　　　3 000 000
　　无形资产减值准备　　　　　　　　　　　　　　　　　　1 000 000
　　营业外支出　　　　　　　　　　　　　　　　　　　　　1 000 000
　　贷：无形资产——专利权　　　　　　　　　　　　　　　30 000 000

三、长期股权投资收益的核算

被投资企业宣布分派现金股利或利息，投资企业作投资收益入账；被投资企业宣布分派股票股利，投资企业应于除权日作备忘记录；被投资企业未分派股利，投资企业不作任何会计处理。

【例6-9】东华公司2015年1月1日购入C公司股份 50 000 股，每股12元，另付交易费 3 000 元，占C公司表决权资本的3%并准备长期持有。相关的账务处理如下：

（1）购入时的会计分录：

借：长期股权投资——C公司　　　　　　　　　　　　　　　　603 000
　　贷：银行存款　　　　　　　　　　　　　　　　　　　　　603 000

（2）C公司2016年1月15日宣布从2015年实现的净利润 3 000 000 元中，拿出 2 100 000 元发放现金股利。

东华公司应得现金股利 = 2 100 000 × 3% = 63 000（元）

借：应收股利　　　　　　　　　　　　　　　　　　　　　　　63 000
　　贷：投资收益——股票投资　　　　　　　　　　　　　　　63 000

收到现金股利时：

借：银行存款　　　　　　　　　　　　　　　　　　　　　　　63 000
　　贷：应收股利——C公司　　　　　　　　　　　　　　　　63 000

（3）C公司2017年2月15日宣布2016年度股利分配方案，每股分派股票股利0.3股。

东华公司不作正式会计记录,但应于除权日在备查账簿中登记增加的股份。

东华公司分派股票股利=50 000×0.3=15 000(股),持C公司股票总数65 000(股)。

(4) 2017年度,由于C公司发生了比较严重的亏损,当年未进行股利分派,东华公司不作任何账务处理。

(5) 假设C公司在2018年度扭亏为盈,2019年3月15日宣布2018年度股利分配方案,每股分派现金股利0.3元。

$$东华公司应得现金股利=65\ 000×0.3=19\ 500(元)$$

借:应收股利　　　　　　　　　　　　　　　　　　　　　　　19 500
　　贷:投资收益　　　　　　　　　　　　　　　　　　　　　　19 500
收到现金股利时:
借:银行存款　　　　　　　　　　　　　　　　　　　　　　　19 500
　　贷:应收股利——C公司　　　　　　　　　　　　　　　　　19 500

四、长期股权投资收回的核算

收回长期股权投资时,应按实际收到的金额计入"银行存款"账户的借方,围绕"长期股权投资"账户的所有关联账户均要结转,原余额在借方的账户从贷方转出,原余额在贷方的账户从借方转出,借贷方之间的差额,计入"投资收益"账户。

【例6-10】 假设上述东华公司由于周转资金短缺,于2019年5月决定将C公司股权以650 000元转让,此时"长期股权投资"账面价值应为603 000元。转让手续费为10 000元,假设已提减值准备10 000元。所得款项存入银行。账务处理如下:

借:银行存款　　　　　　　　　　　　　　　　　　　　　　　640 000
　　长期股权投资减值准备　　　　　　　　　　　　　　　　　 10 000
　　贷:长期股权投资——C公司　　　　　　　　　　　　　　　603 000
　　　　投资收益　　　　　　　　　　　　　　　　　　　　　 47 000

第五节　长期股权投资核算的权益法

长期股权投资核算的权益法是指长期股权投资最初按初始投资成本确认方法计价,以后根据投资企业享有被投资企业所有者权益份额的变动对投资的账面价值进行调整的方法。

在权益法下,长期股权投资的账面价值随着被投资企业所有者权益的变动而变动,包括被投资单位实现的净利润或发生的净亏损以及其他所有者权益项目的变动。采用权益法核算的企业,应在"长期股权投资"科目下分别设置"成本""损益调整""其他权益变动"三个明细科目。

投资企业因减少投资等原因对被投资单位不再具有共同控制或重大影响的,并且在活跃市场中没有报价、公允价值不能可靠计量的长期股权投资,应当改按成本法核算。

一、采用权益法的一般程序

投资企业围绕被投资企业的所有者权益总额的变化而进行相应的账务处理:

(1) 被投资企业当年实现净利时,投资企业按投资比例所享有的份额一方面增加"长期股权投资——损益调整"账面价值,另一方面确认当期损益的增加。

(2) 被投资企业当年亏损时,投资企业按投资比例所享有的份额一方面减少"长期股权投资——损益调整"账户,另一方面确认当期损益的减少(投资减至零为限)。

(3) 被投资企业发放现金股利时,投资企业要减少"长期股权投资——损益调整"账面价值。

(4) 投资企业对被投资企业确认其他综合收益及其变化时,投资企业按投资比例所享有的份额计入"其他综合收益"账户。

二、长期股权投资取得的核算

在权益法下,"长期股权投资"的初始投资成本与应享有被投资企业所有者权益份额可能一致,也可能不一致,对不一致(差额)应进行相应的处理。

(1) 长期股权投资的初始投资成本大于应享有被投资企业可辨认净资产公允价值的份额,按实际的初始投资成本处理:

借:长期股权投资——成本
　　贷:银行存款(等相关账户)

(2) 长期股权投资的初始投资成本小于应享有被投资企业可辨认净资产公允价值的份额,按应享有被投资企业可辨认净资产公允价值的份额计入"长期股权投资——成本"账户,将其差额计入"营业外收入"账户的贷方。账务处理程序如下:

借:长期股权投资——成本(公允价值)
　　贷:银行存款(实际投资额)
　　　　营业外收入(公允价值 – 成本)

【例6-11】 东华公司2019年1月5日购买G公司6 000 000股普通股的30%,即1 800 000股,每股买价为12元,款项用存款支付。东华公司实际支付的价款与其在G公司所有者权益中所占份额一致。会计分录为:

借:长期股权投资——股票投资(成本)　　　　　　　　21 600 000
　　贷:银行存款　　　　　　　　　　　　　　　　　　　　　21 600 000

【例6-12】 东华公司以银行存款1 400 000元购买Y公司40%股权,Y公司净资产4 000 000元。账务处理如下:

分析:东华公司出资1 400 000元,占Y公司净资产4 000 000元的40%股权,即1 600 000元。其所占份额大于初始投资成本200 000元,应作为"营业外收入"处理,账务处理如下:

借:长期股权投资——股票投资(成本)　　　　　　　　1 600 000
　　贷:银行存款　　　　　　　　　　　　　　　　　　　　　1 400 000
　　　　营业外收入　　　　　　　　　　　　　　　　　　　　　200 000

【例6-13】 东华公司2019年1月8日以设备对F公司投资,占30%的表决权的资本(与30%相对应的净资产公允价值为3 400 000元)。该设备的账面原值为5 000 000元,已提折旧1 700 000元,已提减值准备100 000元,该设备的公允价值为3 500 000元。能够对F公司施加重大影响。

(1) 清理固定资产的账面价值：

借：固定资产清理   3 200 000
      累计折旧   1 700 000
      固定资产减值准备   100 000
  贷：固定资产   5 000 000

(2) 作股权投资的账务处理：

借：长期股权投资——F公司   3 500 000
  贷：固定资产清理   3 200 000
      营业外收入   300 000

三、权益法下投资收益的确认与核算

在权益法下，投资收益指的并不是实际收到的现金股利或利息，而是被投资企业当期损益中投资企业按投资比例所享有的份额。其投资收益的确认与核算的账务处理如下：

(1) 被投资企业当期实现净利，投资企业按应享有的份额处理：

借：长期股权投资——损益调整
  贷：投资收益——股票投资收益

(2) 被投资企业当期亏损，投资企业按应享有的份额处理：

借：投资收益——股票投资收益
  贷：长期股权投资——损益调整

(3) 被投资企业分派现金股利时：

借：应收股利（或应收利息）
  贷：长期股权投资——损益调整

【例6-14】 2016年12月31日，A公司当年获得净利润3 400 000元。其中，东华公司购股后的净利润为2 500 000元，东华公司按持股比例（30%）确认投资损益，同时调整长期股权投资的账面价值。账务处理如下：

借：长期股权投资——A公司股票（损益调整）   750 000
  贷：投资收益——A公司股票收益（2 500 000×30%）   750 000

【例6-15】 2017年4月25日，A公司宣告分派现金股利1 000 000元。东华公司按持股比例30%确认投资收益。作如下账务处理：

借：应收股利（1 000 000×30%）   300 000
  贷：长期股权投资——A公司股票（损益调整）   300 000

【例6-16】 2017年5月5日，东华公司收到现金股利300 000元时，作如下账务处理：

借：银行存款   300 000
  贷：应收股利   300 000

【例6-17】 2017年12月31日，A公司发生亏损400 000元。东华公司按持股比例30%调整长期股权投资账户。作如下账务处理：

借：投资收益——A公司股票损失（400 000×30%）   120 000
  贷：长期股权投资——A公司股票（损益调整）   120 000

说明：被投资企业发生亏损，投资企业按持股比例冲减长期股权投资账面价值。长期股权投资的账面价值不足以冲减的，应按预计承担的义务确认预计负债，计入当期投资损失。

【例6-18】 2018年12月31日，东华公司"长期股权投资"账面价值7 330 000元，其中"成本"明细账账户余额为7 000 000元；"损益调整"明细账账户余额为330 000元（750 000 - 420 000），A公司当年又发生亏损2 500 000元。2018年12月31日，东华公司按持股比例30%确认投资损失7 500 000元，大于"长期股权投资"账面价值170 000元，确认为预计负债。作如下账务处理：

  借：投资收益——A公司股票损失   7 500 000
    贷：长期股权投资——A公司股票（损益调整）   330 000
         ——A公司股票（成本）   7 000 000
      预计负债   170 000

被投资单位以后期间实现盈利的，企业扣除未确认的亏损分担额后，应按与上述相反的会计分录处理，减记已确认预计负债的账面余额，恢复其实质上的长期股权投资的账面价值，同时确认投资收益。

【例6-19】 2019年12月31日，A公司当年实现净利10 000 000元，东华公司按持股比例30%确认投资收益。

分析：东华公司按持股比例30%确认投资收益，扣除预计负债的分担额后，再恢复"长期股权投资"的账面价值。

  借：预计负债   170 000
    长期股权投资——A公司股票（损益调整）   2 830 000
    贷：投资收益   3 000 000

四、被投资企业其他因素引起的所有者权益变动的调整

在权益法下，投资企业对于被投资单位除净损益以外所有者权益的其他变动，在持股比例不变的情况下，投资企业按照持股比例计算应享有或承担的部分，调整长期股权投资的账面价值，同时增加或减少"其他综合收益——其他权益变动"。投资企业投资价值随被投资企业所有者权益变动而调整账面价值要通过设置"长期股权投资——其他权益变动"明细科目进行核算。现举例予以说明：

【例6-20】 2019年1月10日，松江公司增资扩股溢价发行股票，所有者权益由上年末19 000 000元上升到28 000 000元（其中，股本25 000 000元，溢价3 000 000元）。东华公司因未购买新股，所有者权益保持上年末9 120 000元不变，但持股比例由原来48%降为33%。东华公司仍然采用权益法进行核算，重新确认应享有所有者权益份额，并编制分录调整与账面价值的差额。

分析：
  东华公司重新确认应享有的所有者权益份额 = 28 000 000 × 33% = 9 240 000(元)
东华公司享有的所有者权益份额与账面价值的差额 = 9 240 000 - 9 120 000 = 120 000(元)

  借：长期股权投资——松江股票（其他权益变动）   120 000
    贷：其他综合收益——其他权益变动   120 000

【例6-21】 东华公司有一项长期股权投资,初始投资成本为10 000 000元,被投资企业A于2019年所有者权益增加4 000 000元,其中被投资企业A可供出售金融资产公允价值升值为1 000 000元。东华公司持股比例为40%。2019年年末,东华公司按权益法核算被投资企业A所有者权益增加数中属于东华公司的份额,有关账务处理如下:

分析:

东华公司2019年确认的投资收益 = 3 000 000 × 40% = 1 200 000(元)

东华公司2019年确认的其他综合收益 = 1 000 000 × 40% = 400 000(元)

借:长期股权投资——A企业(损益调整)   1 200 000
        ——A企业(其他权益变动)   400 000
  贷:投资收益   1 200 000
    其他综合收益——其他权益变动   400 000

需要指出的是,投资企业享有被投资单位净损益的份额,如果会计年度内持股比例(或投资比例)未发生变动,应在年度终了时,按年度终了时的持股比例计算确认投资收益;如果会计年度内持股比例发生变动,应分别按年初持股比例和年末持股比例分段计算所持股份期间应享有的投资收益,如果无法得到被投资单位投资前和投资后所实现的净利润(或净亏损)数额,则根据投资持有时间加权平均计算。其计算公式如下:

加权平均持股比例 = 原持股比例×[当年投资持有月份/全年月份(12)] +
        追加持股比例×[当年投资持有月份/全年月份(12)]

第六节 长期股权投资的减值和处置

一、长期股权投资减值的处理

长期股权投资应至少一年进行一次减值测试,即在期末时按长期股权投资账面价值与可收回金额孰低的原则来计量,对可收回金额低于账面价值且具有非暂时性的,应按其差额计提长期股权投资减值准备。对已计提的长期股权投资减值准备,在以后持有期间不得转回,在处置长期股权投资时,应按比例同时结转已计提的长期投资减值准备。账务处理程序如下:

计提减值准备时:

借:资产减值损失
  贷:长期股权投资减值准备

【例6-22】 东华公司持有神农股份有限公司股份82 000股,按权益法核算长期股权投资,该项投资账面价值492 000元。现神农股份有限公司所在地区发生重大自然灾害,大部分资产已损失,并难有恢复的可能,其股市下跌为每股2元。东华公司据此计提减值准备328 000元(492 000 - 82 000 × 2),编制以下会计分录:

借:资产减值损失   328 000
  贷:长期股权投资减值准备   328 000

假设,东华公司第二年六月将其一半的股权出售,所得价款为180 000元:

借：银行存款	180 000	
长期股权投资减值准备　（328 000÷2）	164 000	
贷：长期股权投资——神农公司		246 000
投资收益		98 000

二、长期股权投资的处置

企业处置长期股权投资时，按实际收到的金额处理：

借：银行存款
　　长期股权投资减值准备
　贷：长期股权投资
　　　应收股利（尚未领取的股利或利息）
　　　投资收益（贷或借）

采用权益法核算长期股权投资的处置，除进行上述处理外，还应结转原计入其他综合收益的账户相关金额：

借：其他综合收益——其他权益变动
　贷：投资收益

或

借：投资收益
　贷：其他综合收益——其他权益变动

【例6-23】 依据［例6-21］资料：东华公司有一项长期股权投资，初始投资成本为10 000 000元，被投资企业A于2019年所有者权益增加4 000 000元，其中被投资企业A可供出售金融资产公允价值升值为1 000 000元，东华公司持股比例为40%。2019年年末，东华公司按权益法核算被投资企业A所有者权益增加数中属于东华公司的份额，有关账务处理如下：

分析：

　　东华公司2019年确认的投资收益 = 3 000 000×40% = 1 200 000(元)
　　东华公司2019年确认的其他综合收益 = 1 000 000×40% = 400 000(元)

借：长期股权投资——A企业（损益调整）	1 200 000	
——A企业（其他权益变动）	400 000	
贷：投资收益		1 200 000
其他综合收益——其他权益变动		400 000

假设，东华公司2020年2月以12 200 000元的价格将其持有的A企业的全部股份出售，则东华公司的账务处理如下：

借：银行存款	12 200 000	
贷：长期股权投资——A企业（成本）		10 000 000
——A企业（损益调整）		1 200 000
——A企业（其他权益变动）		400 000
投资收益		600 000

同时，结转"其他综合收益——其他权益变动"账户余额：
借：其他综合收益——其他权益变动　　　　　　　　　　　400 000
　　贷：投资收益　　　　　　　　　　　　　　　　　　　　　　400 000

思考题

1. 简述长期股权投资成本法的核算要求。
2. 简述长期股权投资权益法的核算要求。
3. 投资企业与被投资企业的关系类型有哪些？
4. 什么是长期股权投资？试比较长期股权投资与可供出售金融资产的区别。

练习题

1. A公司2016年1月1日，以1 000 000元现金投资甲公司，占甲公司有表决权资本总额的20%。投资后有关经济业务如下：
(1) 2016年度甲公司实现净利润800 000元。
(2) 2017年5月10日甲公司宣告发放2016年现金股利400 000元。
(3) 2017年甲公司亏损6 000 000元，未分配利润。
(4) 2018年度甲公司实现净利润8 000 000元。
(5) 2019年5月10日，甲公司宣告分派2018年现金股利1 000 000元。

要求：(1) 如果A公司对甲公司无重大影响，确定长期股权投资的核算方法并编制有关投资业务的全部会计分录。
(2) 如果A公司对甲公司有重大影响，确定长期股权投资的核算方法并编制有关投资业务的全部会计分录。

2. 2019年7月1日，甲企业以1 200 000元货币资金对乙企业投资，占乙企业注册资本的40%，甲企业按权益法核算此项投资。2019年7月1日，乙企业的所有者权益总额为2 800 000元。乙企业2019年度实现利润300 000元，其中1—6月实现利润200 000元。

要求：编制甲企业对乙企业投资及确认投资收益的会计分录。

3. A公司于2019年1月1日对B公司投资，实际支付价款50 000元。持有股份5 000股并按权益法核算，同年7月1日由于B公司经营决策失误，使其股票市价下跌为每股6元。

要求：编制投资和计提减值准备的会计分录。

4. A公司2019年1月4日购入B公司发行的1 000万股普通股的4%（40万股），每股售价8元；另外，A公司支付税金及手续费50 000元，总成本为3 250 000元。2019年8月，B公司因受不可抗拒自然灾害的影响股票市价持续下降，A公司对该项股票投资提取了800 000元的减值准备。2019年12月，A公司将其中的30万股以每股4元的价格出售。

要求：编制该项股票投资处置业务的会计分录。

第七章 固定资产

【本章知识要点提示】

通过本章的学习：理解固定资产的基本概念与分类；熟悉固定资产的确认、固定资产的初始计量、后续计量；掌握固定资产的确认标准、固定资产增加的渠道，不同来源下固定资产的入账价值确认及核算，固定资产折旧的影响因素及固定资产折旧额的估计及会计处理，固定资产减值核算，固定资产处置的会计处理。本章所包括的内容：固定资产概述、固定资产增加的核算、固定资产折旧、固定资产的后续支出、固定资产减值、固定资产处置及固定资产清查。

第一节 固定资产概述

一、固定资产的特征及其确认

固定资产是指使用寿命超过一个会计年度的，为生产商品、提供劳务、出租或经营管理而持有的有形资产。固定资产是一个生产型企业生产能力的具体体现，因而，对固定资产的正确确认、计量、记录和报告，对反映企业生产经营能力信息具有重要的作用。

（一）固定资产的特征

固定资产与存货相比具有以下主要特征：

（1）固定资产的使用寿命一般超过一个会计年度。使用寿命为企业使用固定资产的预计期间，或者该固定资产所能生产产品或提供劳务的数量。随着固定资产的不断使用与磨损逐渐丧失其服务能力而报废或更新，因而，为取得固定资产而发生的支出属于资本性支出。

（2）企业持有固定资产的目的是生产商品、提供劳务、出租或经营管理。这一特征可以区分固定资产与固定资产生产厂家的存货，如航运公司持有船舶是为了提供劳务，而造船厂是将船舶作为产品而持有，其持有船舶的目的是出售，从而，同一艘船舶对航运公司而言是一项固定资产，对造船厂来说就是一项存货。另外，由于企业持有长期投资的目的是通过分配获得收益，所以与固定资产的持有目的明显不同。

（3）固定资产是有形资产。固定资产在使用过程中始终保持其原有实物形态不变，且其价值是在使用过程中逐渐地、部分地转移到产品成本或费用中。固定资产价值和形态的"双重性"使它有别于不具有实物形态的无形资产以及在使用过程中改变实物形态且价值一次性发生转移的流动资产。

（二）固定资产的确认条件

企业判断一项资产是否属于固定资产，首先要看它是否符合固定资产的定义；其次要看它是否满足以下两个条件：

（1）与该固定资产有关的经济利益很可能流入企业。

（2）该固定资产的成本能够可靠计量。

与固定资产有关的经济利益能否流入企业与企业是否拥有该固定资产的所有权直接相关。所以判断固定资产是否作为企业的固定资产予以核算，应以盘存固定资产的所有权是否归属企业为主要依据。

在判断固定资产是否属于企业核算范围时，应当按照实质上而不是形式上的所有权归属确定，这一点主要体现在租入固定资产上。现在实务中存在的租赁形式主要有经营性租赁和融资性租赁两种租赁形式。尽管都是租赁，所有权都属于出租方，但是两种租赁目的以及承租方和出租方与租赁资产所有权有关的风险与报酬之间的关系不同。所以在确定是否属于企业的核算范围时，应当区别对待。融资性租赁尽管其所有权仍可能属于出租方，但这种租赁方式实质上已转移了与租赁资产所有权有关的全部风险与报酬，也就是说，尽管出租方拥有该固定资产形式上的所有权，但其实质上的所有权已经转让给了承租方，从而融资性租赁固定资产属于承租方的核算范围。然而，在经营性租赁方式下，与固定资产相关的全部风险与报酬仍然属于出租方，也就是说，出租方不仅拥有该固定资产形式上的所有权，也没有转让其实质上的所有权，从而经营性租赁固定资产属于出租方的核算范围。

固定资产应当按照成本进行初始计量。企业固定资产的取得方式多种多样，所以其成本的初始计量也不尽相同。

二、固定资产的分类

企业固定资产的种类繁多，形态各异，性能差异很大。为了加强对固定资产的核算与管理，需要按不同的标准对固定资产进行科学、合理的分类。

（1）按固定资产经济用途分类，可分为：

①生产用固定资产。其是指直接服务于企业生产经营过程的固定资产，如各种建筑物、机器、运输设备、器具等。

②非生产用固定资产。其是指不直接服务于企业生产经营过程的固定资产。企业的非生产部门如卫生保健、行政管理、生活供应等部门使用的固定资产，通常包括企业的医院、食堂、俱乐部、浴室等所占有的固定资产。

固定资产按经济用途分类，可以清楚地反映企业生产用固定资产与非生产用固定资产之间的组成变化情况，借以考核和分析企业固定资产管理和利用情况，从而促进固定资产合理配置，改善固定资产结构，以充分发挥固定资产的效用。

（2）按固定资产使用情况分类，可分为在用固定资产、未使用固定资产和不需用固定资产。

①在用固定资产。其是指企业正在使用或视同在用的各项固定资产。其中包括对外出租的固定资产、季节性停用或大修理等原因暂时停用的固定资产及未使用的房屋及建筑物等。

②未使用固定资产。其是指尚未投入使用或暂停使用（房屋建筑物等除外）的固定资产。

③不需用固定资产。其是指企业多余或已不适合本企业、需要调配处置的固定资产。

固定资产按使用情况分类，可以通过及时处置不需用和未使用固定资产，提高固定资产的利用效率。

（3）按固定资产所有权分类，可分为自有固定资产和租入固定资产。

①自有固定资产。其是指企业拥有的可供企业自由支配使用的固定资产，企业对自有固定资产拥有所有权。

②租入固定资产。其是指企业按照租约规定使用的固定资产。租入的固定资产按未来权利归属可以将其分为经营性租入固定资产和融资性租入固定资产两种。

企业可以通过对固定资产所有权的区分，确定固定资产的核算范围。

（4）按固定资产经济用途和使用情况分类，可以分为：

①生产经营用固定资产。

②非生产经营用固定资产。

③租出固定资产。

④未使用固定资产。

⑤不需用固定资产。

⑥融资租入固定资产。

⑦土地。土地是指没有建筑物等附着物的土地。对于有附着物的土地，将土地价值计入相关附着物的价值之内，不单独确认。目前我国的企业对土地只有使用权没有所有权，因此，在我国将土地使用权作为无形资产而不是固定资产进行核算。

这种综合分类是会计上进行固定资产管理和核算的主要依据。

第二节　固定资产增加的核算

一、固定资产的初始计量

固定资产的初始计量是指固定资产在取得时按初始成本确定。固定资产的成本是指企业构建某项固定资产达到预定可使用状态前所发生的一切合理、必要的支出。这些支出包括直接发生的价款、运杂费、包装费和安装成本等，也包括间接发生的一些其他费用，如应承担的借款利息、外币借款汇兑差额以及应分摊的其他间接费用。另外，对于特殊行业的特定固定资产，在确定其成本时，还应当考虑预计弃置费用因素。

二、固定资产增加的核算

固定资产的取得方式有多种,主要包括外购的固定资产、自行建造的固定资产、融资租入的固定资产、接受投资或捐赠的固定资产、通过非货币性交易或债务重组方式取得的固定资产等。因取得固定资产的方式不同,其成本的初始计量也不尽相同。

(一) 外购固定资产

企业外购固定资产的成本,包括购买价款、相关税费、使固定资产达到预定可使用状态前所发生的可归属于该项资产的运输费、装卸费、安装费和专业人员服务费等。如果以一笔款项购入多项没有单独标价的固定资产,应当按照各项固定资产公允价值比例对总成本进行分配,分别确定各项固定资产的成本。

例如:2019 年 3 月 18 日甲公司向乙公司一次性购入 3 套不同型号且具有不同生产能力的设备 A、B 和 C,取得增值税专用发票上注明的设备总价款为 5 000 000 元,增值税额为 650 000 元,支付的装卸费取得的增值税专用发票上注明的装卸费为 20 000 元,增值税额为 1 200 元。全部以银行存款转账支付;A、B 和 C 设备分别满足固定资产确认条件,公允价值分别为 1 560 000 元、2 340 000 元和 1 300 000 元。假设不考虑其他相关税费,甲公司的账务处理如下:

(1) 确认应计入固定资产成本的金额,包括买价、装卸费,即:

$$5\,000\,000 + 20\,000 = 5\,020\,000(元)$$

(2) 确定 A、B 和 C 设备的价值分配比例为:

A 设备价值分配比例 = $1\,560\,000 \div (1\,560\,000 + 2\,340\,000 + 1\,300\,000) \times 100\% = 30\%$

B 设备价值分配比例 = $2\,340\,000 \div (1\,560\,000 + 2\,340\,000 + 1\,300\,000) \times 100\% = 45\%$

C 设备价值分配比例 = $1\,300\,000 \div (1\,560\,000 + 2\,340\,000 + 1\,300\,000) \times 100\% = 25\%$

(3) 确定 A、B 和 C 设备各自的成本:

$$A\ 设备的成本 = 5\,020\,000 \times 30\% = 1\,506\,000(元)$$
$$B\ 设备的成本 = 5\,020\,000 \times 45\% = 2\,259\,000(元)$$
$$C\ 设备的成本 = 5\,020\,000 \times 25\% = 1\,255\,000(元)$$

(4) 会计分录:

借:固定资产——A 设备	1 506 000
——B 设备	2 259 000
——C 设备	1 255 000
应交税费——应交增值税（进项税额）	651 200
贷:银行存款	5 671 200

从 2009 年 1 月 1 日起,企业购入的生产用机器设备类固定资产所发生的增值税进项税额准予抵扣销项税额,不计入固定资产成本。

企业外购固定资产分为不需要安装和需要安装的固定资产两类。

1. 购入不需要安装的固定资产

企业外购不需要安装即可以直接使用的固定资产时,按照确认的固定资产成本并考虑到生产用机器设备的增值税进项税额进行如下账务处理：

借：固定资产
　　应交税费——应交增值税（进项税额）
　贷：银行存款（应付账款、应付票据或长期应付款等账户）

【例7-1】 2019年5月10日，东华公司购入一台生产用设备，买价50 000元，支付增值税6 500元，支付运输费、保险费等共计1 500元。该设备不需要安装，可直接交付生产使用，全部款项已用银行存款支付。东华公司账务处理如下：

该固定资产的初始计量成本为
$$50\ 000 + 1\ 500 = 51\ 500(元)$$

借：固定资产　　　　　　　　　　　　　　　　　　　　　　　　51 500
　　应交税费——应交增值税（进项税额）　　　　　　　　　　　　6 500
　贷：银行存款　　　　　　　　　　　　　　　　　　　　　　　　58 000

2. 购入需要安装的固定资产

企业外购的固定资产若需要安装之后才能使用，则按照外购价款、相关税费以及企业为使固定资产达到预定可使用状态前所支付的相关安装费进行如下账务处理：

（1）购入时：

借：在建工程
　　应交税费——应交增值税（进项税额）
　贷：银行存款（应付账款、应付票据或长期应付款等账户）

（2）在安装过程中，如领用材料、发生人工费时：

借：在建工程
　贷：原材料
　　　应付职工薪酬（等相关账户）

（3）待固定资产安装完毕交付使用之后，将其转入"固定资产"账户。

借：固定资产
　贷：在建工程

【例7-2】 东华公司购入需要安装的全新生产用设备一台，价款100 000元，支付增值税13 000元，包装及运杂费计3 000元，以上款项均通过银行存款支付。设备安装过程中领用材料10 000元，负担本企业职工工资5 000元。安装完毕已交付生产使用。

（1）企业购入需要安装的全新设备时：

借：在建工程　　　　　　　　　　　　　　　　　　　　　　　　103 000
　　应交税费——应交增值税（进项税额）　　　　　　　　　　　　13 000
　贷：银行存款　　　　　　　　　　　　　　　　　　　　　　　　116 000

（2）发生安装费用时：

借：在建工程　　　　　　　　　　　　　　　　　　　　　　　　　15 000
　贷：原材料　　　　　　　　　　　　　　　　　　　　　　　　　10 000
　　　应付职工薪酬　　　　　　　　　　　　　　　　　　　　　　　5 000

（3）安装完毕交付使用：

借：固定资产 118 000
  贷：在建工程 118 000

（二）自行建造的固定资产

1. 自制产品转作固定资产

企业按照生产该产品的成本和应缴纳的各项税费，编制如下会计分录：

借：固定资产
  贷：库存商品
    应交税费——应交增值税（销项税额）

【例7-3】 东华公司将本厂生产的一台机器转作生产用固定资产投入使用。该机器的生产成本为20 000元，市场标价为22 000元，适用13%的增值税率。交付使用后东华公司应作以下账务处理：

借：固定资产 22 860
  贷：库存商品 20 000
    应交税费——应交增值税（销项税额） 2 860

2. 自营工程建造固定资产

企业以自营方式建造固定资产，是指企业自行组织工程物资采购，自行组织施工人员从事工程施工完成固定资产建造，其成本应当按照实际发生的直接材料、直接人工、直接机械施工费、应交纳的相关税费和资本化的借款费用等计量。

企业核算自营工程建造固定资产时，需要专门设立"工程物资"和"在建工程"两个账户。"工程物资"账户，用来核算企业在自营工程建造固定资产过程中所购置的各种物资的实际成本。

（1）为自营工程购置各种物资时，按买价及相关税费确定采购成本：

一般情形：

借：工程物资
  应交税费——应交增值税（进项税额）
  贷：银行存款（应付账款、应付票据等账户）

（2）自营工程领用物资时：

借：在建工程
  贷：工程物资

分配工程人员工资、施工期应负担的借款利息和其他工程费用：

借：在建工程
  贷：应付职工薪酬
    应付利息
    银行存款（等相关账户）

（3）自营工程领用生产用材料时：

借：在建工程
  贷：原材料（成本价）

若该在建工程在达到预定可使用状态之前需要试运行,则企业在此过程中发生的相关生产成本计入在建工程成本,同时按照试运行过程中生产产品所获得收入冲减在建工程成本。

(4)自营工程建造完工,交付生产使用:

借:固定资产
　　贷:在建工程

如果固定资产在达到预定可使用状态时,尚未办理竣工决算,则按照暂估价由"在建工程"账户转入"固定资产"账户,并按规定计提固定资产折旧,待实际办理了竣工决算手续后,再予以调整,但对于已计提的折旧,不再追溯调整。

如果建造固定资产的企业为小规模纳税人,按照现行增值税管理制度规定,其为建造固定资产而购置的各材料物资发生的增值税,不得从销项税额中抵扣,而应计入固定资产成本,记入"在建工程"科目的借方。

【例7-4】 东华公司为增值税一般纳税人,2019年1月1日,自建厂房一幢,购入为工程准备的各种物资500 000元,增值税额专用发票上注明的增值税税额为65 000元,全部用于工程建设。施工中又领用生产用材料水泥一批,实际成本为50 000元;工程人员应计工资100 000元,以银行存款支付的其他费用并取得增值税专用发票,注明安装费用为30 000元,增值税率为10%,增值税额为3 000元。工程完工并达到预定可使用状态,交付生产使用。

该企业应作如下账务处理:

(1)购入工程物资时:

借:工程物资　　　　　　　　　　　　　　　　　　　　　　500 000
　　应交税费——应交增值税(进项税额)　　　　　　　　　　65 000
　　贷:银行存款　　　　　　　　　　　　　　　　　　　　565 000

(2)工程领用工程物资时:

借:在建工程　　　　　　　　　　　　　　　　　　　　　　500 000
　　贷:工程物资　　　　　　　　　　　　　　　　　　　　500 000

(3)工程领用生产用材料:

借:在建工程　　　　　　　　　　　　　　　　　　　　　　50 000
　　贷:原材料　　　　　　　　　　　　　　　　　　　　　50 000

(4)分配工程人员工资时:

借:在建工程　　　　　　　　　　　　　　　　　　　　　　100 000
　　贷:应付职工薪酬　　　　　　　　　　　　　　　　　　100 000

(5)支付工程发生的其他费用时:

借:在建工程　　　　　　　　　　　　　　　　　　　　　　30 000
　　贷:银行存款　　　　　　　　　　　　　　　　　　　　30 000

(6)工程完工转入固定资产成本的金额为
　　　　　500 000 + 50 000 + 100 000 + 30 000 = 680 000(元)

借:固定资产　　　　　　　　　　　　　　　　　　　　　　680 000
　　贷:在建工程　　　　　　　　　　　　　　　　　　　　680 000

3. 出包工程建造固定资产

出包工程是指企业通过招标方式将工程项目发包给建造承包商，由建造承包商组织施工的建筑工程和安装工程。企业采用出包方式进行的固定资产工程，其工程的具体支出主要由建造承包商核算。

企业采用出包方式建造固定资产，一般应在与承包单位签订合同的基础上预先支付一部分工程款，以后在施工过程中按期结算，工程完工时与承包单位结清全部工程款。采用此种方式建造固定资产时，出包单位主要通过"在建工程"账户核算。"在建工程"科目主要是反映企业与建造承包商之间办理工程价款结算的情况，企业支付给建造承包商的工程款项作为工程成本，通过"在建工程"科目核算。

（1）按照出包工程进度和合同规定预付工程款时：

借：在建工程
　　应交税费——应交增值税（进项税额）
　　贷：银行存款

（2）工程完工，按合同规定补付工程款时：

借：在建工程
　　应交税费——应交增值税（进项税额）
　　贷：银行存款

（3）该固定资产完工交付使用时，按照结转工程成本：

借：固定资产
　　贷：在建工程

【例7-5】 东华公司为增值税一般纳税人。2020年1月1日，东华公司将一幢厂房的建造工程出包给长城公司（为增值税一般纳税人）承建，按合理估计的发包工程进度和合同规定向长城公司结算进度款并取得长城公司开具的增值税专用发票，注明的工程款600 000元，增值税率13%，增值税税额78 000元，2020年1月1日，工程完工后，收到长城公司有关工程结算单据和增值税专用发票，经审核无误后补付工程款400 000元，增值税税率13%，增值税税额52 000元，工程完工并达到预定可使用状态。

该企业应作如下会计处理：

（1）按工程进度和合同规定向长城公司结算进度款时：

借：在建工程	600 000
应交税费——应交增值税（进项税额）	78 000
贷：银行存款	678 000

（2）补付工程款时：

借：在建工程	400 000
应交税费——应交增值税（进项税额）	52 000
贷：银行存款	452 000

（3）工程完工并达到预定可使用状态时：

借：固定资产	1 000 000
贷：在建工程	1 000 000

（三）投资者投入的固定资产

投资者投资转入的固定资产，按照投资合同或协议中约定的价值，一方面反映本企业固定资产的增加，另一方面反映投资者投资额的增加。若双方确认的固定资产价值大于投资合同或协议中约定的投资者的出资额，则将其差额计入"资本公积"账户。账务处理如下：

借：固定资产
　　应交税费——应交增值税（进项税额）
　贷：实收资本（或股本）
　　　资本公积

【例7-6】 东华公司接受立信公司投入汽车一部，双方协商作价为200 000元，增值税税率为13%，投资协议约定的出资额为180 000元作为股权投资处理，大于出资额的部分作为资本公积处理。则东华公司账务处理如下：

借：固定资产　　　　　　　　　　　　　　　　　　　　　200 000
　　应交税费——应交增值税（进项税额）　　　　　　　　　26 000
　贷：实收资本——立信公司　　　　　　　　　　　　　　　180 000
　　　资本公积——资本溢价　　　　　　　　　　　　　　　 46 000

（四）融资租入的固定资产

融资租入的固定资产是指承租人通过融资租赁的方式租入固定资产。融资租赁是指在实质上转移了与资产所有权有关的主要风险和报酬的一种租赁。企业采用融资租赁方式租入固定资产，应作为一项固定资产计价入账，同时确认相应的负债，并且要计提固定资产折旧。《企业会计准则第21号——租赁》中规定，在租赁开始日，承租人应当将租赁开始日租赁资产公允价值与最低租赁付款额现值两者较低者作为租入资产的入账价值，将最低租赁付款额作为长期应付款的入账价值，其差额作为未确认融资费用。承租人在租赁谈判和签订租赁合同过程中发生的，可归属于租赁项目的手续费、律师费、印花税等初始直接费用，应当计入租入资产价值，而不是确认为当期费用。《企业会计准则第4号——固定资产》中规定，购买固定资产的价格超过正常信用条件延期支付，实质上具有融资性质的，固定资产的成本以购买价格的现值为基础确定。实际支付的价格与购买价款现值之间的差额，作为未确认融资费用处理。未确认融资费用、符合资本化条件的，计入固定资产成本，其余部分确认为"财务费用"，计入当期损益。

下面，以购买固定资产的价格超过正常信用条件延期支付，实质上具有融资性质的租赁，说明融资租入固定资产的会计处理。

（1）以融资方式取得固定资产时：

借：固定资产或在建工程（价款现值）
　　未确认融资费用（价款－现值）
　贷：长期应付款（价款）

（2）支付相关的安装费、材料费及人工费等：

借：在建工程
　贷：应付职工薪酬
　　　原材料
　　　银行存款（等相关账户）

(3) 每期支付价款时：

借：长期应付款

 贷：银行存款

(4) 在建期间分摊"未确认融资费用"，符合资本化条件，计入在建工程成本。

借：在建工程

 贷：未确认融资费用

(5) 安装完工，交付使用后分摊"未确认融资费用"，应确认为财务费用，计入当期损益。

借：财务费用

 贷：未确认融资费用

(6) 安装完毕，交付使用，结转在建工程成本。

借：固定资产——融资租入固定资产

 贷：在建工程

【例 7-7】 2019 年 1 月 1 日甲公司从乙公司购入需安装的机器设备作为固定资产，合同价款 10 000 000 元，分 5 年平均支付，年末付款；增值税 1 300 000 元一次付现。2019 年 1 月 4 日，设备到货并开始安装，2019 年 6 月 10 日，甲公司以银行存款 100 000 元支付安装费；2019 年 12 月 31 日安装完毕并达到预定可使用状态。假设折现率为 6%。甲公司未确认融资费用分摊情况见表 7-1。

(1) 设备价款的现值 = 2 000 000 × (P/A, 6%, 5) = 2 000 000 × 4.212 4 = 8 424 800（元）

未确认融资费用 = 10 000 000 - 8 424 800 = 1 575 200（元）。

表 7-1   甲公司未确认融资费用分摊情况   元

日期	分期付款额 ①	分摊融资费用 ② = 上期④×6%	应付本金减少额 ③ = ① - ②	应付本金减余额 ④ = 上期④ - 本期③
2019 年 1 月 1 日				8 424 800
2019 年 12 月 31 日	2 000 000	505 488	1 494 512	6 930 288
2020 年 12 月 31 日	2 000 000	415 817	1 584 183	5 346 105
2021 年 12 月 31 日	2 000 000	320 766	1 679 234	3 666 871
2022 年 12 月 31 日	2 000 000	220 012	1 779 988	1 886 883
2023 年 12 月 31 日	2 000 000	113 117	1 886 883	0
合计	10 000 000	1 575 200	8 424 800	

注：表中的 113 117 为倒挤求得，即 2 000 000 - 1 886 883 = 113 117（元）。

(2) 各期应编制的会计分录如下：

① 2019 年 1 月 1 日购入设备并支付进项增值税时：

借：在建工程   8 424 800

  未确认融资费用   1 575 200

  应交税费——应交增值税（进）   1 300 000

 贷：长期应付款   10 000 000

   银行存款   1 300 000

② 2019 年 6 月 10 日支付安装费时：

借：在建工程　　　　　　　　　　　　　　　　　　　　　　100 000
　　贷：银行存款　　　　　　　　　　　　　　　　　　　　　100 000
③2019 年 12 月 31 日支付第一期价款时：
借：长期应付款　　　　　　　　　　　　　　　　　　　　2 000 000
　　贷：银行存款　　　　　　　　　　　　　　　　　　　　2 000 000
④2019 年 12 月 31 日分摊未确认融资费用（表 6-1），本年度分摊的金额符合资本化条件，应计入固定资产成本。

本年度分摊的金额 = 8 424 800 × 6% = 505 488（元）

借：在建工程　　　　　　　　　　　　　　　　　　　　　　505 488
　　贷：未确认融资费用　　　　　　　　　　　　　　　　　　505 488
⑤2019 年 12 月 31 日设备安装完毕投入使用时：
借：固定资产——融资租入固定资产　　　　　　　　　　　9 030 288
　　贷：在建工程　　　　　　　　　　　　　　　　　　　　9 030 288
⑥2020 年 12 月 31 日支付第 2 期设备价款时：
借：长期应付款　　　　　　　　　　　　　　　　　　　　2 000 000
　　贷：银行存款　　　　　　　　　　　　　　　　　　　　2 000 000
同时，将本年度分摊的未确认融资费用计入当期财务费用：

本年度分摊的未确认融资费用 = [8 424 800 - (2 000 000 - 505 488)] × 6%
　　　　　　　　　　　　　　 = (8 424 800 - 1 494 512) × 6%
　　　　　　　　　　　　　　 = 6 930 288 × 6% = 415 817（元）

借：财务费用　　　　　　　　　　　　　　　　　　　　　　415 817
　　贷：未确认融资费用　　　　　　　　　　　　　　　　　　415 817
以后各年末支付的设备价款、分摊融资费用的账务处理可比照 2020 年度进行。

第三节　固定资产折旧

一、折旧的含义

固定资产在使用过程中，会不断地发生磨损，其实物形态保持不变，但价值逐渐转移。一般将固定资产价值的转移称为损耗。固定资产损耗可以分为有形损耗和无形损耗两种。有形损耗是指固定资产由于被使用或自然力的影响而引起的价值转移。无形损耗是指由于技术水平提高而引起的固定资产价值的贬值。固定资产损耗的价值应当在预计使用寿命内得以补偿。通常是随着固定资产的使用，将固定资产损耗的价值逐渐转为相关成本费用，并随着销售收入的实现得以补偿。折旧的本质就是反映固定资产价值转移的过程。

所谓折旧，是指在固定资产使用寿命内，按照确定的方法对应计折旧额进行系统分摊。应计折旧额的计算公式为：

应计折旧额 = 固定资产的原价 - 预计净残值 - 已计提的固定资产减值准备累计金额

二、影响折旧的基本因素

影响折旧的基本因素有：固定资产的原值、预计净残值、预计使用年限和折旧方法。

（一）固定资产的原值

固定资产原值，即固定资产的初始入账成本，是计提折旧的基础，同时也成为折旧的基数。

（二）固定资产预计净残值

固定资产预计净残值是指固定资产预计使用寿命已满，并处于使用寿命终了时的预期状态，企业目前从该项资产处置中的所得扣除预计处置费用后的金额。

预计净残值是在增加固定资产时确定的预计净残值率与原值的乘积，预计净残值率一般为3%~5%。净值是指固定资产原值减去累计折旧后的余额。

（三）固定资产预计使用年限

固定资产预计使用年限是指固定资产预计可使用的年限，或者预计固定资产所能生产产品或提供劳务的数量。这也是影响折旧计算的一个基本因素。固定资产使用年限的确定，应当考虑下列因素：预计生产能力或实物产量；预计有形损耗和无形损耗；法律或者类似规定对资产使用的限制。

（四）折旧方法

折旧方法是将固定资产预计折旧总额在各会计期间分摊的方法。这也是影响各期应计提折旧额的一个重要因素。

上述四个因素中，预计净残值、预计使用年限和折旧方法是相关人员根据专业判断确定得出，从而容易被用为盈余操纵的工具。企业应当根据固定资产的性质和使用情况，合理确定固定资产的使用年限和预计净残值；应当根据与固定资产有关的经济利益的预期实现方式，合理选择固定资产折旧方法。除非有证据可以证明原预计的使用寿命、预计净残值和折旧方法不恰当，否则固定资产的使用寿命、预计净残值和折旧方法一经确定，不得随意变更。

三、固定资产折旧的范围

《企业会计准则第4号——固定资产》中规定，企业应当对所有固定资产计提折旧，但以下两种情况除外：一是已提足折旧仍继续使用的固定资产不提折旧；二是按规定单独计价作为固定资产入账的土地不提折旧。企业需要对全部已经达到预定可使用状态的固定资产计提折旧。如果企业尚未办理竣工决算，不能确定固定资产原价，则应当先将暂估价作为计提折旧的基础，待办理竣工决算后，再按照实际成本调整暂估价值，对原已计提折旧额不再调整。

企业的固定资产经常会发生增减变动，按照我国的会计习惯，为了简化核算，一般对当月增加的固定资产，当月不计提折旧，从下月起开始计提折旧；当月减少的固定资产，当月照提折旧，从下月起停止提取折旧。

四、折旧的计算方法及核算

企业根据与固定资产有关的经济利益的预期实现方式选用的折旧方法主要有：平均法、加速折旧法和特殊折旧法。本教材主要介绍平均法和加速折旧法。

(一) 平均法

平均法是指固定资产的原值在预计使用年限内或预计提供的工作总量内平均发生的磨损,从而将其均衡地分配于各个使用期间或所预计完成的工作总量的方法。平均法包括平均年限法和工作量法。

1. 平均年限法

平均年限法也称直线法,是指固定资产的应计折旧额在预计使用年限内平均分摊的一种方法。采用这种方法,各期间分摊的折旧额是相等的。其计算公式如下:

(1) 固定资产年折旧额 = (固定资产原价 – 预计净残值) ÷ 预计使用年限
   = (固定资产原价 – 预计残值 + 预计清理费) ÷ 预计使用年限
   = 固定资产原价 × 年折旧率

(2) 固定资产月折旧额 = 固定资产年折旧额 ÷ 12

(3) 固定资产年折旧率 = $\dfrac{\text{固定资产年折旧额}}{\text{固定资产原价}} \times 100\%$

   = $\dfrac{1 - \text{预计净残值率}}{\text{预计使用年限}} \times 100\%$

(4) 月折旧率 = 年折旧率 ÷ 12

(5) 预计净残值率 = $\dfrac{\text{预计净残值}}{\text{固定资产原价}} \times 100\%$

【例 7 – 8】 某生产车间用固定资产的原价为 50 000 元,预计使用 5 年,预计残值收入 5 000 元,预计清理费用 3 000 元。试计算该固定资产的月折旧额和月折旧率,并进行相应的账务处理。

计算方法一:

$$\text{年折旧额} = (50\,000 - 5\,000 + 3\,000) \div 5 = 9\,600(元)$$

$$\text{年折旧率} = \dfrac{9\,600}{50\,000} \times 100\% = 19.20\%$$

$$\text{月折旧额} = 9\,600 \div 12 = 800(元)$$

$$\text{月折旧率} = 19.20\% \div 12 = 1.60\%$$

计算方法二:

$$\text{预计净残值率} = \dfrac{5\,000 - 3\,000}{50\,000} \times 100\% = 4\%$$

$$\text{年折旧率} = \dfrac{1 - 4\%}{5} \times 100\% = 19.2\%$$

$$\text{月折旧率} = \dfrac{19.2\%}{12} \times 100\% = 1.6\%$$

$$\text{月折旧额} = 50\,000 \times 1.6\% = 800(元)$$

账务处理如下:

借:制造费用　　　　　　　　　　　　　　　　　　　　　　　　800
　　贷:累计折旧　　　　　　　　　　　　　　　　　　　　　　　　800

2. 工作量法

工作量法是指按照预计的固定资产所能生产产品或提供劳务的数量计算折旧的方法。在该方法下,各期计提的折旧额与固定资产的利用程度相关。固定资产的利用程度高,就应多提折旧;利用程度低,就应少提折旧。其计算公式如下:

单位工作量折旧额 = (某固定资产原价 - 预计净残值) ÷ 预计工作总量
当期固定资产折旧额 = 当期固定资产实际工作量 × 单位工作量折旧额

【例7-9】 东华公司数月前购入施工用汽车一辆,成本65 000元,预计净残值6 000元,预计清理费1 000元,预计可行驶50万千米。本月行驶15 000千米,则:

该车辆单位里程折旧额 = (65 000 - 6 000 + 1 000) ÷ 500 000 = 0.12(元/千米)
本月应提折旧额 = 15 000 × 0.12 = 1 800(元)

账务处理如下:
借:劳务成本   1 800
  贷:累计折旧   1 800

【例7-10】 东华公司的一台机器,账面成本80 000元,预计净残值为5 000元,预计总工作小时数为40 000小时,本月共工作480小时,则:

该机器每工作小时折旧额 = (80 000 - 5 000) ÷ 40 000 = 1.875(元/小时)
该机器本月应提折旧额 = 480 × 1.875 = 900(元)

每工作小时折旧额也可按下式计算:

每工作小时折旧额 = 固定资产原值 × (1 - 预计净残值率) ÷ 预计总工作小时数

例7-10中,

$$预计净残值率 = \frac{5\ 000}{80\ 000} \times 100\% = 6.25\%$$

每工作小时折旧额 = 80 000 × (1 - 6.25%) ÷ 40 000 = 1.875(元/小时)

(二) 加速折旧法

加速折旧法又称为递减折旧法,是指固定资产在使用初期多提折旧,在后期少提折旧,从而相对加快折旧速度的一种方法。

加速折旧法主要包括双倍余额递减法和年数总和法两种。

1. 双倍余额递减法

双倍余额递减法是指在不考虑固定资产净残值的情况下,用每期固定资产期初账面价值乘以双倍直线折旧率计算各期折旧额的方法。其计算公式如下:

$$双倍直线折旧率 = \frac{2}{预计使用年限} \times 100\%$$

年折旧额 = 年初固定资产账面价值 × 双倍直线折旧率
月折旧额 = 年折旧额 ÷ 12

采用双倍余额递减法计提固定资产折旧,为了避免固定资产的账面净值降低到它的预计净残值以下,企业应在一定年限改用直线法,将固定资产净值扣除预计净残值后的净额在剩余年限内平均摊销。在我国会计实务中,一般应在固定资产折旧年限到期前2年内将其转换成直线法。其判断公式为:

某年按双倍余额递减法计算的折旧额 < (账面价值 - 预计净残值) ÷ 剩余使用年限

【例7-11】 东华公司新增生产设备一台,其原值为50 000元,预计净残值2 000元,预计使用 5 年。采用双倍余额递减法计提折旧。

$$双倍直线折旧率 = \frac{2}{5} \times 100\% = 40\%$$

各年折旧额的计算见表 7-2。

表 7-2 各年折旧额的计算（双倍余额递减法）

年次	年初净值/元	折旧率/%	折旧额/元	累计折旧额/元	年末净值/元
1	50 000	40	20 000	20 000	30 000
2	30 000	40	12 000	32 000	18 000
3	18 000	40	7 200	39 200	10 800
4	10 800	—	4 400	43 600	6 400
5	6 400	—	4 400	48 000	2 000

本例中，第四年若按双倍折旧率 40% 计算折旧，年折旧额为 10 800 × 40% = 4 320 元，小于按剩余年限平均摊销的折旧额，即 (10 800 - 2 000) ÷ 2 = 4 400 元，因此，从第四年起应改为直线法计提折旧。

第一年账务处理如下：
借：制造费用   20 000
　　贷：累计折旧   20 000

2. 年数总和法

年数总和法是指以固定资产的应计折旧额（原值 - 预计净残值）为基数，乘以逐年递减的折旧率计算各年固定资产折旧额的方法。采用此方法计提折旧，折旧率各年不同。其计算公式如下：

固定资产年折旧率 = 尚可使用年限 ÷ 预计使用年限的各年数字之和

预计使用年限的各年数字之和 = 预计使用年限 × (1 + 预计使用年限) ÷ 2

年折旧额 = 应计折旧额 × 年折旧率

月折旧额 = 年折旧额 ÷ 12

【例 7-12】 上例中新增的设备若采用年限总和法提取折旧，则：应计折旧总额 = 50 000 - 2 000 = 48 000（元）。各年固定资产计提折旧额的计算见表 7-3。

表 7-3 各年折旧额的计算（年数总和法）

年次	应计折旧额/元	折旧率	折旧额/元	累计折旧额/元	年末净值/元
1	48 000	5/15	16 000	16 000	34 000
2	48 000	4/15	12 800	28 800	21 200
3	48 000	3/15	9 600	38 400	11 600
4	48 000	2/15	6 400	44 800	5 200
5	48 000	1/15	3 200	48 000	2 000

由表7-3中的数字可以看出，采用年数总和法计提折旧，每年的折旧基数是相同的，每年的折旧率是一个逐年递减的分数，每年的折旧额逐年递减，可以达到固定资产使用前期多提折旧、后期少提折旧的目的。

第一年账务处理如下：

借：制造费用　　　　　　　　　　　　　　　　　　　　　　　　　16 000
　　贷：累计折旧　　　　　　　　　　　　　　　　　　　　　　　　16 000

以后各年计提固定资产折旧的账务处理与第一年的账务处理相同。

第四节　固定资产的后续支出

固定资产后续支出是指固定资产经初始计量并入账后，又发生的与固定资产相关的其他支出。在核算过程中，应根据其具体内容作出资本性支出和收益性支出会计确认。后续支出主要包括：改建、扩建支出；维护保养与修理支出。

一、固定资产的改建、扩建支出

固定资产的改建、扩建支出，是指为提高固定资产性能或扩大原有固定资产的规模而发生的支出。固定资产的改扩、扩建支出，习惯上也称为固定资产的改良支出。

固定资产的改良支出，一般只要符合下列条件之一，即可确认为固定资产改良支出。

（1）能够使固定资产的预计使用寿命延长。

（2）能够使固定资产的生产能力增加。

（3）能够使所产产品的质量提高。

（4）能够使企业的产品生产成本降低。

固定资产改良支出减去改良过程中发生的变价收入后的差额，应予资本化，计入固定资产原值。企业在进行固定资产改良时，应将暂停使用进行改良的固定资产转入"在建工程"。在改良过程中，暂时停止对该固定资产计提折旧，待该固定资产达到预定可使用状态时，再按照改良后的固定资产原价以及预计使用年限和预计净残值计提折旧。

【例7-13】　2019年11月20日，东华公司对原值为1 000 000元、已提折旧200 000元、剩余使用年限为10年的厂房进行扩建。扩建后，该固定资产的剩余使用年限仍然为10年，净残值为0。扩建中发生了下列支出及收入：

（1）从仓库中领用工程物资390 000元。

（2）扩建工程应负担本企业职工工资40 000元。

（3）扩建中处置废弃物料得款3 000元，已存入银行。

（4）2019年12月25日，扩建工程完工，并交付使用。

对上述各项业务应作会计分录如下：

（1）将现有厂房转为改扩建工程项目：

借：在建工程——改扩建工程　　　　　　　　　　　　　　　　　　800 000
　　累计折旧　　　　　　　　　　　　　　　　　　　　　　　　　200 000
　　贷：固定资产——生产用固定资产　　　　　　　　　　　　　　1 000 000

(2) 归集扩建工程成本：

借：在建工程——改扩建工程　　　　　　　　　　　　　　430 000
　　贷：工程物资　　　　　　　　　　　　　　　　　　　　390 000
　　　　应付职工薪酬　　　　　　　　　　　　　　　　　　 40 000

(3) 改扩建工程取得变卖收入：

借：银行存款　　　　　　　　　　　　　　　　　　　　　　3 000
　　贷：在建工程——改扩建工程　　　　　　　　　　　　　　3 000

(4) 改扩建工程完工，交付生产使用，将改扩建工程成本转为生产用固定资产：

改扩建工程的成本 = 800 000 + 430 000 - 3 000 = 1 227 000（元）

借：固定资产——生产用固定资产　　　　　　　　　　　　1 227 000
　　贷：在建工程——改扩建工程　　　　　　　　　　　　1 227 000

(5) 2020年1月，东华公司应当对此固定资产计提折旧：

东华公司在剩余10年中，各年应计提折旧为 1 227 000 ÷ 10 = 122 700（元），从而2020年1月应当计提折旧为 122 700 ÷ 12 = 10 225（元）。

借：制造费用　　　　　　　　　　　　　　　　　　　　　10 225
　　贷：累计折旧　　　　　　　　　　　　　　　　　　　10 225

二、固定资产维护保养与修理支出

固定资产维护保养与修理支出，是为了维持和保养固定资产的现有工作状态或恢复固定资产的性能而发生的支出。对于该类支出，应予费用化，在发生时直接计入当期损益。

【例7-14】 东华公司2019年3月15日，保养生产用设备发生修理费用27 000元，包括：领用的原材料15 000元，应负担的职工工资12 000元，厂部房屋发生的修理费用3 000元，公司以现金支付。有关业务内容及会计分录如下：

借：制造费用　　　　　　　　　　　　　　　　　　　　　27 000
　　管理费用　　　　　　　　　　　　　　　　　　　　　　3 000
　　贷：原材料　　　　　　　　　　　　　　　　　　　　15 000
　　　　应付职工薪酬　　　　　　　　　　　　　　　　　12 000
　　　　库存现金　　　　　　　　　　　　　　　　　　　 3 000

第五节　固定资产减值

一、固定资产减值的定义

固定资产减值是指固定资产发生损坏、技术陈旧或其他原因，导致其可收回金额低于其账面价值，这种情况被称为固定资产价值减值。按照《企业会计准则第8号——资产减值》的规定，企业应当定期或者至少于每年年度终了对各项资产进行全面检查，当判断固定资产的可收回金额小于其账面价值时，按差额计提固定资产减值准备，且按单项资产计提。

二、固定资产减值的判断

(一) 固定资产减值的判断条件

企业应当在资产负债表日对固定资产进行检查,若固定资产存在下列迹象,则表明资产可能发生了减值:

(1) 固定资产市价当期大幅度下跌,其跌幅明显高于因时间的推移或者正常使用而预计的下跌。

(2) 企业经营所处的经济、技术或者法律等环境以及固定资产所处的市场在当期或者将在近期发生重大变化,从而对企业产生不利影响。

(3) 市场利率或者其他市场投资报酬率在当期已经提高,从而影响企业计算固定资产预计未来现金流量现值的折现率,导致固定资产可收回金额大幅度降低。

(4) 有证据表明固定资产已经陈旧过时或者其实体已经损坏。

(5) 固定资产已经或者将被闲置、终止使用或者计划提前处置。

(6) 企业内部报告的证据表明固定资产的经济绩效已经低于或者将低于预期,如固定资产所创造的净现金流量或者实现的营业利润(或者亏损)远远低于(或者高于)预计金额等。

(7) 其他表明固定资产可能已经发生减值的迹象。

(二) 固定资产减值的确定

当固定资产出现了减值迹象之后,应当比较固定资产的账面价值与其可收回金额,当可收回金额低于其账面价值时,其差额即为应计提固定资产减值的金额。

固定资产的账面价值为固定资产原值扣除已经计提的累计折旧和减值准备之后的余额。可收回金额为该项固定资产的销售净价与预计其带来的未来现金流量现值之间较大的金额,该项固定资产的销售净价为该项固定资产的公允价值扣除预计销售过程中所发生的相关处置费用后的余额。

需要注意的是,固定资产损失一经确认,在以后会计期间不得转回,且减值资产的折旧应当在未来会计期间做相应的调整,在剩余使用年限内,重新计算每期的折旧额。

【例7-15】 东方公司于2019年12月31日发现,2018年9月购入的、原值64 000元的一项固定资产已经发生减值的迹象。该项固定资产预计使用年限为10年,预计净残值为4 000元,采用平均年限法计提折旧。东方公司确定该固定资产当前的公允价值为55 000元,处置费用为4 000元,预计未来现金流量的现值为50 000元,假设在此之前没有对该固定资产计提减值准备。

(1) 该固定资产的账面价值:

该固定资产2018年10月—2019年12月已计提的固定资产累计折旧及固定资产账面价值分别为:

$$累计折旧 = (64\,000 - 4\,000) \div 10 \times 15 \div 12 = 7\,500(元)$$

$$固定资产的账面价值 = 固定资产原值 - 已计提累计折旧 - 已计提资产减值准备$$
$$= 64\,000 - 7\,500 - 0$$
$$= 56\,500(元)$$

(2) 该项固定资产的可回收金额：

$$固定资产的预计销售净价 = 固定资产公允价值 - 处置费用$$
$$= 55\ 000 - 4\ 000$$
$$= 51\ 000(元)$$
$$固定资产预计未来现金流量现值 = 50\ 000(元)$$

由于 51 000（元）> 50 000（元），故该固定资产的可回收金额 = 51 000（元）。

(3) 比较该固定资产的账面价值与可回收金额：

因该固定资产的账面价值 56 500 元大于可回收金额 51 000 元，说明该固定资产发生了减值，并按其差额 56 500 - 51 000 = 5 500（元）计提减值准备。

三、固定资产减值的账务处理

当企业确定了应当计提的减值准备金额之后，则将应当确认的减值损失计入当期损益，同时确认相应的固定资产减值准备。账务处理过程如下：

(1) 固定资产发生减值时，按其差额处理：

借：资产减值损失——计提固定资产减值准备

　　贷：固定资产减值准备

(2) 固定资产减值损失一经确认，以后会计期间不得转回。

【例 7 - 16】 承上例，该公司在确认计提 5 500 元固定资产减值准备时，应作以下会计分录：

借：资产减值损失　　　　　　　　　　　　　　　　　　5 500

　　贷：固定资产减值准备　　　　　　　　　　　　　　　　　5 500

(3) 调整剩余年限的固定资产折旧。

$$固定资产账面金额 = 固定资产原值 - 累计折旧 - 固定资产减值准备$$
$$年折旧额 = (固定资产账面金额 - 预计净残值) \div 剩余使用年限$$

【例 7 - 17】 承 [例 7 - 15]，该公司截至 2019 年 12 月 31 日，已提折旧 7 500 元，已确认的固定资产减值准备 5 500 元。计算该固定资产在剩余使用年限内的年折旧额。

$$固定资产账面金额 = 固定资产原值 - 累计折旧 - 固定资产减值准备$$
$$= 64\ 000 - 7\ 500 - 5\ 500$$
$$= 51\ 000(元)$$
$$年折旧额 = (固定资产账面金额 - 预计净残值) \div 剩余使用年限$$
$$= (51\ 000 - 4\ 000)(元) \times 12(个月) \div 105(个月)$$
$$= 5\ 371.43(元)$$

账务处理：

借：制造费用（管理费用）　　　　　　　　　　　　　　5 371.43

　　贷：累计折旧　　　　　　　　　　　　　　　　　　　　5 371.43

第六节　固定资产处置

一、固定资产处置的概念

固定资产处置是指固定资产退出现有正常工作状态的各种情况，包括固定资产的出售、转让、报废、盘亏毁损、对外投资、对外捐赠、非货币性交易和债务重组等。处于处置状态的固定资产不再用于生产商品、提供劳务、出租或经营管理，因此不再符合固定资产的定义，应予终止确认。

二、固定资产处置的账务处理

固定资产处置时，会发生处置收入、清理费用与相关税费，会计上应将处置收入扣除账面价值、清理费用与相关税费后的余额计入当期损益，并应转销固定资产的账面价值。固定资产的处置，一般通过"固定资产清理"账户进行核算。其核算步骤为：

(1) 清理固定资产的账面价值，转入"固定资产清理"账户。

(2) 支付固定资产的清理费用及增值税。

(3) 核算处置收入，包括出售价款、残料价值及变价收入、保险或事故责任人的赔偿等。

(4) 结转固定资产清理的净损益。

(一) 固定资产出售

企业对多余闲置或不需用的固定资产，可以通过出售收回部分资金，并进行资源的优化配置。在会计实务中，出售固定资产的账务处理有以下内容：

(1) 转销固定资产的账面价值：

借：累计折旧
　　固定资产减值准备
　　固定资产清理
　贷：固定资产

(2) 出售固定资产的收入、变价收入、残料收回及责任赔偿：

借：银行存款
　　其他应收款
　　原材料
　贷：固定资产清理
　　　应交税费——应交增值税（销项税额）

(3) 处置过程中发生的清理费用：

借：固定资产清理
　　　应交税费——应交增值税（进项税额）
　贷：银行存款（库存现金）（等相关账户）

（4）结转固定资产清理的净损益：
若固定资产账面价值和支出的相关税费之和小于固定资产出售收入：
借：固定资产清理
　　贷：资产处置损益
若固定资产账面价值和支出的相关税费之和大于固定资产出售收入：
借：资产处置损益
　　贷：固定资产清理

【例 7 – 18】 东华公司将 2017 年购入的、现已不用的一台车辆出售，该汽车原值 160 000 元，已计提折旧 70 000 元，没有计提减值准备。售价 120 000 元，款项已收到并存入银行。另外，以现金支付清理及交易中介费用 600 元，增值税税率 13%。账务处理如下：

（1）转销固定资产价值：

借：累计折旧　　　　　　　　　　　　　　　　　　　　70 000
　　固定资产清理　　　　　　　　　　　　　　　　　　90 000
　　贷：固定资产　　　　　　　　　　　　　　　　　　　　160 000

（2）收到出售价款存入银行：

借：银行存款　　　　　　　　　　　　　　　　　　　　120 000
　　贷：固定资产清理　　　　　　　　　　　　　　　　　　120 000

（3）计算应交增值税：120 000 × 13% = 15 600（元）。

借：固定资产清理　　　　　　　　　　　　　　　　　　15 600
　　贷：应交税费——应交增值税（销项税额）　　　　　　15 600

（4）支付清理及中介交易费用：

借：固定资产清理　　　　　　　　　　　　　　　　　　600
　　应交税费——应交增值税（进项税额）　　　　　　　　78
　　贷：库存现金　　　　　　　　　　　　　　　　　　　　678

（5）结转固定资产清理的净损益：

净损益 = 120 000 – 90 000 – 15 600 – 550 = 13 800（元）

借：固定资产清理　　　　　　　　　　　　　　　　　　13 800
　　贷：资产处置损益　　　　　　　　　　　　　　　　　　13 800

（二）固定资产的报废和毁损

固定资产的报废和毁损按其原因可分为三种情况：

（1）固定资产使用期限已满，正常报废。
（2）由于科学技术水平的提高而发生的提前报废。
（3）由自然灾害的发生或管理不善等造成的固定资产毁损。

固定资产报废及毁损的账务处理，与出售固定资产相同，分三步：

（1）将固定资产转入清理。
（2）反映处理该固定资产过程中所发生的相关费用和收到的补偿或者残值变价收入。
（3）结转处置报废和毁损固定资产过程中的净损益。

【例 7 – 19】 东华公司的一台设备原值 50 000 元，预计使用 6 年，已使用 6 年，预计净残值 2 000 元；设备处置时实际变现 1 200 元，支付清理费用 2 800 元，均为现金结算，暂不考虑税费。有关业务及会计分录为：

（1）转销固定资产价值：

借：固定资产清理　　　　　　　　　　　　　　　　　2 000
　　累计折旧　　　　　　　　　　　　　　　　　　　48 000
　　贷：固定资产　　　　　　　　　　　　　　　　　50 000

（2）取得变现收入：

借：库存现金　　　　　　　　　　　　　　　　　　　1 200
　　贷：固定资产清理　　　　　　　　　　　　　　　　1 200

（3）支付清理费用：

借：固定资产清理　　　　　　　　　　　　　　　　　2 800
　　贷：库存现金　　　　　　　　　　　　　　　　　　2 800

（4）结转固定资产处置净损失 3 600 元（2 000 + 2 800 - 1 200）：

借：营业外支出　　　　　　　　　　　　　　　　　　3 600
　　贷：固定资产清理　　　　　　　　　　　　　　　　3 600

【例 7-20】 东华公司因遭遇水灾而毁损仓库一座，原值 4 000 000 元，已计提折旧 1 000 000 元，未计提减值准备。其残料估计价值 50 000 元，已办理入库。以现金支付清理费用 20 000 元。经保险公司核定应赔偿损失 1 500 000 元，尚未收到赔款。假定不考虑相关税费，东华公司有关业务及会计分录为：

（1）将毁损的仓库转入清理：

借：固定资产清理　　　　　　　　　　　　　　　3 000 000
　　累计折旧　　　　　　　　　　　　　　　　　1 000 000
　　贷：固定资产　　　　　　　　　　　　　　　4 000 000

（2）残料入库时：

借：原材料　　　　　　　　　　　　　　　　　　　50 000
　　贷：固定资产清理　　　　　　　　　　　　　　　50 000

（3）支付清理费用时：

借：固定资产清理　　　　　　　　　　　　　　　　20 000
　　贷：库存现金　　　　　　　　　　　　　　　　　20 000

（4）确定应由保险公司理赔的损失时：

借：其他应收款　　　　　　　　　　　　　　　　1 500 000
　　贷：固定资产清理　　　　　　　　　　　　　1 500 000

（5）结转毁损固定资产的净损失：

　　　　净损失 = 3 000 000 + 20 000 - 1 500 000 - 50 000 = 1 470 000（元）

借：营业外支出——非常损失　　　　　　　　　　1 470 000
　　贷：固定资产清理　　　　　　　　　　　　　1 470 000

（三）对外捐赠固定资产

企业对外捐赠而转出固定资产时，首先结转固定资产账面价值，然后确定捐赠固定资应交纳的税金，最后结清"固定资产清理"账户。账务处理如下：

(1) 结转捐赠固定资产的账面价值时：

借：累计折旧

　　固定资产减值准备

　　固定资产清理

　　贷：固定资产

(2) 捐赠过程中发生的相关税费：

借：固定资产清理

　　贷：应交税费——应交增值税（销项税额）

(3) 结转"固定资产清理"账户，并按照相同金额，计入营业外支出。

借：营业外支出

　　贷：固定资产清理

第七节　固定资产清查

为了保证固定资产的安全与完整和固定资产核算的真实性，企业应定期对固定资产进行实地盘点清查，每年至少一次，以做到固定资产账卡一致、账实相符。清查结束，应将清查结果填列"固定资产账存实存对比表"，作为调整固定资产账簿记录的原始依据。

一、固定资产盘盈的账务处理

当企业的盘点结果为盘点的实有数量大于账面数量时，称为"盘盈"。企业对财产清查中盘盈的固定资产，作前期差错处理。其账务处理过程如下：

(1) 发生盘盈，按管理权限报经批准处理以前：

借：固定资产

　　贷：以前年度损益调整

(2) 批准处理，按盘盈价值计提应交所得税，余额结转为留存收益：

借：以前年度损益调整

　　贷：应交税费——应交所得税

　　　　盈余公积——法定盈余公积

　　　　利润分配——未分配利润

【例 7-21】 2019 年 12 月 31 日，东华公司在财产清查过程中发现账外设备一台，同类设备当前的市场价格为 40 000 元，估计累计折旧 12 000 元。根据《企业会计准则第 28 号——会计政策、会计估计变更和差错更正》规定，该盘盈设备作为前期差错进行处理。假定东华公司按净利润的 10% 计提法定盈余公积，所得税率为 25%。其账务处理如下：

(1) 盘盈固定资产时：

借：固定资产　　　　　　　　　　　　　　　　　　　　　　　28 000

　　贷：以前年度损益调整　　　　　　　　　　　　　　　　　　　　28 000

(2) 批准处理，按盘盈价值计提应交所得税，余额结转为留存收益时：

$$应交所得税 = 28\,000 \times 25\% = 7\,000(元)$$
$$计提法定盈余公积 = (28\,000 - 7\,000) \times 10\%$$
$$= 2\,100(元)$$
$$未分配利润 = 28\,000 - 7\,000 - 2\,100 = 18\,900(元)$$

借：以前年度损益调整	28 000
贷：应交税费——应交所得税	7 000
盈余公积——法定盈余公积	2 100
利润分配——未分配利润	18 900

二、固定资产盘亏的账务处理

当企业的盘点结果为盘点实有数量小于账面数量时，称为"盘亏"。企业出现盘亏固定资产时，应分两步进行账务处理：

(1) 发现固定资产盘亏时，应根据"账存实存对比表"转销固定资产的账面价值：

借：待处理财产损溢——待处理固定资产损溢
  累计折旧
  固定资产减值准备
  贷：固定资产

(2) 根据批准处理，分责任赔偿及结转赔偿后的净损失：

借：其他应收款
  营业外支出
  贷：待处理财产损溢——待处理固定资产损溢

【例7-22】 2019年12月31日，东华公司在期末财产清查时发现短缺设备一台，该设备原值30 000元，已提折旧18 000元，已计提固定资产减值准备2 000元。经查，属于管理员责任，他应赔偿500元，其赔偿后的净损失计入营业外支出。有关业务的会计分录如下：

(1) 清理设备账面原值和已提折旧等：

借：累计折旧	18 000
固定资产减值准备	2 000
待处理财产损溢——待处理固定资产损溢	10 000
贷：固定资产	30 000

(2) 按规定程序批准转销时：

借：其他应收款——管理员	500
营业外支出	9 500
贷：待处理财产损溢——待处理固定资产损溢	10 000

思考题

1. 简述固定资产的特征及确认的条件。

2. 固定资产经济用途和使用情况是如何分类的？
3. 固定资产的取得方式有哪些？
4. 外购固定资产的初始成本构成有哪些？
5. 固定资产的折旧方法有哪些？其优缺点是什么？
6. 固定资产的后续支出有哪些？会计上如何处理？

练习题

1. 某企业一项固定资产原值为 100 000 元，预计使用 5 年，预计净残值为 2 000 元。
要求：采用年限法、双倍余额递减法和年数总和法计算各年的折旧率和折旧额。

2. 2019 年 10 月，A 公司购入不需要安装的新设备一台，该设备的价款为 200 000 元，增值税进项税额为 26 000 元，运输费 25 000 元，途中保险费 14 000 元。款项以银行存款支付。编制有关的会计分录。

3. 在财产清查中发现没有入账的设备一台，同类设备的市场价格为 20 000 元，该盘盈设备估计的折旧为 6 000 元。编制有关的会计分录。

4. 甲企业以一台设备对外投资，该设备的账面原价为 60 000 元，累计折旧 18 000 元，双方确定按该设备的账面净值作为入账价值，其他因素略。编制有关的会计分录。

5. 一台设备使用期满，不能继续使用，进行报废清理，该设备原价为 50 000 元，已提折旧 48 000 元，取得的残值收入为 1 000 元，支付清理费用 2 000 元，不考虑增值税。编制固定资产减少及清理净损益等有关的会计分录。

6. 甲企业自制设备一台，发生如下业务：
(1) 购入为工程准备的各种物资（含增值税）3 955 000 元，以银行存款支付；
(2) 自制设备领用工程物资 3 955 000 元；
(3) 支付工程人员工资 120 000 元，提取应付福利费 16 800 元；
(4) 企业生产车间为工程提供有关劳务支出（分配转入的制造费用）23 110 元；
(5) 以银行存款支付与工程有关的其他费用 94 355 元；
(6) 工程期间应负担的长期借款利息 370 411 元。工程完工交付使用。
要求：根据上述业务，编制有关的会计分录。

7. 某公司为一般纳税人。2019 年 8 月 3 日，购入一台需要安装的生产用机器设备，取得的增值税发票上注明的设备价款 39 000 000 元，增值税进项税额 5 070 000 元，支付的运输费 375 000 元，款项已通过银行存款支付；安装设备时，领用本公司原材料一批，价值 3 630 000 元，购进该批原材料时支付的增值税进项税额 471 900 元；领用本公司所生产的产品一批，成本 4 800 000 元，计税价格 5 000 000 元，增值税税率 13%，消费税税率 10%，应付安装工人薪酬 720 000 元。假定不考虑其他相关税费，2019 年 10 月 8 日达到预定可使用状态，预计使用年限 10 年，净残值 20 000 元，采用双倍余额递减法计算 2019 年的折旧额。
要求：编制 2019 年有关会计分录。

第八章

无形资产与投资性房地产

【本章知识要点提示】

通过本章的学习：理解无形资产与投资性房地产的概念、特征及范围；熟悉掌握无形资产的内容及入账价值的确定、无形资产的计量、投资性房地产的确认以及采用公允价值进行后续计量的条件、投资性房地产与非投资性房地产用途转换时的核算；掌握内部研发无形资产的核算，无形资产摊销、减值、出售或出租的核算，企业从不同的来源渠道取得无形资产的会计处理，投资性房地产采用公允价值进行后续计量时，期末计价与处置的会计处理。本章所包括的内容：无形资产和投资性房地产。

第一节 无形资产

一、无形资产的概念及特征

无形资产是指企业拥有或者控制的没有实物形态的可辨认非货币性资产，主要包括专利权、非专利技术、商标权、著作权、特许权、土地使用权等。无形资产与长期投资、固定资产一样，都属于企业的长期资产，它们都能够在超过一个经营周期的会计期间内为企业所控制或使用，并预期能为企业带来经济利益，因此会计报表上将其列入非流动资产项目。

（一）无形资产的特征

根据无形资产的定义，无形资产具有以下特征。

1. 无形资产由企业拥有或控制并能为其带来未来经济利益

通常情况下，企业拥有或控制的无形资产应当拥有其所有权并且预期能为企业带来未来经济利益。但在某些情况下，如果企业有权获得某项无形资产产生的未来经济利益，并能约束其他方获得这些经济利益，即使企业没有拥有其所有权，也可认为企业控制了该无形资产。例如，非专利技术本身不享受法律保护的所有权，但只要相关员工在签订了保密协议的情况下，能保证该技术不外泄，该技术所带来的经济利益能够唯一流入该企业，那么就说明该企业控制了相关利益，应将其确认为无形资产。

2. 无形资产没有实物形态

无形资产通常表现为某种权利、技术或获取超额利润的综合能力。它没有实物形态，却具有使用价值。它能提高企业的经济效益，或使企业获取超额收益。不具有实物形态是无形资产区别于其他资产的显著特征之一。

3. 无形资产具有可辨认性

无形资产要单独核算，它必须能与其他资产区别开来，可单独辨认。衡量无形资产的可辨认性，一般应具备下列条件之一：

（1）该资产能够从企业中分离或划分出来，并能单独出售或转让。有时某些无形资产还需要与有关合同一起用于出售、转让、租赁或者交换，这种情况也被视为可辨认的无形资产。

（2）该资产产生于合同性权利或其他法律权利，无论这些权利是否可以从企业或其他权利和义务中转移或分离。

4. 无形资产属于非货币性资产

无形资产属于非货币性资产，且不属于流动资产，是无形资产的又一特征。货币性资产也没有实物形态，比如应收款项、银行存款等，但它们往往在一年内变现或被耗用，所以属于流动资产。无形资产属于长期资产，主要是因为其能在多个会计期间为企业带来经济利益，其价值将在各个受益期间逐渐摊销。

（二）无形资产的内容

无形资产主要包括专利权、非专利技术、商标权、著作权、土地使用权、特许权等。

1. 专利权

专利权是指国家专利主管机关依法授予发明创造专利申请人对其发明创造在法定期限内享有的专有权利。《中华人民共和国专利法》规定，专利权人拥有的专利受国家法律的保护。

专利权按专利对象不同，可分为：发明专利权、实用新型专利权、外观设计专利权。

专利权具有：独占性和排他性、地域性、期限性。

专利申请人对专利权具有独立享有、占有、使用、收益和处置的权利，未经专利持有人许可，他人不得行使这些权利。某个国家批准的专利权，只在该国范围内有效，超越该国的范围就失去了效力。此外，专利权是一种有期限的财产权，规定的保护期届满以后，专利权自动终止。

《中华人民共和国专利法》规定，发明专利权有效期为 20 年，实用新型和外观设计专利权的有效期为 10 年。

2. 非专利技术

非专利技术也称专有技术、技术秘密或技术诀窍，是指企业生产经营中使用的先进的、未被公开的、未申请专利的但是能给持有人带来未来经济利益的知识和经验。

非专利技术一般包括：工业专有技术、商业专有技术、管理专有技术。

非专利技术的特征主要有：经济性、机密性、动态性。

非专利技术和专利权一样，也是一种先进的知识或技术，具有优越性和实用性，能够为企业带来未来经济利益。但与专利权不同的是，非专利技术不受法律保护，其保密性主要来自企业自身的保护，有时在技术贸易合同中也会做出相应的保密规定。从这方面来讲，非专利技术的安全性不如专利权。但是，专利权在法定有效期届满后即不受法律保护，任何人都可以采用；而非专利技术只要企业保密得当，就可以长期保持优势，为企业带来持久的经济效益；但一旦被泄露出去就失去了它的优越性。企业的非专利技术，有些是自己开发研究的，有些是根据合同规定从外部购入的。

3. 商标权

商标是商品或商业服务的标记，是商品生产者或经营者用以标明自己所生产或销售的商品，或商业服务者用以标明自己所提供的服务，区别于他人的商品或服务的标记。

商标权是指专门在某类指定的商品或产品上使用特定的名称、图案的权利。《中华人民共和国商标法》规定，经商标局核准注册的商标为注册商标，商标注册人享有商标专用权，受法律保护。商标权包括两方面内容：独占使用权和禁止权。

（1）独占使用权是指商标权享有人在商标注册的范围内独家使用其商标的权利。

（2）禁止权是指商标权享有人排除和禁止他人对商标独占使用权进行侵犯的权利。

商标可以转让，但受让人应当保证使用该注册商标的产品质量。商标注册的有效期为10年，有效期满需要继续使用的，应当在期满前6个月申请继续注册，每次延续注册的有效期为10年。

4. 著作权

著作权又称版权，是指作者对其著作依法享有的出版、发行等方面的专有权利。

著作权包括两方面的权利，即精神权利（人身权利）和经济权利（财产权利）。

（1）精神权利（人身权利）：作品署名、发表作品、确认作者身份、保护作品的完整性、修改已经发表的作品等权利，包括发表权、署名权、修改权和保护作品完整权。

（2）经济权利（财产权利）：以出版、表演、广播、展览、录制唱片、摄制影片等方式使用作品以及因授权他人使用作品而获得经济利益的权利。著作权可以转让、出售或赠予。

5. 土地使用权

土地使用权是指国家准许某一企业在一定期间内对国有土地享有开发、利用、经营的权利，即企业可依法获得在一定期限内使用国有土地的权利。根据我国土地管理法的规定，我国土地为国家所有，任何单位和个人只能拥有土地的使用权，而不能拥有土地的所有权。企业取得土地使用权，应将取得时发生的支出资本化，作为土地使用权的成本，计入"无形资产"科目核算。

6. 特许权

特许权又称经营特许权、专营权，是指企业获得在一定区域内经营或销售某种特定商品的权利或是一家企业接受另一家企业使用其商标、商号、技术秘密等的权利。

特许权分为两种：政府机关授权和企业授权。

（1）政府机关授权：由政府机关授权，准许企业使用或在一定地区享有经营某种业务的特权，如自来水、电力、邮电通信等专营权、烟草专卖权等。

（2）企业授权：企业间依照签订的合同，有限期或无限期使用另一家企业的某些权利。其包括专利使用权、非专利技术使用权、商标使用权等。

特许权的取得，一般是企业通过与授予方签订合同，并支付一定数额的费用来完成的，只有将这些支出资本化，取得的特许权才能形成企业的无形资产。

（三）无形资产的分类

为了更好地发挥无形资产的效能，科学地管理无形资产，需将无形资产按照一定的标准予以分类。

（1）无形资产按其来源分类，可分为：

①外部取得的无形资产。根据其取得的方式不同又可分为：购入的无形资产、投资转入的无形资产、通过非货币性交易换入的无形资产、接受捐赠的无形资产、债务重组取得的无形资产等。

②内部开发的无形资产。其是指企业内部自行研制开发，并经过申请或注册获得专有权利形成的无形资产，如专利权、商标权等。

（2）无形资产按是否可以辨认，可以分为：

①可辨认无形资产：可以从某个会计主体里分离出来，可以单独存在的无形资产，如专利权、商标权、土地使用权等。

②不可辨认无形资产：无特定的证据可以辨认，不能脱离特定的会计主体而单独存在的无形资产，如商誉等。

（3）无形资产按有无使用期限，可分为：

①有限期无形资产：法律或合同规定了使用期限的无形资产。这些无形资产在使用期限内受法律的保护，如专利权、商标权、著作权、特许权等。

②无限期无形资产：法律或合同没有规定使用期限的无形资产。这些无形资产使用期限的长短取决于科技发展的快慢和技术保密工作的好坏以及企业自身对其维护的程度如何等因素，如非专利技术、商誉等。

二、无形资产的确认

无形资产的确认是指将符合无形资产确认条件的要素项目，作为企业的无形资产加以记录并将其列入资产负债表的过程。《企业会计准则第6号——无形资产》规定，某项资产要确认为无形资产，首先必须符合无形资产的定义，其次还要满足以下两个条件：

（1）与该无形资产有关的经济利益很可能流入企业。

（2）该无形资产的成本能够可靠地计量。

（一）符合无形资产定义

企业能够控制该无形资产产生的经济利益。一般来说，如果企业有权获得某项无形资产产生的经济利益，同时又能约束其他人获得这些经济利益，则说明企业控制了该无形资产，或者说控制了该无形资产产生的经济利益。具体表现为企业拥有该无形资产的法定所有权，或企业与他人签订了协议，使得企业的相关权利受到法律的保护。

（二）与该无形资产有关的经济利益很可能流入企业

作为企业无形资产予以确认的项目，必须具备与该无形资产有关的经济利益很可能流入企业这项基本条件，这里的"很可能"，一般是指超过50%的可能性。在实务中，要确定无形资产创造的经济利益是否很可能流入企业，需要一定的职业判断。企业高层管理人员必须对企业能否形成超额利润、该超额利润能否流入企业作出稳健的判断。

（三）该无形资产的成本能够可靠地计量

成本能够可靠地计量，是无形资产确认的一项必要条件。在现行的财务会计模式下，为了追求会计信息的可靠性，资产的取得是按照实际成本入账的，因而资产的实际成本应能准确计量，会计上才能进行核算。

三、无形资产的初始计量

为了核算与监督无形资产的价值及其变动情况，一般需设置"无形资产"账户。该账户的借方登记取得各种无形资产的实际成本，贷方登记无形资产的摊销以及转让和对外投资的无形资产的实际成本，期末借方余额反映尚未摊销的无形资产的价值。无形资产取得时的实际成本应按以下方法进行初始计量。

（一）外购的无形资产初始计量

外购无形资产应根据购入过程所发生的全部支出作为实际成本，包括买价、相关税费以及直接归属于使该项无形资产达到预定用途所发生的一切必要支出。

【例8-1】 东华公司购入一项专利，专利转让费用为300 000元，发生的手续费为10 000元，增值税税率为13%，款项已从开户银行划转。东华公司应作如下会计分录：

借：无形资产——专利权　　　　　　　　　　　　　　　　　310 000
　　应交税费——应交增值税（进项税额）　　　　　　　　　 39 000
　　贷：银行存款　　　　　　　　　　　　　　　　　　　　349 000

（二）投资者投入的无形资产的初始计量

投资者投入的无形资产，应以投资合同或协议约定的价值作为无形资产的入账价值。

【例8-2】 东华公司接受A企业以其拥有的商标权进行的投资，投资各方确认的价值为400 000元，已办妥相关手续。东华公司应作如下会计分录：

借：无形资产——商标权　　　　　　　　　　　　　　　　　400 000
　　贷：实收资本（股本）——A企业　　　　　　　　　　　 400 000

（三）接受捐赠无形资产的初始计量

接受捐赠的无形资产，如果捐赠方提供了有关凭据，则按照凭据上注明的金额加上应支付的相关税费，作为实际成本；如果捐赠方未提供有关凭据，则按照下列顺序确定其实际成本：

（1）同类或类似无形资产存在活跃市场的，将同类或类似无形资产的市场价格估计的金额，加上应支付的相关税费作为实际成本。

(2) 同类或类似无形资产不存在活跃市场的,将该接受捐赠的无形资产的预计未来现金流量的现值作为实际成本。

【例 8-3】 东华公司接受外单位捐赠的一套计算机管理软件,捐赠方所捐软件系外购的,价款为 200 000 元;捐赠过程中,东华公司通过银行存款支付相关费用为 5 000 元。东华公司应编制如下会计分录:

借:无形资产　　　　　　　　　　　　　　　　　205 000
　　贷:营业外收入　　　　　　　　　　　　　　　　200 000
　　　　银行存款　　　　　　　　　　　　　　　　　　5 000

(四) 自行研发无形资产的初始计量

研发支出是指企业内部研究开发项目的支出。根据《企业会计准则第 6 号——无形资产》的规定,企业内部研究开发项目的支出,应当区分研究阶段支出与开发阶段支出。

1. 研究阶段

研究阶段是指为获取新的技术和知识等进行的一些基础工作,如收集资料、市场调研,并进行一些探索性活动,为进一步的开发活动做准备。研究阶段的特点,一是计划性;二是探索性。从研究活动的特点看,能否在未来形成成果,也即通过后面阶段的开发能否形成无形资产,具有很大的不确定性。因此企业在研究阶段发生的支出,予以费用化处理,确认为当期损益,计入"管理费用"科目。

2. 开发阶段

开发阶段是指在进行商业性生产或使用前,将研究成果或其他知识应用于某项计划或设计,以生产出新的或具有实质性改进的材料、装置、产品等。开发阶段的特点是:对项目的开发具有针对性,且形成成果的可能性较大。相对于研究阶段来说,进入开发阶段,则在很大程度上形成一项新产品或新技术的基本条件已经具备,此时如果企业能够满足无形资产的定义及相关确认条件,所发生的开发支出就可予以资本化,计入无形资产成本。符合资本化条件的支出,计入无形资产成本;不符合资本化条件的支出予以费用化,确认为当期损益,计入"管理费用"科目。

另外,自行研发并按法律程序申请取得的无形资产,取得时发生的注册费、聘请律师费等费用,也计入无形资产的实际成本中。

3. 开发支出资本化应符合的条件

(1) 完成该项无形资产以使其能够使用或出售在技术上具有可行性。
(2) 具有完成该无形资产并使用或出售的意图。
(3) 无形资产产生未来经济利益的方式,包括能够证明运用该无形资产生产的产品存在市场或无形资产自身存在市场,如果无形资产将在内部使用,应当证明其有用性。
(4) 有足够的基础、财务资源和其他资源支持以完成该无形资产的开发,并有能力使用或出售该无形资产。
(5) 归属于无形资产开发阶段的支出能够可靠计量。

【例 8-4】 东华公司开发的某一项专利技术已经取得成功,已知开发过程中共发生材料费为 400 000 元;人工费为 150 000 元;其他费用为 50 000 元,以银行存款支付;总计开发支出为 600 000 元。其中，符合资本化条件的有 250 000 元。公司按法定程序申请了专利，发生的注册费和律师费为 50 000 元，以银行存款支付。则东华公司账务处理如下（单位：元）：

(1) 发生开发成本时：

借：研发支出——资本化支出　　　　　　　　　　　　　　　　250 000
　　　　　　——费用化支出　　　　　　　　　　　　　　　　350 000
　　贷：原材料　　　　　　　　　　　　　　　　　　　　　　400 000
　　　　应付职工薪酬　　　　　　　　　　　　　　　　　　　150 000
　　　　银行存款　　　　　　　　　　　　　　　　　　　　　 50 000

(2) 依法取得该项专利权后：

无形资产的入账价值 = 资本化支出 + 注册费和律师费
= 250 000 + 50 000 = 300 000（元）

借：无形资产——专利权　　　　　　　　　　　　　　　　　　300 000
　　管理费用　　　　　　　　　　　　　　　　　　　　　　　350 000
　　贷：研发支出——资本化支出　　　　　　　　　　　　　　250 000
　　　　　　　——费用化支出　　　　　　　　　　　　　　　350 000
　　　　银行存款　　　　　　　　　　　　　　　　　　　　　 50 000

【例 8-5】 2019 年 1 月 1 日，东华公司董事会批准研发某项新型技术，该公司董事会认为，研发该项目具有可靠的技术和财务等资源的支持，并且一旦研发成功，就可降低该公司的生产成本。该公司在研究开发过程中发生的材料费用为 6 000 000 元、人工费用为 3 000 000 元、使用其他无形资产的摊销费用为 500 000 元以及其他费用为 2 000 000 元，总计为 11 500 000 元，其中，符合资本化条件的支出为 5 000 000 元。2019 年 12 月 31 日，该项新型技术已经达到预定用途。则东华公司账务处理如下（单位：元）：

(1) 发生研发支出：

借：研发支出——费用化支出　　　　　　　　　　　　　　　6 500 000
　　　　　　——资本化支出　　　　　　　　　　　　　　　5 000 000
　　贷：原材料　　　　　　　　　　　　　　　　　　　　　6 000 000
　　　　应付职工薪酬　　　　　　　　　　　　　　　　　　3 000 000
　　　　银行存款　　　　　　　　　　　　　　　　　　　　2 000 000
　　　　累计摊销　　　　　　　　　　　　　　　　　　　　　500 000

(2) 2019 年 12 月 31 日，该项新型技术已经达到预定用途：

借：管理费用　　　　　　　　　　　　　　　　　　　　　　6 500 000
　　无形资产　　　　　　　　　　　　　　　　　　　　　　5 000 000
　　贷：研发支出——费用化支出　　　　　　　　　　　　　6 500 000
　　　　　　　——资本化支出　　　　　　　　　　　　　　5 000 000

四、无形资产摊销

无形资产摊销是指将无形资产的价值在使用寿命内，分期摊入各收益期间的过程。无形资产属于企业的长期资产，能够在较长时间内为企业带来经济利益。企业应当于取得无形资产时分析判断其使用寿命。无形资产的使用寿命有确定和不确定之分。使用寿命确定的（有限的）无形资产，其应摊销金额应在预计使用年限内分期摊销，计入损益。使用寿命不确定的无形资产，其价值不予摊销，只计减值。

（一）无形资产摊销期限的确定

使用寿命有限的无形资产，应当自取得当月起在预计使用年限内分期摊销，计入损益。无形资产的摊销年限按如下原则确定：

（1）来源于合同性权利或其他法律权利的无形资产，其使用年限不应超过合同性权利或其他法律权利的期限，二者均规定了期限时，按二者中的较低者作为摊销期限。

（2）合同性权利或其他法律权利在到期时因续约等延续，且有证据表明企业续约不需要付出大额成本的，续约期应当计入使用寿命。

（3）合同或法律都没有规定使用寿命的，企业应当综合各方面因素判断，以确定无形资产能为企业带来经济利益的期限。

（4）按照上述方法，仍无法合理确定无形资产为企业带来经济利益期限的，则将该无形资产作为使用寿命不确定的无形资产。

（二）使用寿命有限的无形资产的摊销

使用寿命有限的无形资产，应在其预计使用年限内采用系统合理的方法对应摊销金额进行摊销。其中，应摊销金额是指无形资产的成本扣除残值后的金额。对无形资产价值摊销，需专门设置"累计摊销"账户核算，期末作为"无形资产"的备抵账户，同"无形资产减值准备"账户一起，抵减无形资产价值后进入资产负债表。

摊销期和摊销方法如下：

无形资产的摊销期，是自其可供使用时（即达到预定用途）开始到终止确认时止。具体讲，企业当月增加的无形资产，当月开始摊销；当月减少的无形资产，当月停止摊销。

无形资产的摊销存在多种方法，这些方法包括直线法、生产总量法等。某一种摊销方法一经确定，不得随意改变。

（1）无形资产摊销的直线法。其又称平均年限法，是将无形资产的应摊销金额均衡地分配于每个会计期间的一种方法。其计算公式如下：

无形资产年摊销额 =（无形资产成本 – 预计残值 – 已提减值准备）÷ 使用年限

月摊销额 = 年摊销额 ÷ 12

使用寿命有限的无形资产，一般没有残值。但有两种情况存在残值：一是如果有第三方承诺在无形资产使用寿命结束时购回无形资产，其回购价格即为残值；二是如果存在活跃市场，则可以根据活跃市场得到无形资产使用寿命结束时的残值信息，并且从目前情况看，在无形资产使用寿命结束时，该活跃市场还很可能存在时，无形资产可以有预计残值。

【例8-6】 2019年1月，东华公司以银行存款12 000 000元购入一项土地使用权（不考虑相关税费）。该土地使用权年限为20年。按月进行摊销。

该土地使用权每月摊销额 = 12 000 000 ÷ 20 ÷ 12 = 50 000（元）

东华公司账务处理如下：

取得该项无形资产时：

借：无形资产　　　　　　　　　　　　　　　　　　　　　　12 000 000
　　贷：银行存款　　　　　　　　　　　　　　　　　　　　　12 000 000
按月摊销无形资产时：
借：管理费用　　　　　　　　　　　　　　　　　　　　　　　　50 000
　　贷：累计摊销　　　　　　　　　　　　　　　　　　　　　　　50 000

【例8-7】 2019年1月1日，东华公司将其自行开发完成的非专利技术出租给A公司，该非专利技术成本为3 600 000元，双方约定的租赁期限为10年。东华公司按月计提无形资产的摊销。

东华公司计提摊销的账务处理如下：

每月应提摊销额 = 3 600 000 ÷ 10 ÷ 12 = 30 000（元）

借：其他业务成本　　　　　　　　　　　　　　　　　　　　　　30 000
　　贷：累计摊销　　　　　　　　　　　　　　　　　　　　　　　30 000

（2）产量法。其是指以无形资产在整个使用期间所提供的产量为基础来计算应摊销额的一种方法。它是以每单位产量耗费的无形资产价值相等为前提的。其计算公式如下：

每单位产量摊销额 =（无形资产成本 - 预计残值）÷ 生产总量

每期无形资产摊销额 = 每单位产量摊销额 × 该期实际完成产量

【例8-8】 2019年4月，东华公司与乙公司签订了一份协议。依据协议，东华公司取得一项特许权，即可以使用乙公司的配方生产某产品10 000件，特许权的取得成本为4 800 000元。4月份，东华公司使用该配方实际生产产品100件；5月份，东华公司使用该配方实际生产产品120件。东华公司4、5月份特许权摊销的账务处理如下：

每单位产量摊销额 = 4 800 000 ÷ 10 000 = 480（元）

4月份摊销额为

480 × 100 = 48 000（元）

借：生产成本　　　　　　　　　　　　　　　　　　　　　　　　48 000
　　贷：累计摊销　　　　　　　　　　　　　　　　　　　　　　　48 000

5月份摊销额为

480 × 120 = 57 600（元）

借：生产成本　　　　　　　　　　　　　　　　　　　　　　　　57 600
　　贷：累计摊销　　　　　　　　　　　　　　　　　　　　　　　57 600

（三）无形资产的减值

根据我国《企业会计准则第8号——资产减值》的规定，企业应定期对各项无形资产的账面价值进行检查，对预计可收回金额低于账面价值的，应当计提无形资产减值准备。在资产负债表中，无形资产项目应当按照减去无形资产减值准备后的净额反映。

对无形资产的减值核算，需要设置专门的科目"无形资产减值准备"。该科目作为"无形资产"的备抵账户，用以核算企业无形资产发生减值时计提的减值准备，一般期末余额在贷方，反映企业已计提但尚未转销的无形资产减值准备。该科目应按无形资产项目进行明细核算。无形资产减值准备的主要账务处理如下：

(1) 当确定无形资产发生减值时：
借：资产减值损失——计提无形资产减值准备
　　贷：无形资产减值准备
(2) 当处置无形资产时，应同时结转已计提的无形资产减值准备，并且无形资产减值准备一经确认，在以后会计期间不得转回。

【例 8-9】 东华公司 2019 年年末在对每项无形资产的账面价值进行检查时，发现一项专利权的可收回金额为 60 000 元，其账面价值为 80 000 元。东华公司应编制如下会计分录：

借：资产减值损失——计提的无形资产减值准备　　　　　　　　20 000
　　贷：无形资产减值准备　　　　　　　　　　　　　　　　　　　　20 000

接上例，该项无形资产的可收回金额恢复到 70 000 元。东华公司不作任何账务处理。

五、无形资产处置与报废

无形资产的处置与报废，主要是指无形资产出租、出售、对外投资或捐赠，或者是无形资产无法为企业带来未来经济利益时，予以转销并终止确认。

（一）无形资产出售

企业出售无形资产，表明企业放弃该无形资产的所有权，应将所取得的价款与该无形资产账面价值的差额作为资产处置利得或损失，确认为资产处置损益，计入当期损益。

当出售无形资产时，按实际收到的价款进行如下账务处理：

借：银行存款
　　累计摊销
　　无形资产减值准备
　　资产处置损益——处置非流动资产损失
　　贷：无形资产
　　　　应交税费——应交增值税（销项税额）
　　　　资产处置损益——处置非流动资产利得（等相关账户）。

【例 8-10】 东华企业出售一项商标权，所得价款为 1 200 000 元，应交增值税为 72 000 元（出售商标权的增值税税率为 6%）。该商标权成本为 3 000 000 元，出售时已摊销金额为 1 800 000 元，已计提的减值准备为 300 000 元。东华企业的账务处理为：

借：银行存款　　　　　　　　　　　　　　　　　　　　　　　　1 200 000
　　累计摊销　　　　　　　　　　　　　　　　　　　　　　　　1 800 000
　　无形资产减值准备——商标权　　　　　　　　　　　　　　　　300 000
　　贷：无形资产——商标权　　　　　　　　　　　　　　　　　　　　3 000 000
　　　　应交税费——应交增值税（销项税额）　　　　　　　　　　　　72 000
　　　　资产处置损益——处置非流动资产利得　　　　　　　　　　　　228 000

【例 8-11】 东华公司将拥有的一项专利权出售，价款为 300 000 元，应交增值税为 18 000 元，（出售专利权的增值税税率为 6%）。该专利权取得的成本为 485 000 元，已提累计摊销为 150 000 元。假定不考虑其他相关税费，东华公司应作会计分录如下：

借：银行存款	300 000
累计摊销	150 000
资产处置损益	53 000
贷：无形资产——专利权	485 000
应交税费——应交增值税（销项税额）	18 000

（二）无形资产出租

无形资产出租是指企业将所拥有的无形资产的使用权让渡给他人，并收取租金收入的经济行为。无形资产的出租收入应在符合以下条件时予以确认：

（1）与出租交易相关的经济利益能够流入企业。

（2）租金收入的金额能够可靠地计量。

同时，租金收入应按合同或协议规定计算确定。为确保收入与费用相配比，在确认租金收入的同时，还应确认相关费用。账务处理如下：

（1）出租无形资产取得租金收入时：

借：银行存款（等相关账户）
　贷：其他业务收入（不含增值税）
　　　应交税费——应交增值税（销项税额）

（2）发生与转让有关的各种税费支出时：

借：其他业务成本
　　税金及附加
　贷：银行存款
　　　应交税费——应交增值税（销项税额）（等相关账户）

（3）摊销出租无形资产的成本时：

借：其他业务成本
　贷：累计摊销

【例8-12】 2019年1月1日，东华公司将某商标权出租给乙公司使用，租期为4年，每年收取租金为150 000元，增值税税率为13%，甲公司在出租期间内不再使用该商标权。该商标权系东华公司2018年1月1日购入的，初始入账价值为1 800 000元，预计使用年限为15年，采用直线法摊销。假定不考虑其他税费并按年摊销。

甲公司的账务处理为：

（1）每年收取租金时：

借：银行存款	169 500
贷：其他业务收入——出租商标权	150 000
应交税费——应交增值税（销项税额）	19 500

（2）按年对该商标权进行摊销时：

每年应提的累计摊销额 = 1 800 000 ÷ 15 = 120 000(元)

借：其他业务成本——商标权摊销	120 000
贷：累计摊销	120 000

（三）无形资产报废

如果无形资产预期不能为企业带来未来经济利益，则不再符合无形资产的定义，如某项无形资产已被其他新技术所替代或超过法律保护期，应将其报废并予以注销。

注销的账务处理如下：

借：累计摊销

　　无形资产减值准备

　　营业外支出

　贷：无形资产

【例 8-13】 东华公司原有一项非专利技术，用其生产的产品已没有市场，决定予以注销。该项非专利技术实际成本为 8 000 000 元，注销时已累计摊销 4 400 000 元，计提减值准备 2 400 000 元，该项非专利技术的残值为 0。假定不考虑其他相关因素。

东华公司的账务处理为：

借：累计摊销　　　　　　　　　　　　　　　　　　　4 400 000

　　无形资产减值准备——非专利技术　　　　　　　　2 400 000

　　营业外支出——处置非流动资产损失　　　　　　　1 200 000

　贷：无形资产——非专利技术　　　　　　　　　　　8 000 000

第二节　投资性房地产

一、投资性房地产核算概述

根据我国《企业会计准则第 3 号——投资性房地产》的界定：投资性房地产是指为赚取租金或资本增值，或两者兼有而持有的房地产。投资性房地产应当能够单独计量和出售。

投资性房地产主要包括已出租的土地使用权、持有并准备增值后转让的土地使用权和已出租的建筑物。但不包括自用房地产和作为存货的房地产。

（一）投资性房地产的特征

（1）投资性房地产属于一种经营活动。

投资性房地产实质上属于一种让渡资产使用权行为，房地产租金是让渡资产使用权所取得的使用费收入，是企业为完成其经营目标所从事的经营性活动以及与之相关的其他活动形成的经济利益总流入。

（2）投资性房地产在用途、状态、目的等方面与自用房地产或用于销售的房地产存在差异。

企业持有的房地产除了用作自身管理、生产经营活动场所和对外销售之外，还出现了将房地产用于赚取租金或增值收益的活动，甚至是个别企业的主营业务。这就需要将投资性房地产单独作为一项资产核算和反映，从而更加清晰地反映企业所持有的房地产的构成情况和营利能力。

(3) 投资性房地产有两种后续计量模式。

企业通常采用成本模式对投资性房地产进行后续计量，只有在满足特定条件的情况下，即有确凿证据表明其所持有投资性房地产的公允价值能够持续可靠取得的，才可以采用公允价值模式进行后续计量。

（二）投资性房地产的范围

(1) 某项房地产部分用于赚取租金或资本增值，部分用于生产商品、提供劳务或经营管理，其中能够单独计量和出售的、用于赚取租金或资本增值的部分，应当确认为投资性房地产；不能够单独计量和出售的、用于赚取租金或资本增值的部分，不确认为投资性房地产。

(2) 企业将建筑物出租，按租赁协议向承租人提供的相关辅助服务在整个协议中不重大的，应当将该建筑物确认为投资性房地产。

(3) 企业拥有并自行经营的旅馆饭店，其经营目的主要是通过提供客房服务来赚取服务收入，则该旅馆饭店不确认为投资性房地产。

（三）投资性房地产的确认条件

将某个项目确认为投资性房地产，首先应当符合投资性房地产的概念，其次要满足下列条件：

(1) 与该投资性房地产有关的经济利益很可能流入企业。与投资性房地产有关的经济利益包括用于出租的房地产的租金收入，或者用于资本增值的房地产的增值收益。企业确定投资性房地产产生的经济利益是否很可能流入企业，需要进行职业判断，判断时需要考虑相关市场因素的变化。

(2) 该投资性房地产的成本能够可靠地计量。取得投资性房地产时，应当按实际成本进行计量。成本不能可靠计量，就无法予以确认。

二、投资性房地产的初始计量

投资性房地产应当按照成本进行初始计量，具体讲有以下几点。

（一）外购投资性房地产

外购投资性房地产的成本，包括购买价款、相关税费和可直接归属于该资产的其他支出。外购投资性房地产只有在购入的同时开始出租，才能作为投资性房地产来确认。

（二）自行建造投资性房地产

自行建造投资性房地产的成本，由建造该项资产达到预定可使用状态前所发生的必要支出构成。自行建造或开发活动完成后用于出租的房地产属于投资性房地产。

（三）以其他方式取得的投资性房地产

以其他方式取得的投资性房地产的成本，按照相关会计准则的规定确定。

企业在对投资性房地产进行核算时，应设置"投资性房地产"一级会计科目进行总分类核算，在该科目下，可按投资性房地产类别和项目进行明细核算。

三、投资性房地产的后续计量

根据我国《企业会计准则第 3 号——投资性房地产》规定,投资性房地产的后续计量采用两种计量模式:一是采用成本计量模式;二是采用公允价值计量模式。通常应当采用成本计量模式,满足特定条件的可以采用公允价值计量模式。但是,同一企业同时只能采用一种模式,不能同时采用两种模式,即企业对投资性房地产的计量模式一经确定,不得随意变更。

(一)成本计量模式及其账务处理

投资性房地产采用成本模式进行后续计量,也就是在资产负债表日,对投资性房地产按成本价来计量和反映。采用成本计量模式的投资性房地产要计提折旧或摊销。对计提折旧的投资性房地产,如投资性建筑物,企业要单独设置"投资性房地产累计折旧"科目进行核算;对进行摊销的投资性房地产,如投资性土地使用权,企业要单独设置"投资性房地产累计摊销"科目进行核算;采用成本计量模式的投资性房地产发生减值的,还要单独设置"投资性房地产减值准备"科目进行核算。

(1)外购或自建的投资性房地产,从出租日起,按成本价确定投资性房地产的账面价值。

借:投资性房地产
　　贷:银行存款(或在建工程、开发成本等相关账户)

(2)对投资性房地产,在每月末按照固定资产、无形资产的有关规定,计提折旧或进行摊销。会计分录如下:

借:其他业务成本
　　　主营业务成本
　　贷:投资性房地产累计折旧(摊销)

注:上述分录,房地产开发企业出租房地产属于主营业务之一,计入主营业务成本,而对于其他企业来说,出租房地产属于其他业务,计入其他业务成本。

(3)取得租金收入时:

借:银行存款
　　贷:其他业务收入(或:主营业务收入)

(4)会计期期末,投资性房地产存在减值迹象的,应按规定计提资产减值准备。

借:资产减值损失——计提的投资性房地产减值准备
　　贷:投资性房地产减值准备

【例 8 – 14】 东华公司 2019 年 11 月 1 日已将自行开发的写字楼在完工时直接出租给乙公司,租期 10 年,写字楼开发成本为 9 000 000 元。合同规定每年租金为 900 000 元,租金按月支付,每月末支付 75 000 元。东华公司规定每月按出租房原价的 0.5% 摊销写字楼的成本,每月应摊销 45 000 元,2019 年 12 月 31 日,进行减值测试时,估计减值 100 000 元,假设不考虑增值税。相关会计处理如下:

(1)在出租日(2019 年 11 月 1 日),东华公司已经作了如下会计分录:

借:投资性房地产——写字楼　　　　　　　　　　　　　　　9 000 000
　　贷:在建工程——房屋开发　　　　　　　　　　　　　　　　　9 000 000

(2) 自 2019 年 11 月 30 日起，东华公司每月末收取出租写字楼的租金 75 000 元：

借：银行存款　　　　　　　　　　　　　　　　　　　　　75 000
　　贷：其他业务收入——出租房产收入　　　　　　　　　　　　75 000

(3) 东华公司规定每月末摊销写字楼成本 45 000 元：

借：其他业务成本——出租房屋摊销　　　　　　　　　　　　45 000
　　贷：投资性房地产累计折旧　　　　　　　　　　　　　　　　45 000

(4) 本月所出租的写字楼发生维修费用 12 000 元，以银行存款支付：

借：其他业务成本——修理费　　　　　　　　　　　　　　　12 000
　　贷：银行存款　　　　　　　　　　　　　　　　　　　　　　12 000

(5) 发生减值，计提减值准备时：

借：资产减值损失　　　　　　　　　　　　　　　　　　　100 000
　　贷：投资性房地产减值准备　　　　　　　　　　　　　　　　100 000

（二）公允价值计量模式及其账务处理

企业采用公允价值对投资性房地产进行后续计量，必须存在确凿证据表明投资性房地产的公允价值能够持续可靠取得。采用公允价值计量模式的投资性房地产，应在"投资性房地产"一级会计科目下分别设置"成本"和"公允价值变动"账户进行明细核算。企业采用公允价值对投资性房地产进行后续计量，应同时满足下列条件：

(1) 投资性房地产所在地有活跃的房地产交易市场。

(2) 企业能够从活跃的房地产交易市场上取得同类或类似房地产的市场价格及其他相关信息，从而对投资性房地产的公允价值作出合理的估计。

采用公允价值模式进行后续计量的投资性房地产，相关账务处理如下：

(1) 对企业外购或自建的投资性房地产从出租日起，按成本价确定投资性房地产的入账价值。基本分录如下：

借：投资性房地产——成本
　　贷：银行存款
　　　　在建工程等

(2) 每月末不对投资性房地产计提折旧、摊销及减值准备。在资产负债表日，企业以公允价值为标准对投资性房地产的账面价值进行调整，公允价值与账面价值之间的差额计入当期损益（即计入"公允价值变动损益"）。

①公允价值高于账面价值的差额作如下会计分录：

借：投资性房地产——某房地产（公允价值变动）
　　贷：公允价值变动损益

②公允价值低于账面价值的差额作相反的会计分录：

借：公允价值变动损益
　　贷：投资性房地产——某房地产（公允价值变动）

③企业每期取得租金收入时：

借：银行存款
　　贷：其他业务收入（或主营业务收入）

【例 8-15】 东华公司 2018 年 11 月 1 日已将自行开发的写字楼在完工后直接出租给乙公司，租期为 10 年，写字楼开发成本为 9 000 000 元。合同规定每年租金为 900 000 元，租金按月支付，每月末支付 75 000 元。假定由于该栋写字楼地处商业繁华区，所在地有活跃的房地产交易市场，而且能够从房地产交易市场上取得同类房地产的市场报价，东华公司决定采用公允价值模式对该项出租的房地产进行后续计量。2018 年 12 月 31 日，该写字楼的公允价值为 9 300 000 元，2019 年 6 月 30 日，该写字楼的公允价值为 9 100 000 元。相关会计处理如下：

(1) 在出租日 (2018 年 11 月 1 日)，东华公司已经作了如下会计分录：
借：投资性房地产——写字楼（成本） 9 000 000
　　贷：开发成本——房屋开发（写字楼） 9 000 000

(2) 自 2018 年 11 月 30 日起，东华公司每月末收取出租写字楼的租金 75 000 元。每月末会计分录如下：
借：银行存款 75 000
　　贷：其他业务收入——出租房产收入 75 000

(3) 2018 年 12 月 31 日，该写字楼公允价值为 9 300 000 元，高于账面价值 300 000 元，会计分录如下：
借：投资性房地产——写字楼（公允价值变动） 300 000
　　贷：公允价值变动损益 300 000

按现行税法规定，公允价值变动损益在计算所得税时是不计入应纳税所得额的。待投资性房地产被处置以后，由该项投资性房地产产生的累计公允价值损益要全额转入"其他业务收入"账户。转入其他业务收入账户后要计入应纳税所得额，计算交纳所得税。

(4) 2019 年 6 月 30 日，该写字楼的公允价值为 9 100 000 元，低于账面价值 200 000 元。（此时的账面价值为 9 300 000 元）。会计分录如下：
借：公允价值变动损益 200 000
　　贷：投资性房地产——写字楼（公允价值变动） 200 000

四、投资性房地产的转换

(一) 投资性房地产的转换条件

企业有确凿证据表明房地产用途发生改变，满足下列条件之一的，应当将投资性房地产转换为其他资产或者将其他资产转换为投资性房地产：
(1) 投资性房地产开始自用。
(2) 作为存货的房地产改为出租。
(3) 自用土地停止自用，用于赚取租金或资本增值。
(4) 自用建筑物停止自用，改为出租。

(二) 投资性房地产转换的账务处理

1. 成本模式计量的转换

在成本模式计量情况下，应当将房地产转换前的账面价值作为转换后的入账价值。

(1) 如果是将自用房地产转换为投资性房地产，账务处理如下：
借：投资性房地产——成本
　　累计折旧（累计摊销）
　　固定资产（无形资产）减值准备
　贷：固定资产（无形资产）
　　　投资性房地产累计折旧（累计摊销）
　　　投资性房地产减值准备
(2) 如果是将投资性房地产转换为自用房地产，账务处理如下：
借：固定资产（无形资产）
　　投资性房地产累计折旧（累计摊销）
　　投资性房地产减值准备
　贷：投资性房地产——成本
　　　累计折旧（累计摊销）
　　　固定资产（无形资产）减值准备

【例8-16】 2019年8月1日，东华公司将出租在外的厂房收回，开始用于本公司生产商品。该项房地产账面价值为37 650 000元，其中，原价50 000 000元，累计已提折旧12 350 000元。假设东华公司采用成本计量模式，其账务处理如下：

借：固定资产　　　　　　　　　　　　　　　　　　　　50 000 000
　　投资性房地产累计折旧（摊销）　　　　　　　　　　12 350 000
　贷：投资性房地产　　　　　　　　　　　　　　　　　　　50 000 000
　　　累计折旧　　　　　　　　　　　　　　　　　　　　　12 350 000

2. 公允价值模式计量的投资性房地产转换为自用房地产

公允价值模式计量的投资性房地产转换为自用房地产时，应当以其转换当日的公允价值作为自用房地产的账面价值，公允价值与原账面价值的差额计入当期损益。

借：固定资产（无形资产）（公允价值）
　贷：投资性房地产——成本
　　　　　　　　　　——公允价值变动（或借记）
　　　公允价值变动损益（或借记）

【例8-17】 东华公司于2019年1月30日，将采用公允价值模式计量的投资性房地产建筑物，转为行政管理部门用房。该建筑物在2018年12月31日的成本为19 000 000元，公允价值为20 000 000元。2019年1月30日的公允价值为20 700 000元，假设，转换日该建筑物的可使用年限为15年，采用平均年限法计提折旧，无残值。

要求：(1) 编制东华公司2019年1月30日将投资性房地产转为自用的会计分录。
(2) 计算2019年计提折旧额并编制会计分录。
相关账务处理如下：
(1) 2018年12月31日，公允价值增加1 000 000元时：
借：投资性房地产——公允价值变动　　　　　　　　　　1 000 000
　贷：公允价值变动损益　　　　　　　　　　　　　　　　　1 000 000

(2) 2019 年 1 月 30 日，将投资性房地产转为自用时：
借：固定资产　　　　　　　　　　　　　　　　　　　　　　　20 700 000
　　贷：投资性房地产——成本　　　　　　　　　　　　　　　　　　　19 000 000
　　　　　　　　　　——公允价值变动　　　　　　　　　　　　　　　　1 000 000
　　　　公允价值变动损益　　　　　　　　　　　　　　　　　　　　　　700 000
(3) 从 2019 年 2 月开始，每月折旧 = 20 700 000 ÷ 15 ÷ 12 = 115 000（元）。
借：管理费用　　　　　　　　　　　　　　　　　　　　　　　　115 000
　　贷：累计折旧　　　　　　　　　　　　　　　　　　　　　　　　　115 000

3. 自用房地产转换为公允价值模式计量的投资性房地产

自用房地产转换为公允价值模式计量的投资性房地产时，投资性房地产按照转换当日的公允价值计价。

(1) 转换当日的公允价值小于原账面价值的，其差额计入当期损益：
借：投资性房地产——成本
　　累计折旧
　　公允价值变动损益
　　贷：固定资产
(2) 转换当日的公允价值大于原账面价值的，其差额计入所有者权益：
借：投资性房地产——成本
　　累计折旧
　　贷：固定资产
　　　　其他综合收益——公允价值变动

【例 8 - 18】 东华公司于 2019 年 7 月 8 日，将一栋办公楼改为出租用房，采用公允价值模式进行后续计量，租期为 2 年，租赁开始日为 2019 年 7 月 8 日。该办公楼原价为 60 000 000 元，累计折旧为 30 000 000 元，转换日的公允价值为 35 000 000 元。2019 年 12 月 31 日的公允价值为 35 500 000 元。东华公司有关的账务处理如下：

(1) 2019 年 7 月 8 日，将办公楼转换为投资性房地产时：
借：投资性房地产——成本　　　　　　　　　　　　　　　　　35 000 000
　　累计折旧　　　　　　　　　　　　　　　　　　　　　　　30 000 000
　　贷：固定资产　　　　　　　　　　　　　　　　　　　　　　　60 000 000
　　　　其他综合收益——公允价值变动　　　　　　　　　　　　　　5 000 000
(2) 2019 年 12 月 31 日的公允价值为 35 500 000 元，增值 500 000 元：
借：投资性房地产——公允价值变动　　　　　　　　　　　　　　500 000
　　贷：其他综合收益——公允价值变动　　　　　　　　　　　　　　500 000

上例中，如果转换日办公楼的公允价值为 28 000 000 元，则东华公司 2019 年 7 月 8 日的会计分录应为：
借：投资性房地产——成本　　　　　　　　　　　　　　　　　28 000 000
　　累计折旧　　　　　　　　　　　　　　　　　　　　　　　30 000 000
　　公允价值变动损益　　　　　　　　　　　　　　　　　　　2 000 000
　　贷：固定资产　　　　　　　　　　　　　　　　　　　　　　　60 000 000

五、投资性房地产的处置

当投资性房地产被处置，或者永久退出使用时，应当终止确认该项投资性房地产。

企业出售、转让、报废投资性房地产或者投资性房地产被毁损，应当将处置收入扣除其账面价值和相关税费后的金额计入当期损益。其中，收入和成本一般通过设置"其他业务收入""其他业务支出"科目进行核算。但报废和毁损应作为一种非经营活动来处理，其处置净损益应被看作利得或损失，通过"营业外收入"和"营业外支出"科目进行核算较为合理。

（一）采用成本计量模式处置投资性房地产的账务处理

（1）取得处置收入时：

借：银行存款
　　贷：其他业务收入

（2）结转处置的投资性房地产账面价值时：

借：投资性房地产累计折旧
　　投资性房地产减值准备
　　其他业务成本（借贷差额）
　贷：投资性房地产

【例 8-19】 东华企业 2019 年 3 月将一对外出租的厂房确认为投资性房地产，采用成本模式计量。租赁期满，东华公司将该厂房出售给长江公司，合同价款为 400 000 元。该厂房原值为 600 000 元，已提折旧 280 000 元，已提减值准备 100 000 元。出售时发生清理费用 10 000 元，以银行存款支付。假设不考虑相关税费。有关会计分录如下：

（1）取得处置收入时：

借：银行存款　　　　　　　　　　　　　　　　400 000
　　贷：其他业务收入　　　　　　　　　　　　　　400 000

（2）支付清理费用时：

借：其他业务成本　　　　　　　　　　　　　　　10 000
　　贷：银行存款　　　　　　　　　　　　　　　　10 000

（3）结转处置的投资性房地产账面价值时：

借：投资性房地产累计折旧　　　　　　　　　　　280 000
　　投资性房地产减值准备　　　　　　　　　　　　100 000
　　其他业务成本　　　　　　　　　　　　　　　　220 000
　　贷：投资性房地产——成本　　　　　　　　　　600 000

（二）采用公允价值模式处置投资性房地产的账务处理

（1）取得处置收入时：

借：银行存款
　　贷：其他业务收入

(2) 结转处置的投资性房地产账面价值时：
借：其他业务成本
　　投资性房地产——公允价值变动（公允价值变动跌价）
　　贷：投资性房地产——成本
　　　　投资性房地产——公允价值变动（公允价值变动升值）
(3) 结转公允价值变动损益升值：
借：公允价值变动损益
　　贷：其他业务收入
(4) 结转公允价值变动损益贬值：
借：其他业务成本
　　贷：公允价值变动损益
(5) 将原转换时计入其他综合收益的金额转入其他业务收入：
借：其他综合收益——公允价值变动
　　贷：其他业务收入

【例 8-20】 东华公司投资性房地产采用公允价值模式计量。2018 年 7 月 4 日，该公司购入一栋办公楼作为投资性房地产，付款 12 000 000 元。2018 年 12 月 31 日，该办公楼公允价值上升到 14 100 000 元，增值 2 100 000 元。2019 年 3 月 6 日，东华公司售出该办公楼，收款 15 000 000 元。有关会计分录如下：

(1) 2018 年 7 月 4 日，东华公司购入办公楼时：
借：投资性房地产——成本　　　　　　　　　　　　　12 000 000
　　贷：银行存款　　　　　　　　　　　　　　　　　　　　　　12 000 000

(2) 2018 年 12 月 31 日，办公楼公允价值上升时：
借：投资性房地产——公允价值变动　　　　　　　　　 2 100 000
　　贷：公允价值变动损益　　　　　　　　　　　　　　　　　　 2 100 000

(3) 2019 年 3 月 6 日，东华公司售出办公楼时：
借：银行存款　　　　　　　　　　　　　　　　　　　15 000 000
　　贷：其他业务收入　　　　　　　　　　　　　　　　　　　　15 000 000

(4) 结转处置的投资性房地产账面价值时：
借：其他业务成本　　　　　　　　　　　　　　　　　14 100 000
　　贷：投资性房地产——成本　　　　　　　　　　　　　　　　12 000 000
　　　　　　　　　　——公允价值变动　　　　　　　　　　　　 2 100 000

(5) 结转公允价值变动损益升值 2 100 000 元时：
借：公允价值变动损益　　　　　　　　　　　　　　　 2 100 000
　　贷：其他业务收入　　　　　　　　　　　　　　　　　　　　 2 100 000

思考题

1. 无形资产有哪些特征？

2. 无形资产包括的主要内容有哪些？
3. 无形资产的研究与开发费用是如何归集的？
4. 投资性房地产主要包括哪些？
5. 投资性房地产有哪些特征？
6. 投资性房地产的计量模式有哪两种？其不同点是什么？

练习题

1. 某企业将其一专利权的使用权转让给乙企业，取得转让收入 30 000 元，提供咨询服务等耗用材料 2 000 元，发生工资费用 3 000 元及其他费用 1 000 元，款项通过银行收付。

要求：编制相关会计分录。

2. 某企业转让一项专有技术的所有权，该专利技术的原值为 80 000 元，已计提累计摊销 20 000 元，已计提减值准备 3 000 元，转让收入为 70 000 元，增值税税率为 6%，款项均通过银行收付。

要求：编制相关会计分录。

3. 某公司 2015 年 1 月 1 日以银行存款 3 000 000 元购入一项专利权。该项无形资产的预计使用年限为 10 年，2018 年年末预计该项无形资产的可收回金额为 1 000 000 元。该公司 2016 年 1 月内部研发成功并可供使用非专利技术的无形资产账面价值 1 500 000 元，无法预见这一非专利技术为企业带来未来经济利益期限，2018 年年末预计其可收回金额为 1 300 000 元，预计该非专利技术可以继续使用 4 年，该企业按年摊销无形资产。

要求：计算 2018 年的计提准备和 2019 年的摊销金额，并编制会计分录。

4. 企业研究开发某专利技术，研究阶段共发生支出 5 000 000 元，开发阶段发生相关支出 10 000 000 元，其中包括满足无形资产确认条件的支出 8 000 000 元。

要求：计算该项专利权的入账价值及编制有关的会计分录。

5. 甲企业为从事房地产经营开发的企业。2019 年 8 月，甲企业与乙公司签订租赁协议，将该写字楼出租给乙公司，租期为 10 年。2019 年 10 月 1 日开发完成并开始起租。写字楼的造价为 20 000 000 元。年租金不含增值税为 600 000 元，增值税税率为 13%，按年收取。2019 年 12 月 31 日，其公允价值为 23 000 000 元。甲企业采用公允价值计量模式。

要求：编制 2019 年年末有关的会计分录。

6. A 公司将办公楼作为投资性房地产，出租给乙企业，采用成本模式计量。该办公楼成本为 10 000 000 元，按直线法计提折旧，使用寿命为 20 年，预计净残值为零。按租赁合同，乙企业每月支付给 A 公司租金 60 000 元，增值税税率为 13%，所收租金存入银行。当年 12 月，该办公楼发生减值，经检测，其可回收金额为 8 000 000 元，此时办公楼的账面价值为 9 000 000 元，以前未计提减值准备。要求：编制相关会计分录。

第九章 流动负债

【本章知识要点提示】

通过本章的学习：理解流动负债的确认和计量，流动负债的分类及计价方法，一般纳税人、小规模纳税人增值税核算的特点；熟悉应付职工薪酬的内容，债务重组的条件、方式及具体计量方法；掌握流动负债相关科目的运用，短期借款、应付账款、应付票据的会计处理，应交流转税的会计处理，应付职工薪酬的会计处理，不同债务重组方式下，债务人、债权人的会计处理。本章所包括的内容：流动负债概述、短期借款、应付账款、应付票据、应交税费、应付职工薪酬、预收账款及其他应付款。

第一节 流动负债概述

我国《企业会计准则——基本准则》中对负债的定义如下：负债是指企业在过去的交易或事项中形成的，预期会导致经济利益流出企业的现时义务。其中，现时义务是指企业在现行条件下已承担的义务。未来发生的交易或者事项形成的义务，不属于现时义务，不应当确认为负债。企业的负债按其清偿时间的长短不同，可分为流动负债和长期负债。

一、流动负债的概念及内容

流动负债是指将在1年或超过1年的一个营业周期内偿付的债务。作为流动负债，除了符合负债的定义外，还须同时具备以下两个条件：

(1) 偿还期限在1年内或超过1年的一个营业周期内。
(2) 到期必须用流动资产或新的流动负债偿付。

流动负债主要包括短期借款、应付账款、应付票据、应交税费、预收账款、应付职工薪酬、应付股利、应付利息、其他应付款及其他流动负债等。

二、流动负债的分类

流动负债的内容较多,为了进一步认识流动负债的性质,正确掌握其会计核算方法,需要按不同的标准对其进行合理的分类。

(一)按偿付金额是否确定分类

1. 偿付金额确定的流动负债

偿付金额确定的流动负债:在经济业务发生当时,按合同、契约或相关法律规定等,在负债到期日必须以确定金额偿付的流动负债,如应付账款、应付票据、短期借款、预收账款和应付职工薪酬等。

2. 偿付金额视经营情况而定的流动负债

偿付金额视经营情况而定的流动负债:根据企业一定期间内的经营情况才能确定偿付金额的流动负债,如应交税费、应付股利及与企业经济效益挂钩的应付职工薪酬等。

(二)按流动负债形成的原因分类

1. 经营活动产生的流动负债

经营活动产生的流动负债:企业在生产经营活动中所引起的流动负债,包括企业外部业务结算与内部往来所形成的流动负债。外部结算业务形成的流动负债主要有应付票据、应付账款、预收账款、应交税费等;内部往来形成的流动负债主要有应付职工薪酬等。

2. 收益分配形成的流动负债

收益分配形成的流动负债:企业根据实现的利润进行分配时所形成的流动负债,如应付利润或应付股利等。

3. 融资活动形成的流动负债

融资活动形成的流动负债:企业从银行或其他金融机构等筹集资金时所形成的流动负债,如短期借款、应付利息等。

三、流动负债的计价

企业的流动负债是过去的交易或事项形成的现时义务,该现时义务需要在将来以某种方式偿还,我国《企业会计制度》中规定,各项流动负债应当按其实际发生额计价,也就是按未来应付的金额计价。然而,在2019年财政部颁布的《企业会计准则第12号——债务重组》中规定,修改其他债务条件,债务人应当将修改其他债务条件后债务的公允价值作为重组后债务的入账价值。由此可见,流动负债的计价有两种:一是以未来应付的金额计价;二是以公允价值计价。至于哪些流动负债以未来应付金额计价,哪些流动负债以公允价值计价,要根据企业会计准则的具体规定确定。

第二节 短期借款

短期借款是指企业向银行或其他金融机构等借入的期限在1年以内(含1年)的各种

借款。短期借款一般是为了维持正常的生产经营所需而借入的资金或者为抵偿某项债务而借入的资金。短期借款到期，除了归还本金外，还应按借款本金和规定的利率归还借款利息。为了核算短期借款的取得及归还情况，会计上应设置"短期借款"账户进行总分类核算，一般按债权人名称及借款的种类进行明细核算，同时还应设置"应付利息"账户，核算按月计提、按期支付的借款利息。需要注意的是"短期借款"账户只核算本金，不核算利息。账务处理程序如下：

（1）企业借入短期借款时：
借：银行存款
　　贷：短期借款
（2）按月计息时：
借：财务费用
　　贷：应付利息
（3）按期或按月付息时：
借：财务费用
　　应付利息
　　贷：银行存款
（4）到期还本付息时：
借：短期借款
　　应付利息
　　贷：银行存款

【例9-1】 东华公司2019年7月1日，从银行取得100 000元的短期借款，借款期为9个月，到期还本付息，借款年利率为6%，有关账务处理如下：

（1）取得借款时：
借：银行存款　　　　　　　　　　　　　　　　　　　　　　　100 000
　　贷：短期借款　　　　　　　　　　　　　　　　　　　　　　100 000
（2）当年12月31日计提利息时：
借：财务费用（100 000×6%÷12×6）　　　　　　　　　　　　　3 000
　　贷：应付利息　　　　　　　　　　　　　　　　　　　　　　　3 000
（3）2020年4月1日到期还本付息时：
借：财务费用（100 000×6%÷12×3）　　　　　　　　　　　　　1 500
　　应付利息　　　　　　　　　　　　　　　　　　　　　　　　　3 000
　　短期借款　　　　　　　　　　　　　　　　　　　　　　　　100 000
　　贷：银行存款　　　　　　　　　　　　　　　　　　　　　　104 500

第三节　应付账款

应付账款是指因购买材料、商品或接受劳务供应等而发生的应付未付的流动债务。它是一种最常见、最普遍的流动负债。

一、应付账款的确认和计量

应付账款的确认是对应付账款的入账时间及入账金额的确认。在实际工作中,如果货物在收到发票后到达,一般是等货物验收入库后再根据发票金额登记应付账款。如果已到期末,已经收到发票,但仍未收到货物,为正确反映企业财务状况,应根据发票上的金额登记应付账款。

应付账款的计量,应根据我国《企业会计制度》中规定:包括应付账款在内的各项流动负债,应当按其实际发生额计价。但是,如果购货条件包括一定的现金折扣,则采用总价法进行处理,即应付账款按扣除现金折扣前的发票金额入账,如果在折扣期内付款享有现金折扣,则应视为理财收益,冲减财务费用。

二、应付账款的账务处理

对应付账款业务的核算,应设置"应付账款"总分类账户,并按供应单位名称设置明细账账户。其账务处理如下:

(1) 企业发生应付而未付的款项时,应根据验收单、购货发票等凭证处理:

借:原材料(材料采购)
　　库存商品
　　应交税费——应交增值税(进项税额)(等相关账户)
　贷:应付账款

(2) 偿还债务时:

借:应付账款
　贷:银行存款

(3) 以商业汇票支付应付账款时:

借:应付账款
　贷:应付票据

【例9-2】 东华公司2019年3月5日向甲公司购入A材料一批,增值税专用发票注明价款为45 000元,增值税额为5 850元。该材料已经验收入库,款项定于4月7日支付。账务处理如下:

(1) 3月5日赊购A材料时:

借:原材料——A材料	45 000
应交税费——应交增值税(进项税额)	5 850
贷:应付账款——甲公司	50 850

(2) 4月7日支付欠款时:

借:应付账款——甲公司	50 850
贷:银行存款	50 850

【例9-3】 假设上述购货时的现金折扣条件为2/10,n/30,则3月5日购货时的账务处理如下:

(1) 3月5日赊购A材料时：

借：原材料——A材料	45 000
应交税费——应交增值税（进项税额）	5 850
贷：应付账款——甲公司	50 850

(2) 在规定的10日折扣期内付款：

$$实际付款金额 = 50\ 850 \times (1 - 2\%) = 49\ 833(元)$$

借：应付账款——甲公司	50 850
贷：银行存款	49 833
财务费用	1 017

(3) 超过规定的折扣期付款：

借：应付账款——甲公司	50 850
贷：银行存款	50 850

应付账款到期不能按时付款，如果以承兑的票据抵偿，将应付账款的账面价值转为应付票据，借记"应付账款"账户，贷记"应付票据"账户。

三、应付账款的债务重组

（一）债务重组

债务重组是指在债务人发生财务困难的情况下，债权人按照其与债务人达成的协议或者法院的裁定做出让步的事项。让步是指债权人同意发生财务困难的债务人现在或者将来以低于重组债务账面价值的金额或价值偿还债务。

（二）债务重组方式

债务重组方式包括：

(1) 以资产清偿债务，包括现金及非现金清偿。
(2) 将债务转为资本。
(3) 修改其他债务条件，如减少债务资本、减少债务利息等，不包括上述（1）和（2）两种方式。
(4) 以上三种方式的组合等。

（三）债务重组的账务处理

1. 债务人以现金清偿债务

债务人以低于重组债务账面价值的现金清偿债务时，债务人应当将重组债务的账面价值与实际支付现金之间的差额，确认为债务重组利得，计入营业外收入。债权人则应确认为债务重组损失，计入营业外支出。

【例9-4】 东华公司欠乙公司货款共计45 000元。由于东华公司现金流量不足，短时间内不能偿还该笔款项。经协商，乙公司同意东华公司支付款项40 000元，其余款项豁免。东华公司当即以银行存款支付40 000元款项。重组日东华公司的账务处理如下：

(1) 东华公司应确认重组利得 = 45 000 - 40 000 = 5 000(元)

借：应付账款——乙公司 45 000
　　贷：银行存款 40 000
　　　　营业外收入——债务重组利得 5 000

(2) 假设重组日，乙公司为该笔"应收账款"计提坏账准备 1 000 元，则乙公司应确认重组损失 = 45 000 - 40 000 - 1 000 = 4 000（元），其账务处理为：

借：银行存款 40 000
　　坏账准备 1 000
　　营业外支出 4 000
　　贷：应收账款——东华公司 45 000

2. 债务人以非现金资产清偿债务

债务人应当将重组债务的账面价值与转让非现金资产公允价值之间的差额确认为债务重组利得，计入营业外收入。转让的非现金资产公允价值与其账面价值之间的差额，确认为资产转让损益，计入当期损益。

(1) 以股权清偿债务。

【例 9-5】 东华公司欠乙公司款项 60 000 元。经协商，东华公司以其持有的长期股权投资偿还，该长期股权投资的账面余额为 65 000 元，已经计提减值准备 6 000 元。该长期股权投资的公允价值 57 000 元。已经办理了有关手续。假定没有发生相关税费。

东华公司应确认重组利得 = 60 000 - 57 000 = 3 000（元），资产转让收益（损失）= 57 000 - (65 000 - 6 000) = -2 000（元），计入"投资收益"。

账务处理如下：

借：应付账款——乙公司 60 000
　　长期股权投资减值准备 6 000
　　投资收益 2 000
　　贷：长期股权投资 65 000
　　　　营业外收入——债务重组利得 3 000

(2) 以库存材料、产品抵偿债务。

债务人以库存材料、产品清偿债务，应视同销售进行会计处理。

【例 9-6】 东华公司欠乙企业购货款 75 000 元（价税合计）。债务已经到期，不能按时清偿。双方协商，东华公司以其生产的产品偿还债务，该产品的公允价值（售价）为 60 000 元，实际成本为 49 000 元，增值税税率为 13%。乙公司对该项应收账款计提了 1 500 元的坏账准备。其账务处理如下：

①东华公司账务处理：

借：应付账款——乙企业 75 000
　　贷：主营业务收入 60 000
　　　　应交税费——应交增值税（销项税额） 7 800
　　　　营业外收入——债务重组利得 7 200

同时，结转该库存商品成本：

借：主营业务成本 49 000
　　贷：库存商品 49 000
②乙公司账务处理：
借：库存商品 60 000
　　应交税费——应交增值税（进项税额） 7 800
　　坏账准备 1 500
　　营业外支出——债务重组损失 5 700
　　贷：应收账款——东华公司 75 000

（3）以固定资产清偿债务。

债务人以固定资产清偿债务，应将固定资产的公允价值与该项固定资产账面价值和清理费用的差额作为转让固定资产的损益处理。将固定资产公允价值与重组债务的账面价值的差额，作为债务重组利得。债权人收到的固定资产按公允价值计量。

【例9-7】　东华公司欠乙企业购货款共计120 000元。经双方协商，东华公司以其固定资产偿还债务，该固定资产的原价为120 000元，已经计提折旧15 000元，该固定资产已计提减值准备3 000元，增值税税率为13%（假设购入时的增值税进项税额可正常抵扣）。固定资产的公允价值为99 000元。固定资产已移交乙企业。

　　东华公司应计确认利得 = 120 000 - (99 000 + 99 000 × 13%) = 8 130(元)
　　转让资产收益(损失) = 99 000 - (120 000 - 15 000 - 3 000) = -3 000(元)

①东华公司账务处理：
清理固定资产时：
借：固定资产清理 102 000
　　累计折旧 15 000
　　固定资产减值准备 3 000
　　贷：固定资产 120 000
重组债务时：
借：应付账款——乙企业 120 000
　　资产处置损益——处置非流动资产损失 3 000
　　贷：固定资产清理 102 000
　　　　应交税费——应交增值税（销项税额） 12 870
　　　　营业外收入——债务重组利得 8 130
②乙公司账务处理：
　　债务重组损失 = 120 000 - (99 000 + 99 000 × 13%) = 8 130(元)
借：固定资产 99 000
　　应交税费——应交增值税（进项税额） 12 870
　　营业外支出——债务重组损失 8 130
　　贷：应收账款——东华公司 120 000

3. 将债务转为资本

债务人应当将债权人放弃债权而享有股份的面值总额确认为股本（或实收资本），将股份的公允价值总额与股本（或者实收资本）之间的差额确认为资本公积。将重组债务的账面价值与股份的公允价值之间的差额确认为债务重组利得，计入当期损益。

【例9-8】 东华公司应付乙企业账款的账面余额为250 000元，经双方协商，乙企业放弃应有的债权而转为东华公司的股东。乙企业放弃债权而享有东华公司股份数量为150 000股。假设普通股每股面值1元，其市场公允价值为1.5元（假定不考虑相关税费）。

（1）东华公司应确认的重组利得 = 250 000 - 1.5 × 150 000 = 25 000（元）

确认的股本溢价 = 1.5 × 150 000 - 150 000 = 75 000（元）

账务处理如下：

借：应付账款——乙企业	250 000
贷：股本	150 000
资本公积——资本溢价	75 000
营业外收入——债务重组利得	25 000

（2）乙公司的账务处理：

债务重组损失 = 250 000 - 150 000 × 1.5 = 25 000（元）

借：长期股权投资——东华公司	225 000
营业外支出——债务重组损失	25 000
贷：应收账款	250 000

4. 修改其他债务条件的债务重组

债务人应当将修改其他债务条件后债务的公允价值作为重组后新债务的入账价值。将重组债务的账面价值与重组后债务的入账价值之间的差额确认为债务重组的利得，计入营业外收入。

账面价值是指某账户的账面余额减去相关备抵项目后的净额，如应收账款的账面余额减去相应的坏账准备后的净额为账面价值。

账面余额是指某账户的账面实际余额，不扣除作为该账户备抵的项目（如累计折旧、相关资产的减值准备等）。

但在债务重组过程中，又因是否附加或有应付金额而分情况处理：

（1）不附加或有应付金额修改债务条件的债务重组。

不附加或有应付金额修改债务条件的债务重组，是指在债务重组中不存在或有事项的重组协议。在这种情况下，债务人应当将修改其他条件后债务的公允价值作为重组后债务的入账价值。将重组债务的账面价值与重组后债务的入账价值之间的差额确认为重组利得，计入营业外收入。

【例9-9】 东华公司于2017年12月31日应付乙公司账款65 400元，其中5 400元为累计应付未付利息，年利率为9%。由于东华公司现金流量不足，经双方协商，于2017年年末进行债务重组。乙公司同意将债务本金减至50 000元，并免去东华公司所积欠利息；将利率从9%降低至5%，并将债务延期至2019年12月31日，利息按年支付。东华公司与乙公司对该债务重组应进行如下账务处理：

1）东华公司账务处理：

①重组后债务的公允价值 = 重组后债务的入账价值
$$= 50\ 000 \times (1 + 5\% \times 2) = 55\ 000（元）$$
重组利得 = 65 400 − 55 000 = 10 400（元）

借：应付账款——乙公司	65 400
贷：应付账款——乙公司	55 000
营业外收入——债务重组利得	10 400

②2018年12月支付利息时：

借：应付账款——乙公司	2 500
贷：银行存款	2 500

③2019年12月31日偿还债务本金及利息时：

借：应付账款——乙公司	52 500
贷：银行存款	52 500

2）乙公司账务处理：

①债务重组损失 = 65 400 − 55 000 = 10 400（元）

借：应收账款——东华公司	55 000
营业外支出——债务重组损失	10 400
贷：应收账款——东华公司	65 400

②2018年12月收到利息时：

借：银行存款	2 500
贷：应收账款——东华公司	2 500

③2019年12月31日收到本金及剩余利息时：

借：银行存款	52 500
贷：应收账款——东华公司	52 500

（2）附加或有应付金额修改债务条件的债务重组。

附加或有应付金额修改债务条件的债务重组，是指应付金额需要根据未来某种事项的出现而发生的应付金额，而且该未来事项的出现具有不确定性。

修改债务条款后如果涉及或有应付金额，且该应付金额符合《企业会计准则第13号——或有事项》中有关预计负债确认条件的，则应将该或有应付金额确认为预计负债。重组债务的账面价值，与重组后债务的入账价值与预计负债金额之和的差额，被确认为债务重组利得，计入营业外收入。

【例9-10】 以［例9-9］为例，如果债务重组协议中规定：在延期付款期间，如果东华公司当年有盈利，应按5%计息；如果当年无盈利，则应按3%计息。其他重组事项仍和上例一致。

分析，根据或有事项确认预计负债的条件判断，或有应付金额5%的利息应确认为预计负债。按该重组规定，东华公司应进行如下账务处理：

1）东华公司未来应付金额 = 50 000 × (1 + 5% × 2) = 55 000（元），其中：

  或有支出 = 50 000 × (5% − 3%) × 2 = 2 000（元）

  东华公司应确认重组利得 = 65 400 − 55 000 = 10 400（元）

借：应付账款——乙企业　　　　　　　　　　　　　　　　65 400
　　贷：应付账款——乙企业　　　　　　　　　　　　　　　　55 000
　　　　营业外收入——债务重组利得　　　　　　　　　　　　10 400

2）2018年12月支付利息，如果该年有盈利，则应支付2 500元利息：

借：应付账款——乙企业　　　　　　　　　　　　　　　　 2 500
　　贷：银行存款　　　　　　　　　　　　　　　　　　　　 2 500

如果该年无盈利，则支付利息50 000 × 3% = 1 500（元）。或有支出 50 000 × (5% − 3%) = 1 000元没有发生。

借：应付账款——乙企业　　　　　　　　　　　　　　　　 1 500
　　贷：银行存款　　　　　　　　　　　　　　　　　　　　 1 500

3）2019年12月31日偿还本金及当年利息，假定该年也有盈利，则应偿还本息共计52 500元。

借：应付账款——乙企业　　　　　　　　　　　　　　　　52 500
　　贷：银行存款　　　　　　　　　　　　　　　　　　　　52 500

如果没有发生或有支出，在债务结算时，转为该期重组利得：

借：应付账款——乙企业　　　　　　　　　　　　　　　　 1 000
　　贷：营业外收入——债务重组利得　　　　　　　　　　　　 1 000

第四节　应付票据

应付票据是由出票人签发的，委托付款人在指定日期无条件支付确定的金额给收款人或持票人的票据。应付票据也是委托付款人允诺在一定时期内支付确定款额的延期付款书面证明。应付票据是在经济往来活动中由于采用商业汇票结算方式而产生的，由签发人签发、承兑人承兑的票据。

我国商业汇票的付款期最长不超过6个月，因此，将应付票据作为流动负债进行管理和核算。由真实交易而开出、承兑的商业汇票，在会计核算上设置"应付票据"账户，反映该项流动负债的现存义务。在我国会计实务中一般按照票据的面值作为记账依据。应付票据按是否带息分为带息应付票据和不带息应付票据两种。应付票据如为带息票据，其票据的面值就是票据的现值。由于我国使用的商业汇票期限较短，因此，通常在期末时，对尚未支付的应付票据计提利息，计入当期财务费用。不带息票据，其面值就是票据到期时的应付金额。

【例9-11】东华公司采用商业汇票方式购入一批原材料，根据有关发票账单，购入材料的实际成本为150 000元，增值税专用发票注明的增值税进项税额为19 500元。材料已验收入库。公司开出3个月期限的商业承兑汇票，并用银行存款支付运杂费1 500元。假定该公司采用实际成本进行核算。根据上述资料，东华公司应进行如下账务处理：

借：原材料　　　　　　　　　　　　　　　　　　　　　　　　151 500
　　应交税费——应交增值税（进项税额）　　　　　　　　　　19 500
　贷：应付票据　　　　　　　　　　　　　　　　　　　　　　169 500
　　　银行存款　　　　　　　　　　　　　　　　　　　　　　　1 500

若开出并承兑的商业汇票不能如期支付，则应在票据到期时，将"应付票据"账面价值转入"应付账款"账户：

借：应付票据
　贷：应付账款

如果银行承兑汇票到期，企业无力支付到期票款，则承兑银行除凭票向持票人无条件付款外，对出票人尚未支付的汇票金额转为逾期贷款处理，并按每天万分之五计收利息。

借：应付票据
　贷：短期借款

计收利息时（按短期借款利息的处理办法处理）：

借：财务费用
　贷：应付利息

第五节　应交税费

应交税费是企业在一定时期内取得的营业收入和实现的利润，要按照规定向国家交纳各种税费。这些应交的税费在尚未交纳之时暂时停留在企业，形成一定的流动负债。目前企业应交的各种税费主要有：

（1）流转税，包括增值税、消费税、关税等。
（2）所得税，是对企业应税所得额征收的一种税。
（3）财产与行为税，包括房产税、车船使用税、城市维护建设税、印花税、土地增值税、耕地占用税等。
（4）资源税，包括资源税、城镇土地使用税等。

本章主要介绍企业应交的增值税、消费税、城市维护建设税等税种。

一、应交增值税

增值税是对在我国境内销售货物、进口货物或提供加工、修理、修配劳务的增值部分征收的一种流转税。我国现在执行的是消费型增值税。

（一）增值税纳税人及应纳税额的计算

1. 增值税纳税人

增值税纳税人是指在我国境内销售货物、进口货物或提供加工、修理、修配劳务的单位和个人。

在实际工作中，增值税的纳税人分为一般纳税人和小规模纳税人两类。按税法规定，小规模纳税人是指从事货物生产或提供应税劳务，以及从事货物生产或提供应税劳务为主，并兼营货物批发或零售的纳税人，年应税销售额在100万元以下；从事货物批发或零售，年应税销售额在180万元以下的；应税销售额超过规定标准，但会计核算不健全，或虽符合一般纳税人条件但不能申请一般纳税人认定手续的。除此之外的其他增值税纳税人为一般纳税人。

按照《中华人民共和国增值税暂行条例》规定，企业购入货物或接受应税劳务支付的增值税（即进项税额），可以从销售货物或提供劳务按规定收取的增值税（即销项税额）中抵扣。按照规定，进项税额准予抵扣销项税额时，应注意以下几点：

(1) 增值税属于价外税。

税法下的增值税是以不含税的销售额及规定的增值税税率计算的，并与售价一起结算，应在"应交税费"账户中单独核算。对应税货物或劳务采用售价与销项税额合并定价的，应将含税销售额换算为不含税销售额，分别确认销售收入和销项税额。

(2) 进项税额抵扣应依据的凭证。

进项税额抵扣，必须以合法的扣税凭证为依据，包括增值税专用发票、进口货物的完税凭证、以及收购免税农产品的凭证等。可以抵扣的金额一般以凭证上注明的税额为准。购进免税农产品（或废旧物资），按照批准的收购凭证上注明的价款或收购金额和扣除率（农产品、废旧物资9%）计算出的进项税额准予抵扣。购进或销售应税货物所支付的运输费用，根据运费结算单据所列金额和9%的扣除率计算进项税额准予抵扣。企业申请抵扣的增值税专用发票，必须自开具之日起180日内到税务机关进行认证，通过认证的专用发票应在当月申请抵扣销项税额。否则，所发生的进项税额不予抵扣。

应注意的是，工业生产企业购进货物，必须在购进货物已经验收入库后，才能申报抵扣进项税额，对货物尚未到达或尚未验收入库的，其进项税额当期不予抵扣。商业企业购进货物，必须在付款或开出、承兑商业汇票后，才能申报抵扣进项税额。购进应交税劳务，必须在劳务费用支付后，才能申报抵扣进项税额。

2. 增值税税额的计算方法

(1) 一般纳税人应交纳增值税额计算。

一般纳税人应交纳增值税的计算采用扣税法，其计算公式为：

$$应交增值税 = 当期销项税额 - 当期准予抵扣的进项税额$$

当期应交的增值税当期无力支付，应转到"应交税费——未交增值税"账户，在以后会计期间交纳。如果当期销项税额小于进项税额，则其差额可以结转下期抵扣。

(2) 小规模纳税人应纳增值税的计算。

小规模纳税人采用销售额和应纳税额合并定价的方法，其应纳增值税额根据销售货物或提供应交税劳务按3%的征收率计算。其计算公式为：

$$应纳增值税额 = 不含税销售额 \times 征收率$$

$$不含税销售额 = 含税销售额 \div (1 + 征收率)$$

(二) 应交增值税核算的账户设置

为了正确反映增值税的计算及交纳情况，企业应设置"应交税费"账户，并下设"应交增值税""未交增值税""增值税留抵税额""预交增值税""待认证进项税额""待转销项税额"等二级明细账账户。

"应交增值税"明细账账户借方发生额反映企业购进货物或接受应税劳务应支付的进项税额、实际已交纳的增值税等;贷方发生额反映销售货物或提供应税劳务应交纳的增值税额、出口货物退税、转出已支付或应分担的增值税等;期末贷方余额反映企业尚未抵扣的增值税。其账户格式如表9-1所示。

表9-1 应交增值税明细账

略	借方					贷方					借或贷	余额
	合计	进项税额	已交税金	减免税款	出口抵内销产品应纳税额	转出未交增值税	合计	销项税额	出口退税	进项税转出	转出多交增值税		

(三)一般纳税人增值税的账务处理

1. 一般购销业务的账务处理

企业若为一般纳税人,企业销售货物或提供应税劳务可以开具增值税专用发票(或完税凭证或购进免税农产品凭证或外购货物支付的运输费用的结算单据),购入货物取得的增值税专用发票上注明的增值税可以抵扣销项税额。如果企业销售货物或提供应税劳务采用销售额和销项税额合并定价方法,则应先将含税销售额换算为不含税销售额,再按不含税销售额计算出销项税额。一般纳税企业在一般购销业务上的账务处理如下:

(1)购入货物时:

借:原材料(材料采购)

　　库存商品(等相关账户)

　　应交税费——应交增值税(进项税额)

　　贷:银行存款(或应付账款、应付票据)

(2)销售货物时:

借:银行存款(或应收票据、应收账款)

　　贷:主营业务收入

　　　　应交税费——应交增值税(销项税额)

同时,结转已售商品成本:

借:主营业务成本

　　贷:库存商品

【例9-12】 东华公司购入一批原材料,增值税专用发票上注明材料的价款为400 000元,增值税税率为13%,货款以银行存款支付,材料已验收入库。另外,该公司当月销售商品一批,销售价款为600 000元,账面价值为400 000元,增值税税率为13%,款项尚未收到。该公司的购销业务账务处理如下:

(1) 购进货物并验收入库：

借：原材料 400 000
    应交税费——应交增值税（进项税额） 52 000
  贷：银行存款 452 000

(2) 销售货物：

借：应收账款 678 000
  贷：主营业务收入 600 000
    应交税费——应交增值税（销项税额） 78 000

同时，结转销售成本：

借：主营业务成本 400 000
  贷：库存商品 400 000

2. 出口货物增值税的账务处理

按照增值税暂行条例规定，出口货物实行零税率（另有规定的除外），所以，一般纳税企业出口适用零税率的货物，向海关办理出口手续后，凭出口报关单等凭证，可以按月向税务机关申报办理该项出口货物的退税。由于出口货物实行零税率，出口货物在国内采购的进项税额应全部退还出口企业，但由于财政困难等原因，可能只退还企业一部分增值税，不予以退税的部分计入企业的销售成本。

【例 9-13】 东华公司 2019 年购入货物 1 500 000 元，增值税进项税额 195 000 元，款项全部支付，货物验收入库。当期将该货物出口销售 1/3，销售价格为 100 000 美元，期初汇率 1:8，款项尚未收到。按规定该货物出口退税率为 6%。东华公司应作如下账务处理：

(1) 购进货物时：

借：库存商品 1 500 000
    应交税费——应交增值税（进项税额） 195 000
  贷：银行存款 1 695 000

(2) 出口销售：

借：应收账款 800 000
  贷：主营业务收入 800 000

(3) 结转销售成本：

借：主营业务成本 500 000
  贷：库存商品 500 000

(4) 出口退税率为 6%，另外 7% 不予以退税，转入销售成本。

不予退税的进项税额 = 500 000 × 7% = 35 000(元)

借：主营业务成本 35 000
  贷：应交税费——应交增值税（进项税转出） 35 000

(5) 出口退税部分，企业有内销产品的，将退税部分抵顶内销产品应纳的增值税额。

出口退回的进项税额 = 500 000 × 6% = 30 000(元)

借：应交税费——应交增值税（出口抵内销产品应纳税额） 30 000
  贷：应交税费——应交增值税（出口退税） 30 000

如果当期出口销售部分超过当期全部销售额的 50%，且用以抵顶内销应纳税额大于内销产品应纳税额，那么经主管税务机关批准，未抵顶完的部分应予以实行退税。企业应作如下会计分录：

借：应收补贴款
  贷：应交税费——应交增值税（出口退税）

假定上项出口销售额占当期全部销售额的 50% 以上，而当期内销产品的应纳税额为 20 000 元，出口退税率为 6%（抵内销应纳税额为 30 000 元），则会计分录为：

借：应收补贴款   10 000
  应交税费——应交增值税（出口抵内销产品应纳税额） 20 000
  贷：应交税费——应交增值税（出口退税）   30 000

3. 购入免税农产品增值税的账务处理

按税法规定，对于购进的免税农产品、收购废旧物资等可以按买价（或收购金额）的 9% 扣除率计算计入当期的进项税额，剩余的买价（或收购金额）作为购进农产品的成本。

【例 9 – 14】 东华公司收购农业产品，实际支付价款 500 000 元，收购的农产品已验收入库。该农产品准予抵扣的进项税额按买价的 9% 计算。东华公司的账务处理如下：

借：原材料   455 000
  应交税费——应交增值税（进项税额）   45 000
  贷：银行存款   500 000

4. 不予抵扣项目增值税的账务处理

按照增值税暂行条例及其实施细则的规定，企业有些购进货物或接受应税劳务时所支付的进项税额不得从当期销项税额中扣除。不予抵扣的项目包括：

（1）用于非应税项目的购进货物或应税劳务。
（2）用于免税项目的购进物资或应税劳务。
（3）用于集体福利或个人消费的购进货物或应税劳务。
（4）非正常损失的购入货物。
（5）非正常损失的在产品、产成品所耗用的购进货物或应税劳务。

属于购入时即能确定其进项税额不能抵扣的，其增值税专用发票上注明的增值税额，计入所购货物或接受劳务的成本；而购入时，不能确定其进项税额是否可以抵扣的，其增值税专用发票上注明的增值税额先计入"应交税费——应交增值税（进项税额）"账户，如果这部分货物以后用于按规定不得抵扣的项目，再将已计入增值税的进项税额转出，计入有关成本费用予以承担，如转入"在建工程""应付职工薪酬""待处理财产损溢"等账户。

【例 9 – 15】 东华公司 2019 年 6 月购入一批材料，增值税专用发票上注明价款 50 000 元，增值税 6 500 元，材料验收入库，款项转账支付。其后该公司基建工程耗用 40 000 元，行政部门领用 10 000 元。账务处理如下：

（1）购入材料时：
借：原材料   50 000
  应交税费——应交增值税（进项税额）   6 500
  贷：银行存款   56 500

(2) 基建领用原材料时：

借：在建工程　　　　　　　　　　　　　　　　　　　　40 000
　　贷：原材料　　　　　　　　　　　　　　　　　　　　40 000

(3) 行政领用原材料时：

借：管理费用　　　　　　　　　　　　　　　　　　　　11 300
　　贷：原材料　　　　　　　　　　　　　　　　　　　　10 000
　　　　应交税费——应交增值税（进项税费转出）　　　　1 300

5. 视同销售业务增值税的账务处理

企业当期发生的不属于销售业务，但按增值税暂行条例实施细则的规定，应视同销售行为的，应计算交纳增值税。视同销售行为的包括：

(1) 将货物委托他人代销。

(2) 将自产或委托加工的货物用于非应税项目。

(3) 将自产、委托加工或购买的货物作为投资，提供给其他单位或个体经营者。

(4) 将自产、委托加工或购买的货物分配给股东或投资者。

(5) 将自产、委托加工的货物用于集体福利或个人消费。

【例 9-16】 东华公司以一批商品向 B 公司投资，该商品实际成本为 400 000 元，其计税价为 500 000 元，增值税税率为 13%。东华公司账务处理如下：

对外投资商品的销项税额 = 500 000 × 13% = 65 000（元）

借：长期股权投资　　　　　　　　　　　　　　　　　　565 000
　　贷：主营业务收入　　　　　　　　　　　　　　　　　500 000
　　　　应交税费——应交增值税（销项税额）　　　　　　65 000

同时，结转库存商品成本：

借：主营业务成本　　　　　　　　　　　　　　　　　　400 000
　　贷：库存商品　　　　　　　　　　　　　　　　　　　400 000

【例 9-17】 东华公司将自产的产品发放给职工个人消费，该产品的生产成本为 80 000 元，其售价为 90 000 元，该企业增值税税率为 13%，其账务处理如下：

借：应付职工薪酬——非货币性薪酬　　　　　　　　　　101 700
　　贷：主营业务收入　　　　　　　　　　　　　　　　　90 000
　　　　应交税费——应交增值税（销项税额）　　　　　　11 700

同时，结转库存商品成本：

借：主营业务成本　　　　　　　　　　　　　　　　　　80 000
　　贷：库存商品　　　　　　　　　　　　　　　　　　　80 000

6. 小规模纳税企业增值税的账务处理

根据增值税暂行条例规定，小规模纳税企业增值税核算的特点有：一是小规模纳税企业销售货物或提供应税劳务，一般情况下，只能开具普通发票，不能开具增值税专用发票；二是小规模纳税企业销售货物或提供应税劳务,实行简易办法计算应纳税额,按照销售额的3%计算应纳增值税;三是小规模纳税企业的销售额不包括其应纳的增值税额,采用销售额和应纳税额合并定价方法的,按照公式先将其还原为不含税销售额,再计算应纳税额。

在账务处理上,首先小规模纳税企业购入货物或接受劳务,无论是否取得增值税专用发票,其支付的进项税额不得从销项税额中抵扣,而计入购货或劳务的成本:

借:原材料(材料采购)
　　库存商品
　　劳务成本
　贷:银行存款(或应付账款、应付票据)

其次,小规模纳税企业的销售收入按不含税价格计算,增值税从销售收入中分离出来,计入"应交税费——应交增值税"账户中:

借:银行存款(应收账款等相关账户)
　贷:主营业务收入
　　　应交税费——应交增值税

【例 9 - 18】 东华公司为小规模纳税企业,本期购进货物,增值税专用发票注明价款为40 000元,增值税额为5 200元(征收率为3%),货物验收入库,款项已付;本期销售货物61 800元(含税价格),货款已收存银行。小规模纳税企业征收率为3%。账务处理如下:

(1)购入货物时:
借:原材料　　　　　　　　　　　　　　　　　　　　　　　　45 200
　贷:银行存款　　　　　　　　　　　　　　　　　　　　　　　45 200

(2)销售货物时:
$$不含税销售额 = 61\,800 \div (1 + 3\%) = 60\,000(元)$$
$$应交增值税 = 不含税销售额 \times 征收率 = 60\,000 \times 3\% = 1\,800(元)$$
借:银行存款　　　　　　　　　　　　　　　　　　　　　　　61 800
　贷:主营业务收入　　　　　　　　　　　　　　　　　　　　　60 000
　　　应交税费——应交增值税　　　　　　　　　　　　　　　　 1 800

(3)交纳增值税时:
借:应交税费——应交增值税　　　　　　　　　　　　　　　　　1 800
　贷:银行存款　　　　　　　　　　　　　　　　　　　　　　　 1 800

7. 交纳增值税的账务处理

为了反映一般纳税企业增值税的交纳和欠交情况,避免用以后各月进项税额抵扣以前各月应交未交增值税的情况,企业月份终了,从"应交税费——应交增值税"明细账账户转入当月"未交增值税"明细账账户,从而使应交增值税明细账账户的期末借方余额,反映企业尚未抵扣的进项增值税。账务处理如下:

(1)月末,计算企业当月应交未交的增值税时:
借:应交税费——应交增值税(转出未交增值税)
　贷:应交税费——未交增值税

(2) 下月初交纳增值税时：

借：应交税费——未交增值税

　贷：银行存款

(3) 当月预交增值税时：

借：应交税费——应交增值税（已交税金）

　贷：银行存款

(4) 月末，再将多交增值税转至"未交增值税"明细账账户：

借：应交税费——未交增值税

　贷：应交税费——应交增值税（转出多交增值税）

【例 9-19】 东华公司假定 9 月初没有待抵扣的进项税额。当月购进货物支付进项税额 150 000 元，当月销售货物收取销项税额 280 000 元，增值税的其他有关专栏没有发生额。月末以银行存款上交当月增值税 100 000 元。东华公司账务处理如下：

当月应交增值税 = 当月销项税额 - 当月进项税额

= 280 000 - 150 000 = 130 000（元）

(1) 实际上交当月增值税：

借：应交税费——应交增值税（已交税金）　　　　　　　　　　100 000

　贷：银行存款　　　　　　　　　　　　　　　　　　　　　　100 000

(2) 当月尚未交纳的增值税转出：

尚未交纳的增值税 = 130 000 - 100 000 = 30 000（元）

借：应交税费——应交增值税（转出未交增值税）　　　　　　　30 000

　贷：应交税费——未交增值税　　　　　　　　　　　　　　　30 000

假设东华公司 10 月以银行存款交纳增值税 80 000 元，其中包括以前各月欠交的 30 000 元，当月应交 50 000 元，则账务处理如下：

借：应交税费——应交增值税（已交税金）　　　　　　　　　　50 000

　　　　　　——未交增值税　　　　　　　　　　　　　　　　30 000

　贷：银行存款　　　　　　　　　　　　　　　　　　　　　　80 000

二、应交消费税

消费税是指在我国境内生产、委托加工和进口应税消费品的单位和个人，按其流转额而征收的一种税，主要包括烟、酒、饮料、高档次及高能耗的消费品，目的是调节消费结构，正确引导消费方向。

（一）消费税的计算

消费税只在生产、委托加工和进口环节实行单环节征税，除金银首饰外，批发及零售环节不征消费税。消费税的计算方法有从价定率、从量定额、从价从量复合计税三种。其计算公式如下：

从价定率应纳消费税 = 销售额 × 比例税率

从量定额应纳消费税 = 销售量 × 定额税率

从价从量应纳消费税 = 销售额 × 比例税率 + 销售量 × 定额税率

其中,应税消费品的销售额为不含增值税的销售额,销售量是指应税消费品的数量,属于生产应税消费品的,为销售量;属于自产自用应税消费品的,为移送使用量;属于委托加工应税消费品的,为收回的数量;属于进口应税消费品的,为海关核定的进口征税数量。

(二) 设置的账户

消费税属于价内税,生产应税消费品的企业按规定应交的消费税,在"应交税费"总账账户下设置"应交消费税"明细账账户进行核算,"应交消费税"明细账账户的借方发生额,反映企业实际交纳的消费税和待扣的消费税;贷方发生额反映企业按规定应交的消费税;期末贷方余额反映企业尚未交纳的消费税;期末借方余额反映企业多交或待扣的消费税。

(三) 应交消费税的账务处理

1. 企业销售应税消费品,应交纳的消费税的计算

借:税金及附加
  贷:应交税费——应交消费税

【例9-20】 东华公司2019年9月销售汽车一批,不含税销售额为200 000元,增值税税率为13%,收到商业承兑汇票一张,金额为226 000元。汽车的消费税税率为10%。东华公司对该笔经济业务应作如下账务处理:

$$销售产品的销项税额 = 200\ 000 \times 13\% = 26\ 000(元)$$
$$应交的消费税额 = 200\ 000 \times 10\% = 20\ 000(元)$$

(1) 收到商业汇票,确认销售收入时:

借:应收票据	226 000
贷:主营业务收入	200 000
应交税费——应交增值税(销项税额)	26 000

(2) 计算应交消费税时:

借:税金及附加	20 000
贷:应交税费——应交消费税	20 000

2. 委托加工应税消费品的账务处理

按照税法的规定,企业委托加工应税消费品,由受托方在向委托方交货时代收代缴税款。委托加工的应税消费品,委托方用于连续生产应税消费品的,所交纳的消费税按规定准予抵扣,计入"应交税费——应交消费税"账户。委托加工的应税消费品直接销售的,消费税计入委托加工成本,不再征收消费税。

【例9-21】 东华公司委托乙企业加工材料一批(属应税消费品)。原材料成本为20 000元,支付的加工费为7 000元(不含增值税),消费税税率为10%,材料加工完成并已验收入库,加工费用等已经支付。双方适用的增值税税率为13%。东华公司账务处理如下:

(1) 发出委托加工材料时:

借:委托加工物资	20 000
贷:原材料	20 000

(2) 支付加工费和相关税费时：
$$应交增值税额 = 7\ 000 \times 13\% = 910(元)$$
$$消费税组成计税价格 = (20\ 000 + 7\ 000) \div (1 - 10\%) = 30\ 000(元)$$
$$受托方代收代缴的消费税 = 30\ 000 \times 10\% = 3\ 000(元)$$

①收回加工后材料用于连续生产应税消费品时：

借：委托加工物资	7 000
应交税费——应交增值税	910
——应交消费税	3 000
贷：银行存款	10 910

收回委托加工物资时：

借：原材料	27 000
贷：委托加工物资	27 000

②收回加工后材料用于直接销售时：

借：委托加工物资	10 000
应交税费——应交增值税	910
贷：银行存款	10 910

收回委托加工物资时：

借：原材料	30 000
贷：委托加工物资	30 000

3. 进出口应税消费品业务的账务处理

需要交纳消费税的进口消费品，其交纳的消费税由海关代征，按照组成计税价格和规定税率计算。其组成计税价格、应纳税额的计算公式如下：

$$组成计税价格 = (关税完税价格 + 关税) \div (1 - 消费税税率)$$
$$应纳税额 = 组成计税价格 \times 消费税税率$$

或

$$应纳税额 = 应税消费品数量 \times 消费税税率$$

进口应税消费品应纳消费税额应计入该进口消费品的成本：

借：固定资产
　　原材料（等相关账户）
　贷：银行存款

免征消费税的出口应税消费品情况不同时分别进行账务处理：

(1) 属于生产企业直接出口应税消费品，或通过外贸企业出口应税消费品，按规定直接予以免税的，可以不计算应交消费税。

(2) 属于委托外贸企业代理出口应税消费品的生产企业，应在销售时先计算应交消费税，按应交消费税额处理：

借：应收补贴款
　贷：应交税费——应交消费税

在应税消费品出口后，收到外贸企业退回的税金：
借：银行存款
　　贷：应收补贴款
发生退关、退货而补交已退的消费税，则作相反的会计分录。

【例 9 - 22】 东华公司进口小汽车 10 辆，海关完税价格为 1 500 000 元，应纳的进口关税为 300 000 元，汽车适用的消费税税率为 5%，款项已转账支付。东华公司账务处理如下：

应纳消费税额 = (1 500 000 + 300 000) ÷ (1 - 5%) × 5% = 94 700(元)
应纳增值税额 = (1 500 000 + 300 000 + 94 700) × 13% = 246 311(元)

借：库存商品　　　　　　　　　　　　　　　　　　　　　1 894 700
　　应交税费——应交增值税（进项税额）　　　　　　　　　246 311
　　贷：银行存款　　　　　　　　　　　　　　　　　　　　2 141 011

【例 9 - 23】 东华公司将自制的应税消费品出口，售价折合人民币 120 000 元。货款尚未收到。其账务处理为：

借：应收账款　　　　　　　　　　　　　　　　　　　　　120 000
　　贷：主营业务收入　　　　　　　　　　　　　　　　　　120 000

【例 9 - 24】 东华公司委托外贸公司出口销售一批产品，该产品的售价总额为 200 000 元，消费税税率为 10%。产品出口后，收到外贸公司退税款 20 000 元。东华公司账务处理如下：

（1）出口销售时：
借：应收账款　　　　　　　　　　　　　　　　　　　　　200 000
　　贷：主营业务收入　　　　　　　　　　　　　　　　　　200 000
借：应收补贴款　　　　　　　　　　　　　　　　　　　　　20 000
　　贷：应交税费——应交消费税　　　　　　　　　　　　　20 000

（2）收到退税款：
借：银行存款　　　　　　　　　　　　　　　　　　　　　　20 000
　　贷：应收补贴款　　　　　　　　　　　　　　　　　　　20 000

（3）收到货款：
借：银行存款　　　　　　　　　　　　　　　　　　　　　200 000
　　贷：应收账款　　　　　　　　　　　　　　　　　　　　200 000

如果生产企业将产品销售给外贸企业，由外贸企业自营出口，由外贸企业代收代缴的消费税，生产企业应视同销售产品计算交纳消费税：

借：应交税费——应交消费税
　　贷：银行存款

三、其他税费

（一）应交城市维护建设税

城市维护建设税是一种附加税，它是根据应交增值税和消费税的税额计算交纳。计算公式如下：

应交城建税 = (当期交纳的增值税 + 消费税) × 适用税率

城市维护建设税的税率,按纳税人所在地不同,实行地区差别税率。具体分为三档:纳税人所在地为市区的,税率为7%;为县城、镇的,税率为5%;其余的,税率为1%。

在会计核算时,按规定计算应交城市维护建设税的账务处理如下:

借:税金及附加
　　贷:应交税费——应交城市维护建设税

(二) 应交资源税

资源税是国家对在我国境内开采矿产品或者生产盐的单位和个人,就其资源和开发条件差异而形成的级差收入征收的一种税。资源税按照应税产品的课税数量和规定的单位税额计算,其计算公式为:

$$应纳税额 = 课税数量 \times 单位税额$$

应交资源税的核算,在"应交税费"账户下设置"应交资源税"明细账账户。

(1) 销售应交税矿产品应交纳的资源税:

借:税金及附加
　　贷:应交税费——应交资源税

(2) 自产自用应交税矿产品,在领用时:

借:生产成本
　　制造费用
　　贷:应交税费——应交资源税

(3) 收购未交税矿产品,按收购未交税矿产品实际支付的收购款以及代扣代缴的资源税,作为收购矿产品的成本:

借:原材料(等相关账户)
　　贷:银行存款
　　　　应交税费——应交资源税

(三) 应交土地增值税

土地增值税是对转让国有土地使用权、地上建筑物及其附着物并取得收入的单位和个人征收的一种税。土地增值税按照转让房地产所取得的增值额和规定税率计算征收。增值额是指转让房地产所取得收入扣除规定项目金额后的余额。转让房地产所取得的收入包括货币收入、实物收入和其他收入。

扣除项目主要包括:

(1) 取得土地使用权所支付的金额。

(2) 开发土地的成本、费用。

(3) 新建房屋及配套设施的成本、费用,或者旧房及建筑物评估价。

(4) 与转让房地产有关的税金。

在账务处理时,企业交纳的土地增值税通过"应交税费——应交土地增值税"账户核算。

①主营与兼营房地产业务的公司,通过"税金及附加"账户核算土地增值税。

借:税金及附加
　　贷:应交税费——应交土地增值税

②转让国有土地使用权及地上建筑物和附着物的,土地增值税计入"固定资产清理"账户。

借:固定资产清理
　　贷:应交税费——应交土地增值税

(四) 应交房产税、城镇土地使用税、车船税、印花税和耕地占用税

(1) 房产税是国家对在城市、县城、建制镇和工矿区征收的由产权所有人交纳的一种税。房产税依照房产原值一次减除10%~30%后的余额计算交纳。没有房产原值为依据的,由房产所在地税务机关参考同类房产核定;房产出租的,以房产租金收入为房产税的计税依据。

(2) 土地使用税是国家为了合理利用城镇土地,调节土地级差收入,提高土地使用效益,加强土地管理而开征的一种税,以纳税人实际占有的土地面积为计税依据,依照规定税额计算征收。

(3) 车船使用税由拥有并且使用车船的单位和个人交纳。车船使用税依照适用税额计算交纳。

①企业按规定计算应交的房产税、土地使用税、车船使用税时:
借:税金及附加
　　贷:应交税费——应交房产税
　　　　　　　——应交土地使用税
　　　　　　　——应交车船使用税

②实际交纳时:
借:应交税费——应交房产税
　　　　　　——应交土地使用税
　　　　　　——应交车船使用税
　　贷:银行存款

(4) 印花税是对订立、领受购销合同等凭证行为征收的一种税。实行由纳税人根据规定自行计算交纳税额,购买并一次贴足印花税票的交纳方法。应纳税凭证包括购销、加工承揽、建设工程或者具有合同性质的凭证;产权转移书据;营业账簿;权利、许可证照等。纳税人根据应纳税凭证的性质,分别按比例税率或按件定额计算应纳税额。企业交纳的印花税不需要通过"应交税费"账户核算,于购买印花税票时,直接计入当期损益:

借:税金及附加
　　贷:银行存款

(5) 耕地占用税

耕地占用税是国家为了利用土地资源,加强土地管理,保护农用耕地而征收的税款。耕地占用税以实际占用的耕地面积计税,按照规定税额一次征收。企业交纳的耕地占用税,不需要通过"应交税费"账户核算。企业按规定交纳耕地占用税时:

借:在建工程
　　贷:银行存款

第六节　应付职工薪酬

一、应付职工薪酬的内容

职工薪酬是指企业为获得职工提供的服务或解除劳动关系而给予的各种形式的报酬或补偿。职工薪酬包括短期薪酬、离职后福利、辞退福利和其他长期职工福利。企业提供给职工配偶、子女、受赡养人、已故员工遗属及其他受益人等的福利，也属于职工薪酬。在会计核算上，职工薪酬总额通过"应付职工薪酬"账户核算。

（一）短期薪酬

短期薪酬是指企业在职工提供相关服务的年度报告期间结束后12个月内需要全部予以支付的职工薪酬，因解除与职工的劳动关系给予的补偿除外。短期薪酬具体包括职工工资、奖金、津贴和补贴，职工福利费，医疗保险费、工伤保险费和生育保险费等社会保险费，住房公积金，工会经费和职工教育经费，短期带薪缺勤，短期利润分享计划，非货币性福利以及其他短期薪酬。

带薪缺勤是指企业支付工资或提供补偿的职工缺勤，包括年休假、病假、短期伤残、婚假、产假、丧假、探亲假等。利润分享计划是指因职工提供服务而与职工达成的基于利润或其他经营成果提供薪酬的协议。

（二）离职后福利

离职后福利是指企业为获得职工提供的服务而在职工退休或与企业解除劳动关系后提供的各种形式的报酬和福利，短期薪酬和辞退福利除外。

（三）辞退福利

辞退福利是指企业在职工劳动合同到期之前解除与职工的劳动关系，或者为鼓励职工自愿接受裁减而给予职工的补偿。

（四）其他长期职工福利

其他长期职工福利是指除短期薪酬、离职后福利、辞退福利之外所有的职工薪酬，包括长期带薪缺勤、长期残疾福利、长期利润分享计划等。

二、账户设置

企业应设置"应付职工薪酬"总分类账户，并分别设置"工资""职工福利费""社会保险费""住房公积金""工会经费""职工教育经费""非货币性福利""带薪缺勤""辞退福利"等账户进行明细核算。同时，根据职工薪酬受益对象，分别计入"生产成本""制造费用""劳务成本""管理费用""销售费用""在建工程""研发支出"等账户。

三、应付职工薪酬的核算

企业应当在职工为其提供服务的会计期间,将应付未付的职工薪酬确认为负债。应付职工薪酬的支付方式有两种,即货币性职工薪酬和非货币性职工薪酬。

(一)货币性职工薪酬的核算

货币性职工薪酬是以货币为支付手段发给职工的劳动报酬。其账务处理程序如下:

(1) 月末,按薪酬受益对象,计算应付职工薪酬时:
借:生产成本
　　制造费用
　　管理费用
　　销售费用
　　在建工程
　　研发支出 (等相关账户)
　　贷:应付职工薪酬——工资

(2) 按工资总额的一定比例计提福利费、社会保险费、住房公积金、工会经费及教育费附加等时:
借:生产成本
　　制造费用
　　管理费用
　　销售费用
　　在建工程
　　研发支出 (等相关账户)
　　贷:应付职工薪酬——职工福利费
　　　　　　　　　——社会保险费
　　　　　　　　　——住房公积金
　　　　　　　　　——工会经费
　　　　　　　　　——教育费附加 (等相关账户)

(3) 代扣代缴职工款项时:
借:应付职工薪酬——工资
　　贷:其他应付款——社会保险费
　　　　　　　　——住房公积金 (等相关账户)
　　　　应交税费——代扣个人所得税

(4) 企业按实发工资发放职工薪酬时:
借:应付职工薪酬——工资
　　贷:银行存款 (或库存现金)

【例9-25】 东华公司月份终了计算分配的职工薪酬总额为300 000元,其中:生产工人工资为200 000元,管理人员工资为100 000元,公司按20%和2%计提养老保险和工会经费。另支付退休人员退休费2 000元(假定无代扣个人所得税等)。月末以银行存款发放工资，以现金支付退休金。东华公司账务处理如下：

（1）月份终了，计算分配职工薪酬、养老保险、工会经费时：

借：生产成本　200 000×（1+20%+2%）　　　　　　　　244 000
　　管理费用　100 000×（1+20%+2%）　　　　　　　　122 000
　　贷：应付职工薪酬——工资　　　　　　　　　　　　300 000
　　　　　　　　　　　——养老保险费　　　　　　　　 60 000
　　　　　　　　　　　——工会经费　　　　　　　　　 6 000

（2）以银行存款发放职工工资：

借：应付职工薪酬——工资　　　　　　　　　　　　　　300 000
　　贷：银行存款　　　　　　　　　　　　　　　　　　300 000

（3）发放退休人员费用：

借：管理费用　　　　　　　　　　　　　　　　　　　　 2 000
　　贷：库存现金　　　　　　　　　　　　　　　　　　 2 000

（4）公司上缴养老保险费时：

借：应付职工薪酬——养老保险费　　　　　　　　　　　 60 000
　　贷：银行存款　　　　　　　　　　　　　　　　　　 60 000

当企业按规定用途使用福利费、工会经费和职工教育经费时：

借：应付职工薪酬——福利费
　　　　　　　　　——工会经费
　　　　　　　　　——职工教育经费
　　贷：银行存款（或库存现金）

（二）非货币性职工薪酬的核算

1. 以自制产品作为福利发给职工

企业以自己生产的产品作为非货币福利提供给职工，应当按照该产品的公允价值和视同销售计算相关税费，确定应付职工薪酬金额，并确认产品销售收入、结转销售成本。

【例9-26】　东华公司将自己生产的产品发放给职工，该产品的成本为20 000元，售价为28 000元，增值税税率为13%。其中：生产职工为85人，行政职工为15人。

（1）发放时：

借：应付职工薪酬——非货币性福利　　　　　　　　　3 164 000
　　贷：主营业务收入　　　　　　　　　　　　　　　2 800 000
　　　　应交税费——应交增值税（进项税额）　　　　 364 000

（2）分配职工薪酬：

借：生产成本　　　　　　　　　　　　　　　　　　　2 689 400
　　管理费用　　　　　　　　　　　　　　　　　　　 474 600
　　贷：应付职工薪酬——非货币性福利　　　　　　　 3 164 000

（3）结转库存商品成本

借：主营业务成本　　　　　　　　　　　　　　　　　2 000 000
　　贷：库存商品　　　　　　　　　　　　　　　　　2 000 000

2. 企业将拥有的资产或租赁资产无偿提供给职工使用

企业将自己拥有的房屋、汽车等资产无偿提供给职工使用，应按这些资产每期计提的折旧费计量当期的应付薪酬金额；租赁资产提供给职工的，每期资产的租赁费作为当期该非货币性薪酬的金额。账务处理程序如下：

借：应付职工薪酬——非货币性福利
  贷：累计折旧（自有的资产）
    银行存款（库存现金）（租赁的资产）

【例9-27】 东华公司将一自有的房屋和外租的一台车辆无偿提供给职工使用。每期计提的房屋折旧为5 000元，以现金支付的车辆租赁费为6 000元。

借：应付职工薪酬——非货币性福利	11 000
贷：累计折旧	5 000
库存现金	6 000

（三）短期带薪缺勤的核算

带薪缺勤分为累积带薪缺勤和非累积带薪缺勤。累积带薪缺勤是指带薪权利可以结转下期的带薪缺勤，本期尚未使用的带薪缺勤权利可以在未来期间使用；非累积带薪缺勤是指带薪权利不能结转到下期的带薪缺勤，本期尚未使用的带薪缺勤权利将予以取消，并且职工离开企业时也无权获得现金支付。

【例9-28】 某企业实行累积带薪缺勤制度。2019年12月31日，预计行政管理人员由于职工累积未使用的带薪年休假权利而导致预期将支付的工资负债天数为90天，假设人均日工资为500元，则预计支付的未休假带薪缺勤工资总额为45 000元。该企业的账务处理如下：

借：管理费用	45 000
贷：应付职工薪酬——累积带薪缺勤	45 000

第七节 预收账款

预收账款是企业接受订单时，根据合同规定，向购货方预先收取的部分或全部货款，用于弥补订单被取消时可能发生的损失。预收账款的核算，应视企业的具体情况而定。如果预收账款比较多，可以设置"预收账款"账户；预收账款不多的，也可以不设置"预收账款"账户，直接计入"应收账款"账户的贷方。单独设置"预收账款"账户核算的，其贷方反映预收的货款和补收的货款；借方反映应收的货款和退回多收的货款；期末贷方余额反映尚未结清的预收账款，借方余额反映应收的款项。

【例9-29】 东华公司与宏光公司签订供货合同，合同总金额为200 000元（不含税），按合同规定，宏光公司预先支付货款100 000元，余款在交货后付清。增值税税率为13%。

(1) 按合同预收款项时：

借：银行存款 100 000
　　贷：预收账款 100 000

(2) 东华公司发出商品，确认销售实现时：

借：预收账款 226 000
　　贷：主营业务收入 200 000
　　　　应交税费——应交增值税（销项税额） 26 000

(3) 收到宏光公司补付货款时：

借：银行存款 126 000
　　贷：预收账款 126 000

第八节　其他应付款

其他应付款是指流动负债中除了应付账款、应付票据、预收账款、应付职工薪酬、应交税费、应付利息、应付股利等以外的其他各种应付、暂收款项。其主要包括：

(1) 应付经营租入固定资产和包装物租金。
(2) 职工未按期领取的工资。
(3) 存入保证金（如收入包装物的押金等）。
(4) 应付、暂收所属单位、个人的款项。
(5) 其他应付、暂收款项等。

为了反映企业其他应付款项的发生及偿还情况，在会计核算时，设置"其他应付款"账户核算。账务处理程序如下：

(1) 企业发生各种应付、暂收或退回有关款项时：

借：银行存款
　　制造费用
　　管理费用（等相关账户）
　　贷：其他应付款

(2) 支付有关款项时：

借：其他应付款
　　贷：银行存款（等相关账户）

【例9-30】　东华公司以经营性租赁方式租入厂房一幢，按租赁合同规定，每月租金于次月底支付，本月计提应付租金2 500元。账务处理如下：

借：制造费用 2 500
　　贷：其他应付款——应付租金 2 500

次月通过银行转账支付应付租金时：

借：其他应付款——应付租金 2 500
　　贷：银行存款 2 500

【例9-31】　东华公司出租给长江公司机器设备一台，收到租用押金6 000元，东华公司账务处理如下：

借：银行存款　　　　　　　　　　　　　　　　　　　　6 000
　　贷：其他应付款　　　　　　　　　　　　　　　　　　　　6 000

接［例9-31］资料，长江公司租赁期结束，退还该机器设备，东华公司退还押金时：

借：其他应付款　　　　　　　　　　　　　　　　　　　　6 000
　　贷：银行存款　　　　　　　　　　　　　　　　　　　　　6 000

接［例9-31］资料，如果长江公司将设备损坏，东华公司没收其全部押金时：

借：其他应收款　　　　　　　　　　　　　　　　　　　　6 000
　　贷：其他业务收入　　　　　　　　　　　　　　　　　　　6 000

思考题

1. 什么是负债？负债具有哪些特征？
2. 职工薪酬具体包括哪些内容？
3. 企业交纳的税金主要包括哪些？
4. 流动负债主要分为哪几类？各举几个例子。

练习题

1. 甲公司购入一批原材料，增值税专用发票上注明的原材料价款为5 000 000元，增值税额为850 000元。货款已经支付，材料已经到达并验收入库。该企业当期销售产品增值税专用发票上注明的价款为10 000 000元，货款尚未收到。该产品的增值税税率为13%。

要求：编制有关的会计分录。

2. 甲公司收购免税农业产品，实际支付的买价为1 500 000元，收购的农业产品已验收入库。该农业产品准予抵扣的进项税额按买价的9%计算确定。

要求：编制有关的会计分录。

3. 甲公司将自己生产的产品用于工程。产品的成本为200 000元，计税价格为300 000元。该产品增值税税率为13%。

要求：编制有关的会计分录。

4. 某工业企业为小规模纳税企业，适用税率为3%。该企业本期购入原材料，按增值税专用发票上记载的原材料成本为500 000元，支付的增值税额为65 000元，企业开出、承兑商业汇票，材料尚未收到。该企业本期销售产品，含税价格为800 000元，货款尚未收到。

要求：编制有关的会计分录。

5. B公司2019年7月1日，从银行取得500 000元的短期借款，借款期为9个月，到期还本付息。借款年利率为5%。

要求：编制取得借款、当年年末计息及到期还本付息的会计分录。

6. 东华公司欠乙公司货款共计500 000元。由于东华公司现金流量不足，短时间内不能偿还该笔款项。经协商，乙公司同意东华公司支付款项430 000元，其余款项豁免。东华公司当即以银行存款支付 430 000 元款项。

要求：编制有关的会计分录。

7. 金叶公司欠甲企业购货款 8 000 元（价税合计）。债务已经到期，不能按时清偿。双方协商，金叶公司以其生产的产品偿还债务，该产品的售价为 70 000 元，增值税税率为 13%，实际成本为 5 000 元，已经计提存货跌价准备 2 000 元。

要求：编制有关的会计分录。

8. 华商实业公司将自己生产的产品发放给职工，该产品的成本为 10 000 元，售价为 15 000 元，增值税税率为 13%。其中，该公司有生产职工 80 人，行政职工 20 人。

要求：编制发放产品、分配职工薪酬和结转产品成本的会计分录。

第十章 长期负债

【本章知识要点提示】

通过本章的学习：理解长期负债的概念、特点及其分类，或有负债的特点、内容以及预计负债的确认；熟悉借款费用的内容、借款费用的确认与借款费用资本化金额的具体计算方法，公司债券的种类及可转换债券的特点，公司债券发行价格的具体计算；掌握借款费用的账务处理方法，公司债券发行、利息调整与偿付的账务处理方法，可转换债券的核算，预计负债最佳估计数的确定及其会计处理。本章所包括的内容：长期负债概述、长期借款、应付债券、长期应付款及或有负债。

第一节 长期负债概述

长期负债是指偿还期限在1年或者超过1年的一个营业周期以上的负债，主要包括长期借款、应付债券、长期应付款和专项应付款等。

一、长期负债的特点

长期负债的特点可通过与短期负债和股权融资的比较来认识。

1. 与短期负债相比，长期负债的特点

（1）长期负债数额相对较大，而且偿还期较长，一般长于1年或一个营业周期以上。

（2）长期负债的还款付息方式较为灵活多样，可采取分期付息、到期一次还本方式，也可采用到期一次还本付息方式，或者分期偿还债务本息等方式。

（3）长期负债的资金负担相对较大，风险也相对较高，因而其资金成本也往往高于短期负债。

（4）长期负债的债权人更容易也更可能干预企业的经营，比如要求企业提供反映财务状况、营利能力、资信状况等方面的信息,或在借款合同中添加对企业资金用途、债务水平、融资计划等方面的限制性条款。

2. 与发行股票筹资相比,举借长期负债的优点

(1)举借长期负债不影响企业原有的资本(或股权)结构,有利于保持原投资者控制企业的权利。

(2)举借长期负债,有利于增加投资者的收益和价值。因为对债权人来说,可按相对固定的金额得到本金偿付和利息收益,其资金的风险相对较低。

(3)在交纳所得税时,长期负债的利息支出除资本化的以外,其他的可以作为期间费用从利润总额中扣减。但股利只能从税后利润中支付,不能作为纳税的扣减项目。

3. 举借长期负债的缺点

(1)举借长期负债增加了企业的财务风险,降低了企业财务结构的安全性。

(2)举借长期负债在某些情况下,可能减少企业的盈利或加速企业的亏损,从而减少股东财富。

(3)举借长期负债一般都有明确的偿还日期,企业必须在偿还期前安排好所需资金。

由于举借长期负债同时具有上述优点和缺点,企业在进行财务决策时应充分地考虑到各方面情况,选择适当的筹资方法。

二、长期负债的分类

(一)按资金筹措方式不同分类

1. 长期借款

长期借款是指企业向银行或其他金融机构借入的期限在 1 年以上或者超过 1 年的一个营业周期以上的各种借款。

2. 应付债券

应付债券是指企业为筹措长期使用资金而发行、期限在 1 年以上的企业债券。企业债券也称公司债券,是企业为筹集资金而发行的,表明发行企业承诺按照票面上所记载的利率、期限、支付本息等方式,向债券持有人按期偿还本金和利息的一种凭证。

3. 长期应付款

长期应付款是指企业除长期借款、应付债券以外的其他各种长期应付款项,如应付引进设备价款、专项应付款、融资租入固定资产的租赁费等。

(二)按偿还方式不同分类

1. 定期偿还

定期偿还是指在约定的负债到期日一次还清债务本金。

2. 分期偿还

分期偿还是指在规定的举债期限内分若干次偿还债务本金。

另外，长期负债的利息也有多种偿还方式，比如到期一次支付、分期支付等。

（三）按担保条件不同分类

1. 担保长期负债

担保长期负债是以企业提供的担保为基础举借的长期负债。

2. 无担保长期负债

无担保长期负债则是以企业的信誉为基础举借的无担保措施的长期负债。

三、长期负债费用的处理

负债费用又称借款费用，是指企业因借入资金而发生的有关费用，主要包括借入资金的利息、应付债券溢价或折价的摊销、与借款有关的辅助费用、外币借款的汇兑差额等。

（一）借款费用的处理方法

借款费用的处理有两种方法：一是费用化，即在发生时直接确认为当期费用；二是资本化，是指构建资产期间所发生的借款费用计入该项资产历史成本的做法。

借款费用费用化是筹资过程中必然发生的，它与举债所购资产价值无关；外币折算差额由汇率变动而引起，也与购置资产价值无关，只有将负债费用作为当期利润的减项，才能说明企业的现金流量。

借款费用资本化，是企业由于对长期资金的需求而借入的，与所购资产有紧密的关系，与其他列为资本支出的费用没有本质上的区别；在企业购入资产所支付的款项中经常含有借款的利息和外币折算差额等负债费用，因此已在事实上计入所购资产的价值之中，只是没有在买价中单独反映出来，这只不过是由付款方式的不同造成的。只有将负债费用资本化，才能反映所购建资产的"真实"成本。

（二）借款费用资本化的条件

借款费用资本化有一定的起讫期间，从借款费用开始资本化时点到停止资本化时点的期间，称为资本化期间。我国企业会计准则和会计制度对资本化期间的具体规定是，当同时满足以下三个条件时开始资本化，计入所购建资产的成本：

（1）资产支出已经发生。

资产支出：为购建或者生产符合资本化条件的资产而以支付现金、转移非现金资产或者承担带息债务形式发生的支出。

（2）借款费用已经发生。

（3）为使资产达到预定可使用状态所必需的购建活动已经开始。

购建或者生产符合资本化条件的资产在达到预定可使用或者可销售状态时，负债费用应当停止资本化。在符合资本化条件的资产达到预定可使用或者可销售状态之后所发生的借款费用，应当在发生时根据其发生额确认为费用，计入当期损益。

（三）资本化金额的确定

在资本化期间内，每一会计期间的利息资本化金额，应当按照下列规定确定：

（1）为购建或者生产符合资本化条件的资产而借入专门借款的，应当以专门借款当期实际发生的利息费用，减去将尚未动用的借款资金存入银行取得的利息收入或进行暂时性投资取得的投资收益后的金额确定。

(2) 为购建或者生产符合资本化条件的资产而占用了一般借款的，企业应当根据累计资产支出超过专门借款部分的资产支出加权平均数，乘以所占用一般借款的资本化率，计算确定一般借款应予资本化的利息金额。计算公式如下：

$$一般借款应予资本化的利息金额 = 累计资产支出加权平均数 \times 资本化率$$

式中，累计资产支出加权平均数的计算方法是：

$$累计支出加权平均数 = \sum \left(每笔资产支出金额 \times \frac{每笔资产支出实际占用的天数}{会计期间涵盖的天数} \right)$$

为简化计算，也可以月数作为计算累计支出加权平均数的权数。

资本化率的确定原则为：如果企业为购建某项资产只使用了一笔一般借款，资本化率即为该项借款的利率；如果企业为购建资产使用了一笔以上的借款，资本化率为这些借款的加权平均利率，其计算公式如下：

$$加权平均利率 = \frac{当期实际发生的借款利息之和}{借款本金加权平衡数} \times 100\%$$

式中，借款本金加权平均数的计算方法为：

$$借款本金加权平均数 = \sum \left(每笔借款本金 \times \frac{每笔借款实际占用的天数}{会计期间涵盖的天数} \right)$$

【例10-1】 东华公司2019年1月1日开始建造一座厂房，至6月末完工。各月发生的工程支出如表10-1第二列所示，假设各月支出均在月初发生。该公司计算加权平均累计支出如表10-1第四列所示。

表10-1 加权平均累计支出的计算

项目		支出金额/元	资本化期间	累计支出平均数/元
月份	1	300 000	6月6日	300 000
	2	360 000	5月6日	300 000
	3	240 000	4月6日	160 000
	4	120 000	3月6日	60 000
	5	150 000	2月6日	50 000
	6	240 000	1月6日	40 000
合计		1 410 000		910 000

假设东华公司为建造该厂房共使用了三笔借款，其中，2019年1月1日向建设银行借入5年期专门借款600 000元，年利率为9%；同日向工商银行借入一般借款500 000元，年利率为8%；4月1日按面值发行5年期公司债券1 000 000元，年利率为12%，那么从2019年2月起，该公司为建造该资产累计支出300 000 + 360 000 = 660 000（元），已超过专门借款数额，累计资产支出超过专门借款部分共计1 410 000 - 600 000 = 810 000（元）。计算得出的该资产使用一般借款的利息费用见表10-2。

表 10-2　使用一般借款的利息费用的计算

项目		期限/年	金额/元	利率/%	利息费用/元
债务本金	一般借款	5	500 000	4(8÷2)	20 000
	长期债券	5	1 000 000	3(12÷4)	30 000
合计			1 500 000		50 000

借款本金加权平均数 = 500 000 × (6÷6) + 1 000 000 × (3÷6) = 1 000 000

加权平均资本化比率 = $\dfrac{50\,000}{1\,000\,000}$ × 100% = 5%

2019 年专门借款利息资本化金额 = 600 000 × 9% × (1÷2) = 27 000(元)

2019 年一般借款利息资本化金额 = (910 000 − 600 000) × 5%

= 310 000 × 5%

= 15 500(元)

2019 年借款费用资本化总额 = 27 000 + 15 500 = 42 500(元)

2019 年借款利息费用化金额 = 600 000 × 9% + 500 000 × 8% +

1 000 000 × 12% × (9÷12) − 42 500

= 54 000 + 40 000 + 90 000 − 42 500

= 141 500(元)

第二节　长期借款

一、长期借款概述

长期借款是指企业向银行或其他金融机构借入的、期限在 1 年或超过 1 年的 1 个营业周期以上的款项。

企业决定举借长期借款后,应向银行或其他金融机构即贷款人提交借款申请,说明借款原因、用途、金额、使用时间、使用计划、归还期限和归还计划。企业的借款申请得到批准以后,应按规定与贷款人签订借款合同,以明确借贷双方的权利和义务。企业应遵守与银行和其他金融机构之间的有关贷款协定,按计划使用借款,提高资金使用效率;同时安排好财务计划,在借款到期之前预先准备好偿还借款所需的资金,以保证到期清偿本息。

二、长期借款利息的计算

长期借款利息是借款费用的主要组成部分,其计算方式有单利计息和复利计息两种。

(一) 单利计息

单利计息是指仅按本金计算利息的计息方法。其所生利息不再加入本金重复计算利息。目前我国的银行借款一般采用这种计息方式。计算公式为:

利息 = 本金 × 利率 × 期限

本利和 = 本金 + 利息 = 本金 × (1 + 利率 × 期限)

（二）复利计息

复利计息是指除按本金计算利息外，对于尚未支付的利息也要加入本金计算利息，即本金及利息都同样计算利息的计息方法。这种方法是将一定期间（如1年）所生利息加入本金再计利息，逐期计算。其基本公式为：

$$复利利息 = 本金 \times 利率 \times (1+利率)^{期间数-1}$$
$$= 第1期利息 \times (1+利率)^{期间数-1}$$
$$本利和 = 本金 \times (1+利率)^{期间数}$$

三、长期借款的核算

在会计核算中设置"长期借款"总分类账户，下设"本金""应计利息"等明细账账户，用于核算企业借入的期限在1年以上各种借款的本金及到期一次还本付息的每期计息。

(1) 借入长期借款，按实际收到的金额处理：

借：银行存款
　　贷：长期借款——本金

(2) 支付利息费用或计息时：

借：财务费用
　　　在建工程（等相关账户）
　　贷：银行存款（分期付息）
　　　　长期借款——应计利息（属于到期一次还本付息的每次计息）

(3) 归还长期借款时：

借：长期借款——本金
　　　　　　——应计利息
　　贷：银行存款

【例10-2】 东华公司为购建一栋办公楼，于2017年1月1日向银行借入3年期借款200 000元，年利率为10%，复利计息，借款合同规定到期一次还本付息。假定借款取得后于2017年1月一次性投入该办公楼购建，工程于第二年年终完工交付使用并办妥竣工决算手续。该项借款每年年末应计利息计算如下：

2017年	200 000 × 10% = 20 000（元）
2018年	220 000 × 10% = 22 000（元）
2019年	242 000 × 10% = 24 200（元）
3年应计利息合计	66 200（元）

东华有关账务处理如下：

(1) 2017年1月1日收到长期借款时：

借：银行存款　　　　　　　　　　　　　　　　　　　　　200 000
　　贷：长期借款——本金　　　　　　　　　　　　　　　　200 000

(2) 该借款一次性投入该办公楼购建时：

借：在建工程——建造成本　　　　　　　　　　　　　　　200 000
　　贷：银行存款　　　　　　　　　　　　　　　　　　　200 000

（3）2017 年年末时，应计利息 20 000 元。因该工程在建设中，其借款的利息支出应全部计入工程成本：

借：在建工程——借款费用　　　　　　　　　　　　　　20 000
　　贷：长期借款——应计利息　　　　　　　　　　　　　　　　20 000

（4）2018 年年末时，应计利息为 22 000 元，因该工程仍在建设中，其借款的利息支出依然全部计入工程成本：

借：在建工程——借款费用　　　　　　　　　　　　　　22 000
　　贷：长期借款——应计利息　　　　　　　　　　　　　　　　22 000

（5）2018 年在建工程完工，以固定资产交付使用：

借：固定资产　　　　　　　　　　　　　　　　　　　　242 000
　　贷：在建工程——建造成本　　　　　　　　　　　　　　　　200 000
　　　　　　　　——借款费用　　　　　　　　　　　　　　　　 42 000

（6）从 2019 年起，由于建造工程业已结束，所发生的借款利息应作为当期损益处理。2019 年年末，应计利息为 24 200 元：

借：财务费用　　　　　　　　　　　　　　　　　　　　 24 200
　　贷：长期借款——应计利息　　　　　　　　　　　　　　　　 24 200

2019 年年末还本付息：

借：长期借款——本金　　　　　　　　　　　　　　　　200 000
　　　　　　——应计利息　　　　　　　　　　　　　　　 66 200
　　贷：银行存款　　　　　　　　　　　　　　　　　　　　　　266 200

第三节　应付债券

一、应付债券概述

应付债券又称公司债券或企业债券，是企业为筹集长期资金按照法定程序发行的、约定在一定期限内还本付息的一种有价证券。它是一种债权债务契约，有明确的期限、利率、付息以及归还本金的条件。企业发行的偿还期限超过 1 年的债券，构成长期负债，会计上作为"应付债券"核算。

（一）应付债券的票面内容

企业发行的债券是一种书面契约凭证，其中，除载明发行公司的名称与地址、发行日期与编号、发行公司的印记与法定代表人的签章以及审批机关批准发行的文号等信息之外，还包括以下内容。

1. 债券面值

债券面值也称债券到期值，即债券到期时，公司应偿还给债券持有人的本金额。其面值可分为 50 元、100 元、1 000 元、10 000 元等。

2. 债券利率

债券利率也称票面利率或名义利率，是债券利息与债券面值的比率。它可以高于、等于或低于市场利率。

3. 债券付息日

债券付息日,即支付债券利息的时间。比较常见的债券多是每半年支付一次利息。

4. 债券到期日

债券到期日,即偿还债券本金的时间。对于分期偿还的债券,应载明每次偿还本金的日期和金额。

(二) 债券融资的特点

与发行股票、长期借款等筹资方式相比,公司发行债券筹资有以下特点:
(1) 债券持有人是企业的债权人,它体现的是债权债务关系。
(2) 债券筹资的范围比较大,可以向非银行的各单位和个人筹措。
(3) 债券是一种有价证券,可以交易。
(4) 债券筹资不影响企业的资本结构。

二、应付债券的分类

债券按实际发行价格,可分为三类:
(1) 平价发行。平价发行指按债券面值发行的债券,一般为票面利率等于实际利率。
(2) 溢价发行。溢价发行指按高于债券面值发行的债券,一般为票面利率大于实际利率。
(3) 折价发行。折价发行指按低于债券面值发行的债券,一般为票面利率小于实际利率。

除此之外,债券还可以按其他标准进行分类,如债券按是否有担保分为担保债券和信用债券;债券按是否记名分为记名债券和无记名债券;债券按偿还方式分为一次还本债券和分期还本债券等。

三、应付债券的发行

(一) 公司债券发行的有关规定

在我国,《公司债券管理条例》对公司发行债券的程序、债券票面应载明的内容、债券的管理及法律责任等作出了相关规定,申请发行债券的公司应向审批机关报送下列文件:
(1) 发行公司的申请书。
(2) 营业执照。
(3) 发行章程。
(4) 经会计师事务所审计的公司近3年的财务报告。
(5) 审批机关要求提供的其他材料。

同时,按《证券法》规定,公开发行债券的企业,应当符合下列条件:
(1) 股份有限公司的净资产不低于人民币3 000万元,有限责任公司的净资产不低于人民币6 000万元。
(2) 累计发行债券余额不超过公司净资产的40%。

(3) 企业最近三年平均可分配利润足以支付公司债券1年的利息。
(4) 筹集资金的投向要符合国家产业政策,并用于核定的用途,不得用于弥补亏损和非生产性支出。
(5) 发行债券的票面利率不得超过国务院限定的利率水平。

(二) 债券发行价格的确定

公司债券的发行一般都有较长的偿还期,发行公司应按规定于到期时按面值偿还本金,而由于货币时间价值或利息因素的关系,到期后的债券价值(即终值)必然不等于债券面值。所以债券发行时的价值应为未来债券本金和利息的现值,也就是说,债券的价值包括如下两部分:
(1) 债券到期的本金(即面值)所折算的现值。
(2) 债券按票面利率计算的各期应支付利息折算的现值。

以上二者之和即为债券的发行价格。为了使债券的现值公平合理,保证发行人和债券持有人双方的利益,折算时应以市场利率为准。其计算公式为:

债券发行价格 = 债券面值折现值 + 债券利息折现值
= 债券面值×复利现值系数 + 债券面值×票面利率×年金现值系数

式中,复利现值系数与年金现值系数均可通过查表求得。

【例10-3】 东华公司2019年1月1日发行5年期面值为400 000元的公司债券,年利率为10%,每半年付息一次,实际收到的发行债券款项存入银行,不考虑发行费用。

(1) 假设债券发行时市场利率为10%。每半年付息一次,付息期共10期,每期利率为5%,从年金现值系数表和复利现值系数表查得利率为5%、期数为10期的年金现值系数(P/A)是7.721 734,复利现值系数(P/F)是0.613 913 3,则:

该批债券发行价格 = 400 000 × (P/F,5%,10) + 400 000 × 5% × (P/A,5%,10)
= 400 000 × 0.613 913 3 + 400 000 × 5% × 7.721 734
= 154 434.68 + 245 565.32
= 400 000(元)

(2) 假设债券发行时市场利率为8%,每半年付息一次,每期利率为4%,从年金现值系数表和复利现值系数表查得利率为4%、期数为10期的年金现值系数是8.110 9,复利现值系数是0.675 6,则:

该批债券发行价格 = 400 000 × (P/F,4%,10) + 400 000 × 5% × (P/A,4%,10)
= 400 000 × 0.675 6 + 400 000 × 5% × 8.110 9
= 162 218 + 270 240
= 432 458(元)

溢价 = 432 458 - 400 000 = 32 458(元)

(3) 假设债券发行时市场利率为12%,每半年付息一次,每期利率为6%,从年金现值系数表和复利现值系数表查得利率为6%、期数为10期的年金现值系数是7.360 1,复利现值系数是0.558 4,则:

该批债券发行价格 = 400 000 × (P/F,6%,10) + 400 000 × 5% × (P/A,6%,10)
= 400 000 × 0.558 4 + 400 000 × 5% × 7.360 1
= 147 202 + 223 360
= 370 562(元)

折价 = 400 000 - 370 562 = 29 438(元)

从上述计算中,可验证公司债券三种不同发行价格的确定,如表10-3所示。

表10-3 债券的发行价格与市场利率的关系

利率	面值与现值	实际发行价格
票面利率 = 市场利率	面值 = 现值	面值
票面利率 > 市场利率	面值 > 现值	面值 + 溢价
票面利率 < 市场利率	面值 < 现值	面值 - 折价

四、应付债券的账务处理

为了核算企业因筹集长期资金而实际发行债券的资金收入、归还和应付利息情况,应设置"应付债券"总分类账户。该账户贷方登记应付债券的本息,借方登记归还债券的本息,贷方余额表示尚未归还的债券本息。

在"应付债券"账户下设置"债券面值""利息调整""应计利息"三个明细账账户。其中,"债券面值"用来核算发行债券应偿还的本金;"利息调整"用来核算发行债券发生的溢价和折价,它是用来调整"债券面值"的附加与备抵调整账户;"应计利息"用来核算到期一次付息已发行债券发生的应付票面利息。

(一)应付债券发行的账务处理

无论是按面值发行,还是溢价或折价发行,均按债券面值计入"应付债券"账户的"债券面值"明细账账户,实际收到的价款与面值的差额,均计入"利息调整"明细账账户。账务处理程序如下:

借:银行存款
　　应付债券——利息调整(折价)
　贷:应付债券——债券面值
　　　　　　——利息调整(溢价)

发行债券时还会产生有关的发行费用,主要包括委托他人代销债券的手续费或佣金、债券发行的法律费用、债券印刷费等。我国现行企业会计制度规定,企业发行债券时,如果发行费用大于发行期间冻结资产所产生的利息收入,则按发行费用减去发行期间冻结资金所产生的利息收入后的差额,根据发行债券筹集资金的用途,可直接归属于符合资本化条件的资产的构建或者生产。在相关资产达到预定可使用或可销售状态前发生的,计入相关资产的成本;在相关资产达到预定可使用状态之后发生的,计入当期财务费用;属于一般借款的,直接计入当期财务费用。如果发行费用小于发行期间冻结资金所产生的利息收入,则按发行期间冻结资金所产生的利息收入减去发行费用后的差额,视同发行债券的溢价收入,在债券存续期间计提利息时摊销。

【例10-4】 东华公司于2019年1月1日发行面值为5 000 000元的公司债券,期限为5年,票面利率为10%,每年付息一次,到期一次还本。假如发行时的市场利率分别为10%、8%、12%。其发行价格分别为5 000 000元、5 400 000元和4 640 000元,则有关的账务处理如下：

(1) 票面利率等于市场利率，按平价发行处理：

借：银行存款　　　　　　　　　　　　　　　　　　　　　　5 000 000
　　贷：应付债券——债券面值　　　　　　　　　　　　　　　　　　5 000 000

(2) 票面利率大于市场利率，按溢价发行处理：

借：银行存款　　　　　　　　　　　　　　　　　　　　　　5 400 000
　　贷：应付债券——债券面值　　　　　　　　　　　　　　　　　　5 000 000
　　　　　　　　——利息调整　　　　　　　　　　　　　　　　　　　400 000

(3) 票面利率小于市场利率，按折价发行处理：

借：银行存款　　　　　　　　　　　　　　　　　　　　　　4 640 000
　　应付债券——利息调整　　　　　　　　　　　　　　　　　　360 000
　　贷：应付债券——债券面值　　　　　　　　　　　　　　　　　　5 000 000

假设上例中东华公司以银行存款支付债券发行费用 50 000 元，则账务处理为：

借：财务费用（或在建工程）　　　　　　　　　　　　　　　　50 000
　　贷：银行存款　　　　　　　　　　　　　　　　　　　　　　　　50 000

(二) 应付债券的计息及溢价、折价的摊销

公司发行债券，应于规定的付息日，按债券面值和票面利率计算并向债券持有人支付利息。如果付息期与会计结账期不一致，则在每个会计结账期末计算应付利息，并按一定的摊销方法摊销溢价、折价。

1. 平价发行债券的利息处理

在债券平价发行的情况下，公司实际负担的利息费用等于按债券票面利率计算的债券应计利息，即公司债券各期支付的利息与按市场利率计算的利息相等。账务处理如下：

借：财务费用
　　贷：应付利息（按期付息）
　　或应付债券——应计利息（到期一次付息）

【例 10-5】承［例 10-4］，东华公司按平价发行债券时，每年 12 月 31 日，计算应付利息时：

$$每年支付利息 = 5\,000\,000 \times 10\% = 500\,000(元)$$

借：财务费用（或在建工程）　　　　　　　　　　　　　　　　500 000
　　贷：应付利息　　　　　　　　　　　　　　　　　　　　　　　　500 000

2. 溢（折）价发行债券的利息处理

债券发行的溢价或折价，实质上是对债券存续期内各期利息费用的调整。每期计算应支付的利息时，还要采用一定的方法对债券的溢价（或折价）进行摊销，从而确定本期的实际利息费用。

债券溢价或折价的摊销，有直线法摊销和实际利率法摊销两种方法，企业可以根据实际情况选择其中之一。下面分别说明两种不同方法下，债券溢价、折价摊销的计算公式。

(1) 直线法摊销。

$$本期应付利息(票面利息) = 债券面值 \times 票面利率$$
$$本期溢(折)价摊销额 = 溢(折)价总额 \div 期数$$
$$本期实际利息费用 = 本期应付利息 - 本期溢价摊销额$$
$$= 本期应付利息 + 本期折价摊销额$$
$$期末应付债券账面余额 = 期初应付债券账面余额 - 本期溢价摊销额$$
$$= 期初应付债券账面余额 + 本期折价摊销额$$

(2) 实际利率法摊销。

$$本期应付利息 = 债券面值 \times 票面利率$$
$$本期实际利息费用 = 期初应付债券账面价值 \times 市场利率$$
$$本期溢价摊销额 = 本期应付利息 - 本期实际利息费用$$
$$本期折价摊销额 = 本期实际利息费用 - 本期应付利息$$

下面举例说明溢价发行债券时利息费用的账务处理。

【例10-6】 承［例10-4］，假设债券按溢价5 400 000元发行，溢价总额为400 000元，分别按不同方法说明溢价的摊销和有关利息费用的计算及账务处理。

(1) 直线法摊销。采用直线法摊销债券溢价，可按公式计算如下：

$$每年应付利息 = 5\,000\,000 \times 10\% = 500\,000(元)$$
$$每年应摊销溢价 = 400\,000 \div 5 = 80\,000(元)$$
$$每年实际利息费用 = 500\,000 - 80\,000 = 420\,000(元)$$

每年年末计提利息并摊销溢价时：

借：财务费用	420 000
应付债券——利息调整	80 000
贷：应付利息	500 000

每年年末支付利息时：

借：应付利息	500 000
贷：银行存款	500 000

(2) 实际利率法摊销。按实际利率法摊销债券溢价时，各年溢价摊销额及利息费用等的计算见表10-4。

表10-4　债券溢价摊销额的计算（实际利率法）　　　元

会计期间	应计利息 ①=面值×10%	利息费用 ②=上期⑤×8%	溢价摊销额 ③=①-②	未摊销溢价 ④=上期④-③	应付债券账面余额 ⑤=上期⑤-③
2019.1				400 000	5 400 000
2019.12	500 000	432 000	68 000	332 000	5 332 000
2020.12	500 000	426 560	73 440	258 560	5 258 560
2021.12	500 000	420 684.8	79 315.2	179 244.8	5 179 244.8
2022.12	500 000	414 339.6	85 660.4	93 584.4	5 093 584.4

续表

会计期间	应计利息 ① = 面值×10%	利息费用 ② = 上期⑤×8%	溢价摊销额 ③ = ① - ②	未摊销溢价 ④ = 上期④ - ③	应付债券账面余额 ⑤ = 上期⑤ - ③
2023. 12	500 000	406 415.6	93 584.4	0	5 000 000
合计	2 000 000	2 100 000	400 000		

2019 年年末摊销债券溢价时：

借：财务费用　　　　　　　　　　　　　　　　　　　　　　　432 000
　　应付债券——利息调整　　　　　　　　　　　　　　　　　　68 000
　　贷：应付利息　　　　　　　　　　　　　　　　　　　　　　500 000

2019 年年末支付利息时：

借：应付利息　　　　　　　　　　　　　　　　　　　　　　　500 000
　　贷：银行存款　　　　　　　　　　　　　　　　　　　　　　500 000

（三）应付债券的偿还

公司债券应按发行时签订的债券发行契约所规定的偿还条件，按票面注明的到期日，偿还给债券的持有人。债券的偿还可以是到期偿还，也可以提前偿还，还可以分期偿还。无论采用何种方式偿还，都应按发行时的规定执行，保证投资者的利益。

1. 债券到期一次偿还

债券到期一次偿还是指债券的本金在债券到期时一次全部清偿。无论债券是按平价、溢价还是折价发行，到期时其账面价值均等于面值。如果是到期一次还本付息的债券，还要一起偿还应计的利息。账务处理程序如下：

借：应付债券——债券面值
　　　　　　　——应计利息（到期一次付息债券）
　　贷：银行存款

【例 10-7】 承 [例 10-4]，债券于 2023 年 12 月 31 日到期时，其偿还本金的账务处理如下：

借：应付债券——债券面值　　　　　　　　　　　　　　　　5 000 000
　　贷：银行存款　　　　　　　　　　　　　　　　　　　　　5 000 000

2. 债券提前偿还

债券提前偿还，一般有两种情况：一是公司发行可赎回债券，即在发行时规定了有权提前收回债券；二是公开上市的债券，发行公司可以从证券市场上提前赎回债券。债券市价的变动受市场利率的影响，发行公司如果有足够的资金可供调度，则应于债券市价下跌时，提前购回债券，这样有利于减轻财务负担。

企业提前偿付债券，在账务处理上应注意以下三点：

（1）结清到提前日止的应付利息。
（2）注销尚未摊销的债券溢价或折价及未摊销的债券发行费用。
（3）确认债券提前偿付的损益。

债券偿还损益的计算公式如下：

$$债券偿还损益 = 债券账面价值 - 债券偿还价格$$

账务处理如下：

借：应付债券——债券面值
　　　　　——应计利息
　　　　　——利息调整（未摊销溢价）
　　营业外支出（提前偿付损失）
　贷：银行存款
　　　应付债券——利息调整（未摊销折价）

【例 10-8】 承［例 10-6］，按直线法摊销溢价。企业于 2022 年 7 月 1 日提前购回以溢价发行的债券，收回价格为债券面值的 110%，其中包括当年 1 月 1 日—6 月 30 日之间的应付利息。有关债券偿还损益的计算及账务处理如下：

2022 年 1 月 1 日—6 月 30 日的应计利息为

$$5\,000\,000 \times 10\% \div 12 \times 6 = 250\,000(元)$$

债券应摊销的溢价 $= 400\,000 \div 5 \div 12 \times 6 = 40\,000(元)$

计提 2022 年 1 月 1 日—6 月 30 日利息费用的账务处理：

借：财务费用　　　　　　　　　　　　　　　　　210 000
　　应付债券——利息调整　　　　　　　　　　　 40 000
　贷：应付利息　　　　　　　　　　　　　　　　250 000

用于提前偿还债券本金的价款 $= 5\,000\,000 \times 110\% = 5\,500\,000(元)$

偿还公司债券的面值 $= 5\,000\,000(元)$

尚未摊销的溢价 $= 400\,000 \div 5 \times 1.5(年) = 120\,000(元)$

尚未支付的应计利息 $= 250\,000(元)$

偿还债券损失 $= 5\,500\,000 - 5\,000\,000 - 120\,000 - 250\,000$

$= 130\,000(元)$

偿还债券的账务处理：

借：应付债券——债券面值　　　　　　　　　　5 000 000
　　　　　——应计利息　　　　　　　　　　　 120 000
　　应付利息　　　　　　　　　　　　　　　　　250 000
　　营业外支出　　　　　　　　　　　　　　　　130 000
　贷：银行存款　　　　　　　　　　　　　　　5 500 000

五、可转换公司债券

可转换公司债券是指发行公司依照法定程序发行，在债券发行契约中，预先规定在一定日期后，转换为发行公司的普通股股票的债券。

（一）可转换债券的性质

可转换债券具有债权性证券与权益性证券的双重性质，因而称为混合性证券。

对于可转换债券的持有者来说，一方面，他有权获取固定的利息收入，并到期收回本金；另一方面，债券投资人可以行使转换权，将债券按规定转换为股票，成为企业的股东，享受股东的权利，并得到股票增值带来的利益。

（二）可转换债券的特征

1. 债权性

与其他债券一样，可转换债券也有规定的利率和期限，投资者可以选择持有债券到期，收取本息。

2. 股权性

可转换债券在转换成股票之前是纯粹的债券，但在转换成股票之后，原债券持有人就由债权人变成了公司的股东，可参与企业的经营决策和红利分配，这也在一定程度上会影响公司的股本结构。

3. 可转换性

可转换性是可转换债券的重要标志，债券持有人可以按约定的条件将债券转换成股票。转股权是投资者享有的、一般债券所没有的选择权。

在我国，上市公司和重点国有企业经批准可以发行可转换公司债券，但应当符合国家规定的有关条件。按照《可转换公司债券管理暂行办法》规定，上市公司发行可转换公司债券，应当符合下列条件：

（1）最近3年连续营利，且最近3年净资产利润率平均在10%以上；属于能源、原材料、基础设施类的公司可以略低，但是不低于7%。

（2）债券发行后资产负债率不高于70%。

（3）累计债券余额不超过公司净资产额的40%。

（4）筹集资金的投向符合国家产业政策。

（5）债券利率不超过同期存款的利率水平。

（6）债券的发行额不少于人民币1亿元。

（7）国务院证券监督管理委员会规定的其他条件。

上市公司发行可转换公司债券，应经省级人民政府或国务院有关主管部门推荐，报中国证券监督管理委员会审批。

重点国有企业发行可转换公司债券除应符合上市公司发行条件中的（3）、（4）、（5）、（6）、（7）项外，还应符合以下条件：

（1）最近3年连续营利，且最近3年的财务报告已经被具有从事证券业务资格的会计师事务所审计。

（2）有明确可行的企业改制和上市计划。

（3）有可靠的偿债能力。

（4）有具有代为清偿债务能力的保证人的担保。

重点国有企业发行可转换公司债券，转换期满时仍未转换为股份的，利息一次性支付，不计复利。

（三）可转换公司债券的账务处理

可转换公司债券在发行时有两种处理方法：一是确认转换权价值；二是不确认转换权价

值。确认转换权价值是指在可转换债券发行时,要将转换权的期权价值单独确认,转换权的价值应列作资本公积;不确认转换权价值是指在可转换债券发行时,不单独确认转换权价值,而将全部发行价格都作为债券本身的发行价格。

在我国,企业发行的可转换公司债券要作为长期负债入账,在"应付债券"账户下设置"可转换公司债券"明细账账户,其核算的主要程序为:

(1) 在考虑转换权价值时,应将债券本身及转换权价值分别入账。

借:银行存款
　　应付债券——可转换公司债券(利息调整)
　贷:应付债券——可转换公司债券(债券面值)
　　　资本公积——其他资本公积

注:确认转换权价值时,企业发行的可转换公司债券,应在初始确认时将其包含的负债成分和权益成分进行分拆,将负债成分确认为"应付债券——利息调整",将权益成分确认为"资本公积——其他资本公积"。分拆时:

①对负债成分的未来现金流量进行折现以确定负债成分的初始金额。

②再按发行总额扣除负债成分初始金额后的金额确定权益成分的初始金额。

(2) 可转换公司债券在转换为股份前以及到期未转换为股票的,其会计核算与一般公司债券相同。

(3) 可转换公司债券到期未转换为股份的,按照相关规定,于期满后5个工作日内偿还本息。偿还债券本息的会计核算与一般公司债券相同。

(4) 债券持有者行使转换权利,将可转换公司债券转换为股份时,按债券的账面价值结转,不确认转换损益。对债券面额不足转换1股股份的部分,企业应当以现金偿还。相应的账务处理为(按可转换公司债券的面值):

借:应付债券——可转换公司债券(债券面值)
　　　　　　——可转换公司债券(债券溢价)
　　　　　　——可转换公司债券(应计利息)
　贷:股本
　　　资本公积——股本溢价
　　　库存现金(不足1股股份的金额)

【例10-9】 东华公司为股份有限公司,经批准于2019年1月1日发行5年期100 000 000元可转换公司债券,债券票面利率8%,按面值发行。债券发行一年后可转换为股票,每100元转为普通股5股,股票面值1元,转换时采用不确认转换权价值的方法。假如不考虑发行费用,债券到期后一次全部转换为股份。

(1) 收到发行收入时:

借:银行存款　　　　　　　　　　　　　　　　　　　　　100 000 000
　贷:应付债券——可转换公司债券(债券面值)　　　　　　　　100 000 000

(2) 年末计提利息:

借:财务费用(在建工程)　　　　　　　　　　　　　　　　8 000 000
　贷:应付债券——可转换公司债券(应计利息)　　　　　　　　8 000 000

(3) 转换为股份：

$$转换股份数 = 100\,000\,000 \div 100 \times 5 = 5\,000\,000（股）$$

借：应付债券——可转换公司债券（债券面值）	100 000 000
——可转换公司债券（应计利息）	8 000 000
贷：股本	5 000 000
资本公积——股本溢价	103 000 000

第四节　长期应付款

长期应付款是指企业除长期借款和应付债券以外的其他各种长期应付款项，主要包括应付补偿贸易引进设备款和应付融资租入固定资产的租赁费等。为了反映和监督各种长期应付款项的增减变动情况，应设置"长期应付款"账户进行核算。

长期应付款除了具有一般长期负债的特点外，还有两个特点：一是长期应付款具有分期支付资产价款的性质，会计上作为资本性支出核算；二是长期应付款的计价经常涉及外币与人民币比价的变动。

一、应付引进设备款

应付引进设备款是指企业与外商进行补偿贸易引进国外设备而发生的应付账款。

补偿贸易是指从国外进口设备，再以该设备生产的产品所实现的销售收入归还设备价款的贸易方式。开展补偿贸易的企业，在引进设备及偿还设备款时，一般不会发生现金的收付。引进设备支付的进口税金、运杂费、安装费等以人民币支付的费用，不包括在应付引进设备款中。企业用产品归还设备款时，视同产品销售处理。设置的主要账户为"长期应付款——应付引进设备款"。对补偿贸易引进国外设备的增值税，准予抵扣。其账务处理程序以下列案例说明。

【例10-10】东华公司以补偿贸易方式从国外引进一台专用设备，价款及国外运杂费共计500 000美元。当日美元外汇中间汇率为1:8.20；另外，以人民币支付进口关税233 000元、增值税533 000元、国内运费9 000元及安装费18 000元。安装完毕交付使用。设备投产后，第一批产品1 000件，每件售价150美元，单位成本1 000元，全部用于还款，销售当日美元外汇中间汇率为1美元折合人民币8.30元。账务处理如下：

(1) 设备运到，验收入库时：

借：在建工程（500 000 × 8.20）	4 100 000
贷：长期应付款——应付引进设备款	4 100 000

(2) 支付关税及增值税时：

借：在建工程	233 000
应交税费——应交增值税（进项税额）	533 000
贷：银行存款	766 000

(3) 支付国内运费及安装费时：

借：在建工程	27 000
贷：银行存款	27 000

(4) 设备安装完毕，交付使用时：

借：固定资产 4 360 000
　　贷：在建工程 4 360 000

(5) 设备投产后，第一批产品 1 000 件全部出口销售，同时结转已销产品成本：

借：应收账款（150×1 000×8.30） 1 245 000
　　贷：主营业务收入 1 245 000
借：主营业务成本 1 000 000
　　贷：库存商品 1 000 000

(6) 以产品价款偿还设备款：

借：长期应付款——应付补偿贸易引进设备款 1 245 000
　　贷：应收账款 1 245 000

二、专项应付款

专项应付款是指企业接受国家拨入的具有专门用途的款项，如专项用于技术改造、技术研究、技术开发等，以及从其他来源取得的款项。企业为了核算专用拨入款项的增减变动情况，应设置"专项应付款"总分类账户，并按专项应付款种类设置明细账，进行明细核算。账务处理程序如下：

(1) 实际收到专项拨款时：

借：银行存款
　　贷：专项应付款

(2) 企业使用专项拨款时：

借：在建工程
　　研发支出（等相关账户）
　　贷：银行存款（等相关账户）

(3) 完成拨款项目后形成各项资产的部分：

借：固定资产
　　贷：在建工程

同时：

借：专项应付款
　　贷：资本公积——资本溢价

(4) 对未形成资产需核销的部分：

借：专项应付款
　　贷：在建工程

(5) 拨款项目完成后，上交多余款项时：

借：专项应付款
　　贷：银行存款

【例 10-11】 2019 年 1 月 10 日，东华公司取得国家一项专利技术改造拨款 1 000 000 元，该项目于当年 11 月 30 日完成。在技术改造中，形成资产价值 800 000 元，发生各项费用支出 100 000 元，按规定，所形成的资产留归东华公司所有，剩余款项上交。

（1）收到专项拨款时：

借：银行存款　　　　　　　　　　　　　　　　　　　1 000 000

　　贷：专项应付款——技改拨款　　　　　　　　　　　1 000 000

（2）发生技改支出时：

借：在建工程——技术改造　　　　　　　　　　　　　　900 000

　　贷：银行存款　　　　　　　　　　　　　　　　　　900 000

（3）所形成的资产留归公司所有，转增"无形资产"：

借：无形资产　　　　　　　　　　　　　　　　　　　　800 000

　　贷：在建工程　　　　　　　　　　　　　　　　　　800 000

（4）对未形成资产的部分需要核销，冲减成本（在建工程）：

借：专项应付款　　　　　　　　　　　　　　　　　　　100 000

　　贷：在建工程　　　　　　　　　　　　　　　　　　100 000

（5）同时，将专项拨款转增"资本公积"：

借：专项应付款　　　　　　　　　　　　　　　　　　　800 000

　　贷：资本公积　　　　　　　　　　　　　　　　　　800 000

（6）剩余款项交回：

借：专项应付款　　　　　　　　　　　　　　　　　　　100 000

　　贷：银行存款　　　　　　　　　　　　　　　　　　100 000

第五节　或有负债

一、或有事项的定义和特点

根据《企业会计准则第 13 号——或有事项》规定，或有事项是指过去的交易或事项形成的，其结果需由某些未来事项的发生或不发生才能决定的不确定事项。常见的或有事项有：贴现的商业承兑汇票、未决诉讼与仲裁、产品质量保证、债务重组附或有条件所发生的或有支出与或有收益等。其基本特征有：

（1）或有事项是过去的交易或事项形成的一种状况。

或有事项作为现在存在的一种状况，是过去的交易或事项引起的，是资产负债表日的客观存在。它对企业产生有利或不利影响，或虽然已知有利或不利影响，但影响金额有多大，现在都不能确定。

根据或有事项的这一特征，企业将来可能发生的损失、可能发生的诉讼事件、可能发生的自然灾害都不属于或有事项。

（2）或有事项具有不确定性。

首先，或有事项的结果是否发生具有不确定性；其次，或有事项的结果即使预料会发生，但具体发生的事件或发生的金额具有不确定性。

(3) 或有事项的结果只能由未来发生的事项确定。

(4) 影响或有事项结果的不确定因素不能由企业控制。

或有事项本身具有不确定性,从一个侧面说明影响或有事项结果的不确定因素不能由企业控制,如债务担保,担保方将来是否要承担连带付款责任,不是担保方能够控制的。

二、或有负债的概念和特征

或有负债是指过去的交易或事项形成的潜在义务,其存在需通过未来不确定事项的发生或不发生予以证实;或过去的事项形成的现时义务,履行该义务不是很可能导致经济利益流出企业或该义务的金额不能可靠地计量。其基本特征有:

(1) 或有负债是由过去的交易或事项形成的。

(2) 或有负债的结果具有不确定性。

或有负债有两种义务:一是潜在义务;二是现时义务。或有负债作为一种潜在义务,其结果只能由未来不确定事项的发生或不发生予以证实。或有负债作为特殊的现时义务,该义务的履行不是很可能导致经济利益流出企业或该现时义务的金额不能可靠地计量。

三、预计负债

根据《企业会计准则第13号——或有事项》规定,如果与或有事项相关的义务同时符合有关条件,企业应将其确认为预计负债。预计负债应同时具备以下三个条件:

(1) 该义务是企业承担的现时义务。

(2) 该义务的履行很可能(概率为50%~95%)导致经济利益流出企业。

(3) 该义务的金额能够可靠地计量。

该义务的履行很可能导致经济利益流出企业。"很可能"是指发生概率为50%~95%;95%~100%为"基本确定";5%~50%为"可能";0~5%为"极小可能"。如果经济利益流出企业的可能性大于50%,则应当确认为负债。

该义务的金额能够可靠地计量,是指因或有事项产生的现时义务的金额能够合理地估计。

四、预计负债的计量

根据《企业会计准则第13号——或有事项》规定,预计负债应当按照履行相关现时义务所需支出的最佳估计数进行初始计量。最佳估计数的确定,分两种情况考虑:

(1) 清偿负债所需支出存在一个连续金额范围时,则最佳估计数应该按该范围的上限与下限金额的平均数确定。

【例10-12】 某企业因违反合同而涉及一项诉讼案。根据经验判断,企业很可能败诉。但是,估计赔偿金额为500 000~800 000元。根据会计制度规定,该企业对或有负债确认的金额应为(500 000 + 800 000) ÷ 2 = 650 000(元)。

(2) 当清偿负债所需支出的金额不存在一个金额范围时,最佳估计数的确定方法有两种:

①或有事项涉及单个项目时,最佳估计数按最可能发生的金额确定。

【例 10 – 13】 承［例 10 – 12］，某企业涉及未决诉讼，估计胜诉的可能性为 30%，败诉的可能性为 70%。在这种情况下，该企业应确认预计负债的最佳估计金额为 800 000 元。

②或有事项涉及多个项目，最佳估计数按各种可能发生额及其发生的概率计算确定。

【例 10 – 14】 企业对产品销售提供质量保证。在产品销售保质期内，进行保修。根据经验估计，90% 不会发生质量问题，有 6% 会发生较大的质量问题，有 4% 会发生较小质量问题，发生较大质量问题的修理费占销售额的 2%，发生较小质量问题的修理费占销售额的 1%。当期销售额 1 000 000 元。则：

该企业应确认的负债金额 = 1 000 000 × 2% × 6% + 1 000 000 × 1% × 4% = 1 600（元）

五、预计负债的账务处理

将因或有事项而确认的或有负债，通过"预计负债"账户核算，并在资产负债表中单独列项反映。

【例 10 – 15】 2019 年 10 月 28 日，东华公司从银行取得的一年期的贷款 2 000 000 元到期，年利率为 3%。因东华公司与银行发生经济纠纷，未能按时偿还贷款本金及利息。故银行向法院提起诉讼，至 12 月 31 日法院尚未判决。

在该诉讼中，如果没有特殊情况发生，东华公司很可能败诉。东华公司应承担偿还本金及利息的义务；此外，还需要支出发生的罚息、诉讼费等费用。假定东华公司预计要支出的罚息为 130 000 元，诉讼费为 50 000 元，那么有关账务处理为：

借：管理费用——诉讼费　　　　　　　　　　　　　　　　　　50 000
　　营业外支出——罚息支出　　　　　　　　　　　　　　　　130 000
　　贷：预计负债——未决诉讼　　　　　　　　　　　　　　　　　　180 000

【例 10 – 16】 乙公司与甲企业签订供货合同，由于乙公司未能如期发货，给甲企业造成了严重损失，故乙公司被诉讼。至年末该诉讼事件尚未结案。但根据公司法律顾问判断，公司败诉的可能性在 55% 以上，预计败诉赔偿的金额为 1 500 000 ~ 2 000 000 元（包括诉讼费 100 000 元）。根据企业会计制度，乙公司应确认负债，其账务处理为：

估计赔偿金额(包括诉讼费) = (1 500 000 + 2 000 000) ÷ 2 = 1 750 000（元）

借：管理费用——诉讼费　　　　　　　　　　　　　　　　　　100 000
　　营业外支出——赔偿支出　　　　　　　　　　　　　　　　1 650 000
　　贷：预计负债——未决诉讼　　　　　　　　　　　　　　　　　1 750 000

【例 10 – 17】 甲公司为乙公司提供债务担保。按担保协议，如果被担保方违约，担保方应承担连带付款责任。由于乙公司经营状况不佳，财务状况恶化，且有迹象表明，乙公司很可能违约。根据担保协议，甲公司承担连带付款责任的金额为 850 000 元的可能性为 60%，承担连带付款责任的金额为 700 000 元的可能性为 40%。假定基本确定乙公司将来能够补偿 100 000 元。对此，甲公司应作账务处理：

借：营业外支出——赔偿支出　　　　　　　　　　　　　　　　850 000
　　贷：预计负债——债务担保　　　　　　　　　　　　　　　　　850 000
借：其他应收款　　　　　　　　　　　　　　　　　　　　　　100 000
　　贷：营业外支出　　　　　　　　　　　　　　　　　　　　　　100 000

【例 10-18】 东华公司生产和销售产品，实行产品质量保证。在质量保证期内免费维修。根据经验估计，发生大修理的费用支出为销售额的 2%~5%。东华公司当期销售额为 500 000 元。则：

东华公司应确认的负债金额 = 500 000 × [(2% + 5%) ÷ 2] = 17 500(元)

借：销售费用——产品质量保证　　　　　　　　　　　　　　17 500
　　贷：预计负债——产品质量保证　　　　　　　　　　　　　　17 500

实际发生质量问题，免费修理时：

借：预计负债——产品质量保证
　　贷：银行存款
　　　　原材料
　　　　应付职工薪酬（等相关账户）

思考题

1. 长期负债按资金筹措方式不同可分为哪几类？
2. 借款费用的处理主要有哪两种方法？会计上如何处理？
3. 应付债券溢价或折价的产生原因是什么？会计上如何核算？
4. 债券的发行价格有哪些？发行的条件是什么？

练习题

1. 某企业 2018 年发生的长期借款和仓库建造业务如下：

(1) 2018 年 1 月 1 日，为建造一幢仓库从银行取得长期借款 8 000 000 元，期限 3 年，合同年利率 6%（合同利率等于实际利率），不计复利，每年年末计提并支付利息一次，到期一次还本。

(2) 2018 年 1 月 1 日，开始建造仓库，当日用该项借款购买工程物资 5 000 000 元（不考虑增值税），全部用于工程建设，同时支付工程款 3 000 000 元。

(3) 2018 年 12 月 31 日仓库工程完工并验收合格，达到预定可使用状态。仓库达到预定可使用状态前发生的借款利息全部予以资本化。该仓库预计使用年限为 20 年，预计净残值为 80 000 元，采用年限平均法计算折旧。假定未发生其他建造支出。

要求：

(1) 编制取得长期借款的会计分录。
(2) 编制 2018 年 12 月 31 日计提长期借款利息的会计分录。
(3) 计算仓库完工交付使用时的入账价值；编制结转仓库成本的会计分录。
(4) 计算仓库 2019 年应计提的折旧额；编制计提仓库 2017 年折旧额的会计分录。
(5) 编制 2019 年 12 月 31 日计提长期借款利息的会计分录。

2. 某企业于 2019 年 1 月 1 日发行 2 年期债券，票面价值为 20 000 000 元，票面年利率为 4%，每年年末支付利息，到期还本，债券发行价格为 21 000 000 元。债券溢价采用直线法摊销。

要求：编制该债券发行、溢价摊销、应计利息、支付利息、到期还本业务的相关会计分录。

3. 2019 年 1 月 10 日，长江公司取得国家一项专利技术改造拨款 5 000 000 元，该项目于当年 11 月 30 日完成；在技术改造中，形成资产价值 4 600 000 元，发生各项费用支出 200 000 元。按规定，所形成的资产留归长江公司所有，剩余款项上交。按下列要求编制有关的会计分录。

（1）收到专项拨款，存入银行。
（2）以银行存款支付技术改造支出 4 800 000 元。
（3）把形成的资产 4 600 000 元留归公司，转增无形资产。
（4）对未形成资产的 200 000 元进行核销，冲减建设成本。
（5）同时将留归公司的专项拨款转增资本公积。
（6）剩余款项交回国家。

第十一章 所有者权益

【本章知识要点提示】

通过本章的学习：理解所有者权益的概念、内容、不同组织形式下所有者权益的构成及所有者权益的特征；熟悉公司制企业实收资本的来源渠道，资本公积的形成和用途，留存收益的构成及用途，独资企业业主权益的核算内容，合伙企业业主权益的核算内容；掌握资本公积形成和使用的会计处理，盈余公积形成和使用的会计处理，实收资本增减变动的会计处理，未分配利润的核算内容及会计处理。本章所包括的内容：所有者权益概述、公司制企业的实收资本（股本）、资本公积、留存收益、独资企业所有者权益、合伙企业所有者权益。

第一节 所有者权益概述

一、所有者权益的概念和特征

所有者权益指企业资产扣除负债后由所有者享有的剩余权益。股份公司的所有者权益又称为股东权益。所有者权益按形成来源不同，可分为投资者投入的资本和留存收益。

所有者权益具有以下特征：

（1）除非发生减资、清算或分派现金股利，企业不需要偿还所有者权益。
（2）企业清算时，只有在清算所有的负债后，剩余权益才能返还给所有者。
（3）所有者凭借出资的份额能够参与企业的利润分配。

二、企业组织形式及所有者权益的构成

企业组织形式不同，其所有者权益所包括的内容也不相同。目前，我国企业的组织形式主要有国有企业、公司制企业、合伙制企业、个人独资企业等。公司制企业的所有者权益由

实收资本（股本）、资本公积、盈余公积、未分配利润构成；个人独资企业和合伙企业所有者权益表现为各业主的资本。

从会计核算的角度看，不同组织形式的企业在对资产、负债、收入、费用和利润的核算上一般区别不大，但在所有者权益的核算上存有差异。下面对公司制企业和非公司制企业的所有者权益的核算分别进行介绍。

第二节 公司制企业的实收资本（股本）

公司制企业是指依法设立、依法独立享有权利并承担责任的经济组织。在公司这种企业组织形式中，投资者以其认缴的出资额对公司承担有限责任，即公司以其全部资产对其债务承担责任。

公司制企业按投资方式的不同可分为：有限责任公司和股份公司两种。无论是哪种方式，其所有者权益均由实收资本（股本）、资本公积、盈余公积和未分配利润四部分构成。

一、有限责任公司和实收资本

（一）有限责任公司

有限责任公司是指根据《中华人民共和国公司登记管理条例》规定登记注册，由五十个以下的股东出资设立，每个股东以其所认缴的出资额对公司承担有限责任，公司以其全部资产对其债务承担责任的经济组织。有限责任公司包括国有独资公司以及其他有限责任公司。

有限责任公司对投入资本进行核算时，应注意以下几个问题：

（1）按照公司规定的出资方式、出资额和出资缴纳期限出资。

（2）各投资者按照合同、协议或公司章程投入的资本应计入"实收资本"，企业的实收资本应等于公司的注册资本，出资额大于其按约定比例计算的其在注册资本中所占的份额部分，计入"资本公积"。

（3）转让出资应经其他投资者同意，如果其他投资者有异议，则应由其他投资者购买该转让的出资；如果不购买该出资，则被视为同意转让。如果其他投资者无异议，在同等条件下，原投资者有优先购买权。

（二）有限责任公司投入资本的核算

有限责任公司应设置"实收资本"总分类账户，核算企业接受投资者投入的资本，并按投资者进行明细核算。

有限责任公司接受的投资可能是货币投资，也可能是实物资产或无形资产投资。

（1）收到的是货币资金投资时：

借：银行存款
　贷：实收资本
　　　资本公积——资本溢价（超过注册资本的部分）

(2) 收到的是实物资产或无形资产投资时：

借：固定资产
　　原材料
　　应交税费——应交增值税（进项税额）
　　无形资产（等相关账户）
　贷：实收资本
　　　资本公积——资本溢价

【例 11-1】 东华公司由 A、B、C 三个公司投资设立，按出资协议，A 公司以现金出资 3 000 000 元；B 公司以设备出资，其公允价值为 4 000 000 元，增值税额为 520 000 元；C 公司以无形资产出资，其评估确认的公允价值为 1 500 000 元。

借：银行存款	3 000 000
固定资产	4 000 000
应交税费——应交增值税（进项税额）	520 000
无形资产	1 500 000
贷：实收资本——A 公司	3 000 000
——B 公司	4 520 000
——C 公司	1 500 000

【例 11-2】 东华公司接受新兴公司投资 1 000 000 元，取得东华公司 10% 的所有权份额，东华公司的注册资本总额为 8 000 000 元。收到的现金存入银行。东华公司账务处理如下：

借：银行存款	1 000 000
贷：实收资本——新兴公司	800 000
资本公积——资本溢价	200 000

二、股份有限公司和股本

（一）股份有限公司

股份有限公司简称股份公司，是指全部资本由等额股份构成并通过发行股票筹集资本，股东以其所持股份对公司承担有限责任，公司以其全部资产对公司债务承担责任的企业法人。股票可以交易或转让，股东数量有下限，没有上限。

股份公司的设立通常有两种方式，即发起式和募集式。

(1) 发起式设立的股份公司的股份全部由发起人认购，不向发起人之外的任何人募集股份。这种设立方式因股东是固定的，无须聘请证券公司向社会广泛募集。

(2) 募集式设立的股份公司的股份除由发起人认购外，还可以采用向其他法人或自然人发行股票的方式进行募集。这种设立方式因面向社会发行股票，需要由企业发起人聘请证券商发行股票，由社会募集式设立的公司，发起人认购的股份不得少于公司发行股份总数的 35%，其余部分可向社会公开募集。

公司发行股票取得的收入与股本总额往往不一致，公司发行股票取得的收入大于股本总额的，称为溢价发行；小于股本总额的，称为折价发行；等于股本总额的，称为面值发行。

我国不允许股票折价发行。

(二) 股份有限公司股本的核算

股份有限公司通过发行股票的方式筹集资本,实际发行股票的面值总额称为股本。股本在数额上与公司的注册资本是一致的。

股份有限公司以发行股票方式募集资金时,应设置"股本"账户进行核算,股本等于股票的面值乘以核定的股份总数,股票溢价等于发行价格减去股票面值和发行费用,计入"资本公积——股本溢价"。有关发行股票筹集资金的账务处理如下:

借:银行存款
　　贷:股本(面值×股份)
　　　　资本公积——股本溢价

【例 11-3】 东华股份公司经批准发行普通股股票 500 000 股,每股面值 1 元,认购价格为 3 元,发行过程中累计发生发行费用 50 000 元,从发行价格中扣除。有关账务处理如下:

借:银行存款　　　　　　　　　　　　　　　　　　　　1 450 000
　　贷:股本——普通股　　　　　　　　　　　　　　　　　　500 000
　　　　资本公积——股本溢价　　　　　　　　　　　　　　　950 000

【例 11-4】 东华股份有限公司经证监会批准,委托华达证券公司按面值发行普通股股票,共计 50 000 000 股,每股面值 1 元,双方协商按发行收入的 2% 收取手续费,并从发行收入中扣除。该公司现已募足全部股款并收存银行。东华账务处理如下:

借:银行存款　　　　　　　　　　　　　　　　　　　　49 000 000
　　财务费用　　　　　　　　　　　　　　　　　　　　　1 000 000
　　贷:股本——普通股　　　　　　　　　　　　　　　　50 000 000

【例 11-5】 东华股份有限公司接受甲投资者拥有的一幢厂房投资,该厂房原值 200 000 元,已提折旧 50 000 元,合同约定作价 180 000 元,东华公司发给甲投资者面值 1 元的普通股 100 000 股,则公司作如下会计分录:

借:固定资产　　　　　　　　　　　　　　　　　　　　　180 000
　　贷:股本——普通股　　　　　　　　　　　　　　　　　100 000
　　　　资本公积——股本溢价　　　　　　　　　　　　　　 80 000

(三) 股本减少的核算

股份公司采用收购本公司股票的方式减资时,按注销股票的面值总额减少股本,按注销库存股的账面余额与冲减股本的差额冲减股本溢价,股本溢价不足冲减的,再依次冲减盈余公积直至未分配利润;如果回购股票支付的价款低于面值总额,所注销库存股的账面余额与所冲减股票面值的差额,增加股本溢价。

【例 11-6】 东华股份有限公司 2019 年 2 月 5 日将原发行的面值为 1 元、发行价格为 2 元的普通股 10 000 股回购。该公司现账面余额:资本公积为 10 000、盈余公积为 3 000 元、未分配利润 5 000 元。假设按以下几种价格回购:

(1) 回购价格为 2 元时:
借:库存股　　　　　　　　　　　　　　　　　　　　　　　20 000

贷：银行存款　　　　　　　　　　　　　　　　　　　　　　20 000
　注销本公司股票时：
　　借：股本——普通股　　　　　　　　　　　　　　　　　　10 000
　　　　资本公积——股本溢价　　　　　　　　　　　　　　　10 000
　　贷：库存股　　　　　　　　　　　　　　　　　　　　　　20 000
（2）回购价格为2.2元时：
　　借：库存股　　　　　　　　　　　　　　　　　　　　　　22 000
　　贷：银行存款　　　　　　　　　　　　　　　　　　　　　22 000
　注销本公司股本时：
　　借：股本——普通股　　　　　　　　　　　　　　　　　　10 000
　　　　资本公积——股本溢价　　　　　　　　　　　　　　　10 000
　　　　盈余公积　　　　　　　　　　　　　　　　　　　　　 2 000
　　贷：库存股　　　　　　　　　　　　　　　　　　　　　　22 000
（3）回购价格为0.8元时：
　　借：库存股　　　　　　　　　　　　　　　　　　　　　　 8 000
　　贷：银行存款　　　　　　　　　　　　　　　　　　　　　 8 000
　注销本公司股票时：
　　借：股本——普通股　　　　　　　　　　　　　　　　　　10 000
　　贷：库存股　　　　　　　　　　　　　　　　　　　　　　 8 000
　　　　资本公积——股本溢价　　　　　　　　　　　　　　　 2 000

第三节　资本公积

一、资本公积的性质及来源

资本公积是由投资者投入但不能构成实收资本或股本，或从其他来源取得，由所有者享有的资金，它属于所有者权益的范畴。资本公积由全体股东享有，实际上是一种准资本，主要用途是转增资本。

资本公积的来源主要包括：资本（或股本）溢价和其他资本公积。

（一）资本（或股本）溢价

资本（或股本）溢价是指企业投资者投入的资金超过其在注册资本中所占份额的部分。在股份有限公司其被称为股本溢价。

企业收到国家拨入的专门用于技术改造、技术研究等项目的拨款后，按规定转入资本公积的部分，也属于资本溢价。

（二）其他资本公积

其他资本公积是指资本（或股本）溢价以外的直接计入所有者权益的利得和损失，主要包括以下内容：

（1）以权益结算的股份支付。

以权益结算的股份支付换取职工或其他方提供服务的，在授权日，应按照确定的金额，借记"管理费用"等科目，贷记"资本公积（其他资本公积）"；在行权日，应按实际行权的权益工具数量计算确定的金额，借记"资本公积——其他资本公积"科目，按计入实收资本或股本的金额，贷记"实收资本"或"股本"，并将其差额计入"资本公积——资本溢价"或"资本公积——股本溢价"科目。

（2）采用权益法核算的长期股权投资。

对长期股权投资采用权益法核算的，被投资单位除资本溢价、净损益、其他综合收益和利润分配以外所有者权益的其他变动，投资企业按持股比例计算应享有的份额；应当增加或减少长期股权投资的账面价值，同时增加或减少资本公积（其他资本公积）。当处置采用权益法核算的长期股权投资时，应当将原计入"资本公积（其他资本公积）"的相关金额转入"投资收益"账户。

（3）企业接受的外币投资因所采用的汇率不同而产生的资本折算差额。

二、资本公积的账务处理

对资本公积的核算，在会计上应设置"资本公积"账户，该账户下设"资本溢价"和"股本溢价"两个明细账账户以分别核算企业权益性筹资产生的资本（或股本）溢价，以及直接计入所有者权益的利得和损失。

（一）资本（或股本）溢价的核算

1. 资本溢价

资本溢价是指投资者缴纳的出资额大于注册资本的差额。企业进行账务处理时，就投资者投入的资本中等于按注册资本的约定比例计算的出资额，应计入"实收资本"账户，超出部分作为资本溢价计入"资本公积"账户。资本溢价的产生一般有以下两种情况：

（1）在企业设立时，生产经营所需资金大于注册资本总额。投资者为满足企业经营的需要而多缴的一部分资本形成资本溢价；或资产的不可分割性导致实际投入企业资产的价值超过按出资比例计算的出资额。

（2）接纳新投资者时，为了维护原有投资者的权益，新加入投资者的出资额大于实收资本的部分。

【例11-7】 东华有限责任公司由甲、乙公司双方各出资 2 000 000 元成立，注册资本 4 000 000 元。经过四年经营，现有留存收益 600 000 元。此时丙公司有意加入，经三方协商，丙公司出资 2 200 000 元，将注册资本增至 6 000 000 元，丙公司占 1/3 的权益。则东华公司账务处理如下：

借：银行存款　　　　　　　　　　　　　　　　　　　2 200 000
　　贷：实收资本——丙公司　　　　　　　　　　　　　　2 000 000
　　　　资本公积——资本溢价　　　　　　　　　　　　　　200 000

2. 股本溢价

对股份有限公司而言，在股票溢价发行的情况下，股东所缴股款超过所购股票面值总额以上的那部分数额作为股本溢价。将企业发行取得的收入相当于股票面值的部分计入"股本"账户,对于超出股票面值的溢价收入在扣除支付给证券代理商的手续费、佣金等后,余额全部计入"股本溢价"明细账账户。账务处理案例参看第二节。

(二) 其他资本公积的核算

"资本公积"科目核算的内容较多,我们在本教材的其他相关章节中都做了较详细的介绍,因此,这里只概括一下主要核算内容。

1. 以权益结算的股份支付

以权益结算的股份支付在换取职工或其他方提供的服务时,应按确定金额作为成本费用入账,同时增加"资本公积——其他资本公积"。

借:管理费用(等相关账户)
　　贷:资本公积——其他资本公积

在行权时,应按照实际行权的权益工具数量计算确定的金额,将"资本公积——其他资本公积"转入"实收资本"或"股本"账户,溢价部分计入"资本公积——资本(股本)溢价"账户。

借:资本公积——其他资本公积
　　贷:实收资本(或股本)
　　　　资本公积——股本溢价

【例 11-8】 东华公司 2019 年 7 月 1 日采用授权后立即行权的方式授予高管人员股份 1 000 000 股,每股 9 元,每股面值 1 元。账务处理如下:

(1) 授权时:

借:管理费用　　　　　　　　　　　　　　　　　　　　　9 000 000
　　贷:资本公积——其他资本公积　　　　　　　　　　　　9 000 000

(2) 行权时:

借:资本公积——其他资本公积　　　　　　　　　　　　　9 000 000
　　贷:股本　　　　　　　　　　　　　　　　　　　　　1 000 000
　　　　资本公积——股本溢价　　　　　　　　　　　　　8 000 000

2. 采用权益法核算的长期股权投资

企业对被投资单位的长期股权投资采用权益法核算的,在持股比例不变的情况下,对因被投资单位除净损益、其他综合收益和利润分配以外的所有者权益的其他变动,应按持股比例计算其应享有或应分担被投资单位所有者权益的增减数额,调整长期股权投资的账面价值和所有者权益(资本公积——其他资本公积)。在处置长期股权投资时,应转销与该笔投资相关的其他资本公积。

【例 11-9】 东华公司于 2019 年 1 月 1 日向 B 公司投资 6 000 000 元,拥有该公司 20% 的股份,并对该公司有重大影响,2019 年 12 月 31 日,B 公司除净损益、其他综合收益和利润分配以外的所有者权益外增加了 1 000 000 元。假定除此以外,B 公司的所有者权益没有变化,东华公司的持股比例没有变化,B 公司资产的账面价值与公允价值一致,不考虑其他因素。东华公司的账务处理如下:

东华公司对 B 公司投资增加的资本公积 = 1 000 000 × 20% = 200 000(元)
借：长期股权投资——B 公司　　　　　　　　　　　　200 000
　贷：资本公积——其他资本公积　　　　　　　　　　　200 000

资本公积实际上是一种准资本，可按法定程序转增资本。当企业按规定将资本公积转增资本时，应根据实际转增的金额和投资比例分别增加各投资人的实收资本账户。会计上应借记"资本公积"，贷记"实收资本（或股本）"。

第四节　留存收益

留存收益是指企业从历年实现的净收益中提取或形成留存于企业内部的积累。与资本公积不同，它实质上是企业通过生产经营活动而形成的资本增值。

按照我国会计核算的习惯，留存收益包括盈余公积和未分配利润，前者一般又包括法定盈余公积和任意盈余公积。

一、盈余公积的核算

盈余公积是指公司按规定从净收益中提取的各种积累资金。其中，法定盈余公积带有一定的强制性，而且往往有指定的用途。

（一）盈余公积的构成

盈余公积根据其用途不同可分为：法定盈余公积和任意盈余公积。

1. 法定盈余公积

公司制企业按净利润的 10% 提取（非公司制企业也可超过 10%），法定盈余公积的累计数达到注册资本的 50% 以上时，可以不再提取。

2. 任意盈余公积

公司从税后利润中提取法定盈余公积后，经股东会或股东大会决定，还可以从税后利润中提取任意盈余公积，提取比例由股东会或股东大会确定。

外商投资企业盈余公积包括：

（1）储备基金。储备基金是指法律、法规规定从净利润中提取的，经批准用于弥补亏损和转增资本的储备基金。

（2）企业发展基金。企业发展基金是指按照法律、行政法规规定从净利润中提取的，用于企业生产发展和经批准用于增加资本的企业发展基金。

（3）利润归还投资。利润归还投资是指中外合作经营企业按照规定在合作期内以利润归还投资者的投资而形成的盈余公积。

（二）盈余公积的主要用途

1. 弥补亏损

企业发生亏损时，可在营利后的五年内用税前利润弥补，对按规定不能用税前利润弥补的亏损，则必须用以后的税后利润弥补或用盈余公积弥补。

2. 转增资本

经股东大会决议，为满足企业自我发展的需要，企业可以用盈余公积转增资本，但将盈余公积转增资本时，留存的盈余公积不得少于公司注册资本的25%。

3. 发放现金股利或利润

公司当年无利润，原则上不得分配股利。但在用盈余公积弥补亏损后，经股东大会决议，也可用盈余公积分派现金股利或分配利润。在分配股利或利润后，公司法定盈余公积的数额不得少于注册资本的25%。

（三）盈余公积的核算

盈余公积的提取和使用，应设置"盈余公积"账户核算，在该账户下应分别设置"法定盈余公积""任意盈余公积""储备基金""企业发展基金""利润归还投资"等明细账账户。

（1）企业提取盈余公积时：

借：利润分配——提取法定盈余公积
　　　　　　——提取任意盈余公积（等相关账户）
　　贷：盈余公积——法定盈余公积
　　　　　　　　——任意盈余公积（等相关账户）

（2）使用盈余公积时：

借：盈余公积——法定盈余公积
　　　　　　——任意盈余公积（等相关账户）
　　贷：利润分配——盈余公积补亏
　　　　实收资本
　　　　应付股利（等相关账户）

（四）盈余公积核算举例

1. 盈余公积的提取

【例11-10】 东华公司2019年度实现税后利润24 000 000元，经股东大会批准，按10%提取法定盈余公积，再按5%提取任意盈余公积。账务处理如下：

借：利润分配——提取法定盈余公积　　　　　　　　　　2 400 000
　　　　　　——提取任意盈余公积　　　　　　　　　　1 200 000
　　贷：盈余公积——法定盈余公积　　　　　　　　　　　　2 400 000
　　　　　　　　——任意盈余公积　　　　　　　　　　　　1 200 000

2. 盈余公积的使用

（1）弥补亏损。

【例11-11】 东华公司2019年召开股东大会，经大会批准，决定用任意盈余公积400 000元弥补以前年度亏损。账务处理如下：

借：盈余公积——任意盈余公积　　　　　　　　　　　　400 000
　　贷：利润分配——盈余公积补亏　　　　　　　　　　　　400 000

(2) 转增股本或分配股票股利。

【例 11-12】 承［例 11-10］，若股东大会批准将法定盈余公积中的 1 600 000 元用于派送新股，按派送的股票面值计算的股本为 1 400 000 元，则作如下账务处理：

借：盈余公积——法定盈余公积　　　　　　　　　　　　　1 600 000
　　贷：股本——普通股　　　　　　　　　　　　　　　　　　　　1 400 000
　　　　资本公积——股本溢价　　　　　　　　　　　　　　　　　　200 000

(3) 分配现金股利或利润。

【例 11-13】 承［例 11-10］，若股东大会批准，用 600 000 元法定盈余公积分配现金股利，则作如下账务处理：

借：盈余公积——法定盈余公积　　　　　　　　　　　　　　600 000
　　贷：应付股利　　　　　　　　　　　　　　　　　　　　　　　　600 000

二、未分配利润

企业一般在年终核算未分配利润。未分配利润从数量上来说，等于期初未分配利润加上本期实现的税后利润，减去提取的盈余公积和分配股利后的余额。

在会计核算上，未分配利润是通过"利润分配——未分配利润"账户进行核算的。企业在生产经营过程中取得的收入和发生的成本费用，最终通过"本年利润"账户进行归集，计算出当年盈利或亏损，然后转入"利润分配——未分配利润"账户进行分配，其结存于"利润分配——未分配利润"账户的贷方余额，为未分配利润，否则，为未弥补亏损。年度终了，再将"利润分配"账户下的其他明细账账户的余额转入"未分配利润"明细账账户。结转后，"未分配利润"明细账的期末余额如在贷方，则表示企业累计未分配的利润；如果在借方，则表示历年累计未弥补亏损。具体账务处理程序如下：

(1) 年度终了时企业实现的净利润（若为亏损，则作相反分录）：

借：本年利润
　　贷：利润分配——未分配利润

(2) 将"利润分配"其他明细账账户下的余额转入"未分配利润"账户，以结清旧账。

借：利润分配——未分配利润
　　贷：利润分配——提取法定盈余公积
　　　　　　　　——提取任意盈余公积
　　　　　　　　——向投资者分配现金股利等

三、弥补亏损

公司制企业在生产经营过程中出现亏损，其亏损弥补的渠道可以有以下三种：

(1) 用以后年度税前利润进行弥补，但延续弥补期限最长不得超过发生亏损年度后的五年。

(2) 用以后年度税后利润弥补亏损。

(3) 用以前年度提取的盈余公积弥补亏损。

在以次年实现的税前利润弥补以前年度亏损的情况下，企业当年实现的利润自"本年利润"账户转入"利润分配——未分配利润"账户,称为自动弥补,不需要进行专门的账务处理。

以税前利润弥补亏损,其弥补的数额可以抵减当期企业应纳税所得额,而以税后利润弥补的数额,则不能作为纳税所得扣除额处理。

【例 11-14】 假设东华公司2013年发生亏损1 200 000元,2014—2018年,每年均实现利润200 000元,2019年实现税前利润400 000元。所得税税率为25%,则东华公司2013—2019年各年账务处理如下:

(1) 2013年年底,结转本年发生的亏损:

借:利润分配——未分配利润　　　　　　　　　　　　　　　　1 200 000
　　贷:本年利润　　　　　　　　　　　　　　　　　　　　　　　　1 200 000

(2) 2014—2018年均可用税前利润弥补亏损:

借:本年利润　　　　　　　　　　　　　　　　　　　　　　　　200 000
　　贷:利润分配——未分配利润　　　　　　　　　　　　　　　　　　200 000

(3) 2019年只能用税后利润弥补以前年度亏损。即2019年度终了时,东华公司先计算应交纳的所得税,然后再将当期税后利润转入"利润分配——未分配利润"账户。

2019年应交所得税 = 400 000 × 25% = 100 000(元)

借:所得税费用　　　　　　　　　　　　　　　　　　　　　　　100 000
　　贷:应交税费——应交所得税　　　　　　　　　　　　　　　　　100 000

同时,结转所得税费用:

借:本年利润　　　　　　　　　　　　　　　　　　　　　　　　100 000
　　贷:所得税费用　　　　　　　　　　　　　　　　　　　　　　　100 000

结转本年实现的净利润:

借:本年利润　　　　　　　　　　　　　　　　　　　　　　　　300 000
　　贷:利润分配——未分配利润　　　　　　　　　　　　　　　　　300 000

东华公司2019年年底"利润分配——未分配利润"账户的期末贷方余额为 -1 200 000 + 200 000 × 5 + 300 000 = 100 000(元)。

第五节　独资企业所有者权益

独资企业是由个人出资创办、完全由个人经营的企业。与公司制企业相比,独资企业的基本特征主要表现为:这类企业不是独立的法律实体,无独立行为能力,企业的资产全部归个人所有,企业债务即个人债务,投资者个人对企业债务负有无限清偿的责任。

一、独资企业所有者权益的特征

个人出资、非独立的法律实体、业主承担无限偿债责任、所有权与经营权合一决定了业主对企业拥有直接的经营管理权和净资产处置权,净资产归业主所有。因此,各国法律不要求独资企业必须从利润中提取各种公积金。

独资企业所有者权益无须像公司制企业那样分为投入资本、资本公积、盈余公积和未分配利润。无论业主向企业投入资本、从企业提款，还是企业经营中获取的利润，都可全部直接归于业主资本。

二、独资企业所有者权益的核算

独资企业所有者权益通过"业主资本"账户反映，投入资本和盈利作为业主资本的增加，计入贷方；亏损和业主从企业提款作为业主资本的减少，计入该账户借方，贷方余额为业主权益总额。

对业主提款的会计处理应明确以下两点：

（1）独资企业非独立法律实体这一事实并不否认独资企业作为独立会计实体的存在，会计核算上必须明确区别独资企业与业主个人的经济活动，业主提款表明企业经营资金的减少，应加以记载。

（2）业主提款，虽最终减少企业净资产，但平时发生业主提款业务应单设"业主提款"账户反映，年终再随损益一起转入"业主资本"账户，这样有利于对业主资本变动状况进行分析。

【例11-15】 东华利达食品厂是张欣个人出资兴办的独资企业，2019年所发生的有关所有者权益变动的经济事项及其会计处理如下：

（1）2月17日，张欣从食品厂提款10 000元，用于家庭开支。

借：业主提款　　　　　　　　　　　　　　　　　　　　　　10 000
　　贷：库存现金　　　　　　　　　　　　　　　　　　　　　　10 000

（2）6月13日，业主以一台设备向食品厂追加投资，该设备价值为30 000元。

借：固定资产　　　　　　　　　　　　　　　　　　　　　　30 000
　　贷：业主资本　　　　　　　　　　　　　　　　　　　　　　30 000

（3）2019年度利达食品厂的净收益为80 000元。

借：本年利润　　　　　　　　　　　　　　　　　　　　　　80 000
　　贷：业主资本　　　　　　　　　　　　　　　　　　　　　　80 000

（4）将本年度累计的业主提款冲减业主资本。

借：业主资本　　　　　　　　　　　　　　　　　　　　　　10 000
　　贷：业主提款　　　　　　　　　　　　　　　　　　　　　　10 000

第六节　合伙企业所有者权益

一、合伙企业的基本特征

合伙企业是由两个或两个以上的投资者订立合伙协议，共同出资、共同经营、共享收益、共担风险，并对企业债务承担无限连带责任的营利性组织。合伙企业的特征表现在以下几个方面。

（一）共同执行合伙企业事务

合伙企业的所有权与经营管理权是密切结合的，各合伙人对执行合伙企业事务享有同等的权利。在合伙企业经营过程中，全体合伙人可以共同执行合伙企业事务，也可以由合伙协议约定或者全体合伙人决定委托一名或者数名合伙人执行合伙事务。

（二）无限连带偿债责任

对合伙企业承担的债务，首先以全部合伙财产清偿，合伙财产不足以清偿时，各合伙人无论对企业投资多少，都必须承担无限清偿责任。

二、合伙企业所有者权益的特征

（一）合伙者权益最终体现为各合伙人的资本

合伙企业的性质决定了合伙企业可以自己决定企业积累、分配以及亏损分担的办法。由于法律未对合伙企业盈利分配作出限制，在向合伙人支付合伙利润前无须提取公积金和公益金，因此，合伙企业的所有者权益无须划分为投入资本、资本公积、盈余公积和未分配利润，权益总额直接从业主资本项目中体现出来。

（二）资本形态广泛、灵活

公司制企业的本质是资合，而合伙企业的性质是人合。合伙人对企业的资本投入不仅可以是货币、实物、土地使用权或者其他财产权利，还可以是合伙人的劳务和信誉等。

（三）灵活的利润分配和亏损分担方法

合伙协议中，通常规定了利润分配和亏损分担的方法与比例，但利润分配和亏损分担的比例不要求与各位合伙者的出资比例保持一致。

合伙者的利润分配方法，可以直接按固定的分配比例分配净收益，也可先从净收益中扣除工资报酬或资本报酬，然后按固定比例分配剩余净收益等。

三、投入资本核算

合伙人可以直接用现金、实物出资，也可以土地使用权、知识产权、劳务、个人信誉入伙组建合伙企业。

合伙人投入的资本通过"业主资本"账户核算。该账户按合伙人设置明细账。"业主资本"账户明细账贷方反映合伙时的出资、合伙人追加的投资以及按利润分配比例确定的各合伙人的利润，借方记录合伙人提款、合伙人退伙以及由合伙人分担的损失，贷方余额为各合伙人在企业中拥有的权益数额。

【例11-16】 合伙人A、B、C三人组建合伙企业东华会计师事务所，合伙人A投入现金100 000元、材料50 000元；合伙人B投入现金200 000元、全新设备150 000元；合伙人C投入现金50 000元、一项专利权80 000元。该合伙企业账务处理如下：

借：银行存款　　　　　　　　　　　　　　　　　　　　350 000
　　原材料　　　　　　　　　　　　　　　　　　　　　 50 000
　　固定资产　　　　　　　　　　　　　　　　　　　　150 000
　　无形资产　　　　　　　　　　　　　　　　　　　　 80 000
　　贷：业主资本——合伙人A　　　　　　　　　　　　150 000
　　　　　　　　——合伙人B　　　　　　　　　　　　350 000
　　　　　　　　——合伙人C　　　　　　　　　　　　130 000

四、新合伙人入伙

新合伙人入伙,通常采用以下两种方式:一是新合伙人购买现有合伙人的产权;二是新合伙人对合伙企业投资。

(一) 新合伙人购买现有合伙人产权

在采用购买现有合伙人产权的方式接受新合伙人的情况下,企业的资产总额、负债总额和权益总额均不会变动。无论新合伙人是购买某一现有合伙人的全部产权还是部分产权,都应以协议的方式划分他们之间的债权债务,并取得现有合伙人、债权人、债务人的同意。从会计核算的角度看,以这种方式入伙,属于合伙人之间的个人交易,唯一的变动是更改业主资本明细账记录。交易价格无论高于、等于还是低于所转让的产权,对合伙企业的资产权益都无影响。

【例11-17】 征得合伙人 A 和 C 的同意后,合伙人 B 将其中 60 000 元的产权以 73 000 元的价格转让给 D。

分析:在这一业务中,D 以 73 000 元的价格购买 B 的 60 000 元产权纯属现有合伙人 B 和新合伙人 D 之间的个人交易,对合伙企业这一会计主体无实质影响,合伙企业的会计记录中只需对"业主资本"明细账作相应变动。账务处理如下:

借:业主资本——合伙人 B   60 000
  贷:业主资本——合伙人 D   60 000

(二) 新合伙人对合伙企业投资

采用对合伙企业投资的方式接受新合伙人会引起资产和权益的同时增加。

(1) 新合伙人的投资数额等于从企业取得的产权数额时,会计核算中直接将接受的资产数额作为业主资本入账即可。

(2) 当所投资金高于或低于所取得的产权数额时,其差额按原合伙人损益分配比例直接调整原合伙人的资本数额。

【例11-18】 甲和乙联合创办的合伙企业具有很强的营利能力,其资本账户余额各为 150 000 元。甲和乙拥有的损益分配权分别为 60% 和 40%。经协商,同意接纳丙为新合伙人,条件是丙投资 200 000 元并取得该企业 25% 的产权和 25% 的收益分配权。

分析:在本例中,丙入伙后的权益总额为 500 000 元,丙所拥有的权益额为 125 000 元。在丙所投的 200 000 元中,75 000 元作为对原投资者的回报,分别按 60% 和 40% 的比例归入原合伙人甲和乙的权益。账务处理如下:

借:银行存款   200 000
  贷:业主资本——合伙人甲   45 000
          ——合伙人乙   30 000
          ——合伙人丙   125 000

丙入伙后,甲、乙、丙三位合伙人的资本账户数额分别为:195 000 元、180 000 元和 125 000 元。由于丙拥有净收益的 25%,剩下的 75% 由甲和乙重新确定分配比例,分别为 45% 和 30%(即甲 75%×60%、乙 75%×40%)。

五、收益分配的核算

合伙企业的收益分配有以下四种方法：
(1) 直接按固定比例分配。
(2) 先分配工资报酬，然后按固定比例分配剩余收益。
(3) 先分配资本报酬，然后按固定比例分配剩余收益。
(4) 先分配工资报酬和资本报酬，然后按固定比例分配剩余收益。

【例11-19】 按合伙协议规定，合伙人A和B采用先分配工资报酬，然后按固定比例分配剩余收益的方法。A和B的年工资报酬分配为30 000元和42 000元，剩余的损益平均分配。2019年该合伙企业实现净收益120 000元，则：

$$该合伙企业剩余净收益 = 120\ 000 - (30\ 000 + 42\ 000) = 48\ 000(元)$$
$$A合伙人应分配的净收益 = 30\ 000 + 48\ 000 \div 2 = 54\ 000(元)$$
$$B合伙人应分配的净收益 = 42\ 000 + 48\ 000 \div 2 = 66\ 000(元)$$

借：本年利润 120 000
  贷：业主资本——合伙人A 54 000
     ——合伙人B 66 000

经两合伙人协商，工资报酬以现款的方式支付给合伙人，会计上作冲减业主资本处理：
(1) 业主从银行提取现金时：
借：库存现金 72 000
  贷：银行存款 72 000
(2) 以现金支付工资时：
借：业主资本——合伙人A 30 000
    ——合伙人B 42 000
  贷：库存现金 72 000

六、合伙人退伙的核算

合伙人退伙的方式主要有以下几种：
(1) 经全体合伙人同意后将产权对外出售。
(2) 经全体合伙人同意后将产权转让给某一现有合伙人。
(3) 由合伙企业购买退伙人的产权。

采用前两种方式退伙对企业的资产和负债无任何影响，会计上只需改变"业主资本"明细账记录。在由合伙企业购买退伙人产权的情况下，按照所付价款是否等于退伙人产权数额，可以分为以下三种情况：
(1) 合伙企业购买退伙人产权所付价款与退伙人的产权额相等。
在这种情况下，按照实际支付的价款直接冲销退伙人的业主资本明细账。

【例11-20】 在E、F、G三人组成的合伙企业中，各个合伙人的资本和损益分配比例分别为：E合伙人150 000元、20%；F合伙人180 000元、30%；G合伙人250 000元、50%。征得E、F两位合伙人同意后，G决定退伙，合伙企业按G所拥有的产权数额向G支付价款。账务处理如下：

借：业主资本——合伙人 G   250 000

贷：银行存款   250 000

（2）企业支付退伙人的价款超过退伙人所拥有的产权数额。

当支付退伙人的价款超过退伙人所拥有的产权数额时，其差额应该在所剩的合伙人之间按损益分配比例分摊，并分别冲减所剩合伙人的业主资本账户。值得注意的是，这一分配比例是退伙人撤资后的分配比例。退伙人撤资后每位剩余合伙人损益分配比例可用下述公式重新计算：

$$每位剩余合伙人损益分配比例 = \frac{每位合伙人以前损益分配比例}{剩余合伙人以前损益分配比例合计}$$

【例 11-21】 承［例 11-20］，假设 G 退伙时实际收到价款 280 000 元，剩余合伙人给予 G 合伙人 30 000 元的额外补偿，则 G 退伙时的账务处理如下：

合伙人 E 的损益分配比例 = 20% ÷ (20% + 30%) = 40%

损益分配额 = 30 000 × 40% = 12 000（元）

合伙人 F 的损益分配比例 = 30% ÷ (20% + 30%) = 60%

损益分配额 = 30 000 × 60% = 18 000（元）

借：业主资本——合伙人 G   250 000

      ——合伙人 E   12 000

      ——合伙人 F   18 000

贷：银行存款   280 000

（3）企业支付退伙人的价款低于退伙人所拥有的产权数额。

当支付退伙人的价款低于退伙人所拥有的产权数额时，其差额应按相应的损益分配比例转入剩余合伙人的业主资本账户。

【例 11-22】 仍承［例 11-20］，假设 G 退伙时实际收到价款 200 000 元。少付的 50 000 元中，给 E 合伙人的补偿 20 000 元（50 000 × 40%）、给 F 合伙人补偿 30 000 元（50 000 × 60%），则 G 退伙时的账务处理如下：

借：业主资本——合伙人 G   250 000

贷：银行存款   200 000

    业主资本——合伙人 E   20 000

        ——合伙人 F   30 000

思考题

1. 所有者权益的概念及构成内容是什么？
2. 留存收益包括哪些项目？说明其用途及相关会计处理。
3. 盈余公积与资本公积在来源与运用上的区别是什么？
4. 公司制企业利润分配的顺序是什么？为什么必须遵循这一顺序？
5. 非公司制企业包括哪些内容？其所有者权益与公司制企业有何不同？

练习题

1. 新华公司于2017年2月组建为股份有限公司,并以公开发行股票方式募集股本,共发行普通股股票4 000 000股,每股面值1元,每股发行价格1.2元。证券公司代理发行费用共计100 000元,从发行收入中扣除,发行完毕后,所收股款存入银行。新华公司2018年实现税后利润200 000元,提取盈余公积30 000元,分派普通股现金股利160 000元,并于当年全部支付。2019年接受外商捐赠设备一台,价值100 000元。2019年发生亏损150 000元,本年度未分配股利。

要求:计算新华公司2018年年末和2019年年末的所有者权益总额。编制有关的会计分录。

2. 新华有限责任公司由A、B、C三位投资者各出资2 000 000元组成。A以2 000 000元现金投资,B以300 000元现金、1 700 000元专利权投资,C以2 000 000元设备投资。

要求:编制新华有限责任公司所有者权益核算的会计分录。

3. 新华股份有限公司委托东方证券公司代理发行普通股5 000 000股,每股面值1元,每股发行价格1.5元,约定按发行收入的0.2%收取佣金,从发行收入中扣除。股款已存入银行。

要求:编制新华股份有限公司所有者权益核算的会计分录。

4. D股份有限责任公司年初未分配利润为0,本年实现净利润2 000 000元,本年提取法定盈余公积200 000元,宣告发放现金股利800 000元。假定不考虑其他因素,编制有关结转本年实现净利、利润分配及利润分配明细账结转的会计分录。

5. 经股东大会批准,F股份有限公司用以前年度提取的盈余公积弥补当年亏损,当年弥补亏损的数额为600 000元。将盈余公积400 000元转增资本。假定不考虑其他因素,为F公司编制有关的会计分录。

6. A有限责任公司由两位投资者投资200 000元设立,每人各出资100 000元。一年后,为扩大经营规模,经批准,A有限责任公司注册资本增加到300 000元,并引入第三位投资者加入。按照投资协议,新投资者需投入现金110 000元,同时享有该公司三分之一的股份。A有限责任公司已收到该现金投资。假定不考虑其他因素,为A有限责任公司应编制有关的会计分录。

第十二章

收入、费用和利润

【本章知识要点提示】

通过本章的学习：理解销售商品收入的确认和计量，提供劳务收入的概念及让渡资产使用权收入的确认和计量，期间费用包括的内容；熟悉利润形成的计算过程，利润的分配顺序；掌握商品销售收入、劳务收入、让渡资产使用权收入及期间费用的账务处理过程，特殊商品销售业务的核算，会计利润的调整及所得税的会计处理，利润的结账方法、利润构成及利润分配的账务处理。本章所包括的内容：收入、费用、利润及利润分配。

第一节 收 入

一、收入的概念与分类

（一）收入的概念

收入是指企业在日常活动中形成的、会导致所有者权益增加的、与所有者投入资本无关的经济利益的总流入，主要包括商品销售收入、劳务收入、让渡资产使用费收入、利息收入、股利收入等。

日常活动是指企业为了完成其经营目标而从事的所有活动，以及与之相关的其他活动。因此，收入属于企业主要的、经常性的营业收入。收入有以下特点：

(1) 收入是在企业的日常经营活动中产生的。

收入是在企业的日常经营活动中产生的，而不是从偶发的交易或事项中产生，如工商企业销售商品、提供劳务的收入等。非日常活动所带来经济利益的流入称为利得，而不是收入。在会计实务中，区分收入和利得，需要注意以下几点：

①利得是企业边缘性或偶发性交易或事项的结果，如出售无形资产、处置固定资产所产

生的收益。

②利得属于那种不经过经营过程就能取得或不曾期望获得的收益，如政府补贴收入、其他单位违约所收取的违约金等。

③利得在报表中通常以净额反映。

（2）收入可能表现为企业资产的增加或负债的减少。

（3）收入最终能导致企业所有者权益的增加。

（4）收入只包括本企业经济利益的流入，不包括为第三方或客户代收的款项，如增值税、代收利息等。

（二）收入的分类

（1）按照收入的性质，可将收入分为：商品销售收入、提供劳务收入和让渡资产使用权收入等。

（2）按照企业经营业务的主次，可将收入分为：主营业务收入和其他业务收入。

在会计核算中，对经常性、主要业务所产生的收入应单独设置"主营业务收入"账户核算，对非经常性、兼营业务所产生的收入单独设置"其他业务收入"账户核算。

二、商品销售收入

（一）商品销售收入确认的方法

第一步：识别与客户订立的合同。合同是指双方或多方之间订立的、有法律约束力的权利义务的协议。包括合同合并和合同变更。

第二步：识别合同中的单项履约义务。合同包括向客户转让商品或服务的承诺。如果这些商品或服务可明确区分，则对应的承诺即为履约义务并且应当分别进行会计处理。如果客户能够从某项商品或服务本身，或从该商品或服务与其他易于获得的资源一起使用中受益，且企业向客户转让该商品或服务的承诺与合同中其他承诺可单独区分，则该商品或服务可明确区分。

第三步：确定交易价格。交易价格是指企业因向客户转让商品而预期有权收取的对价金额。企业代第三方收取的款项（例如收取的增值税销项税额）以及企业预期将退还给客户的款项，应当作为负债进行会计处理，不计入交易价格。

合同标价并不一定代表交易价格，企业应当根据合同条款，并结合以往的习惯做法等确定交易价格。确定交易价格时，需要考虑可变对价、非现金对价、重大融资成分、应付客户对价等情况。

第四步：将交易价格分摊至各合同中的履约义务。当合同中包含两项或多项履约义务时，为了使企业分摊至每个单项履约义务的交易价格能够反映其因向客户转让已承诺的相关商品（或提供已承诺的相关服务）而预期有权收取的对价金额，企业应当在合同开始日，按照各单项履约义务所承诺商品的单独售价的相对比例，将交易价格分摊至各单项履约义务。

第五步：履行各单项履约义务时确认收入。企业应在其通过向客户转让商品或服务履行履约义务时确认收入。

(二) 商品销售收入的确认条件

根据新修订的《企业会计准则第 14 号——收入》规定，根据收入确认的 5 个步骤，企业应当在履行了合同的履约义务时确认收入。当企业与客户之间的合同同时满足下列条件时，企业应当在客户取得相关商品控制权时确认收入：

(1) 合同各方已批准该合同并承诺将履行各自义务。

(2) 该合同明确了合同各方与所转让商品或服务相关的权利和义务。

(3) 该合同有明确的与所转让商品相关的支付条款。

(4) 该合同具有商业实质，即履行该合同将改变企业未来现金流量的风险、时间分布或金额。

(5) 企业因向客户转让商品而有权取得的对价很可能收回。

对于不符合上述规定的合同，企业只有在不再负有向客户转让商品的剩余义务，且已向客户收取的对价无须退回时，才能将已收取的对价确认为收入；否则，应当将已收取的对价作为负债进行会计处理，例如无须退还的预收款在满足条件时可被确认为收入。

(三) 商品销售收入的计量

(1) 企业应当按照分摊至各单项履约义务的交易价格计量收入。交易价格是指企业因向客户转让商品而预期有权收取的对价金额。企业代第三方收取的款项以及企业预期将退还给客户的款项，应当作为负债进行会计处理，不计入交易价格。

(2) 企业应当根据合同条款，并结合其以往的习惯做法确定交易价格。在确定交易价格时，企业应当考虑可变对价、合同中存在的重大融资成分、非现金对价、应付客户对价等因素的影响。

(3) 合同中存在可变对价的，企业应当按照期望值或最可能发生金额确定可变对价的最佳估计数，但包含可变对价的交易价格，应当不超过在相关不确定性消除时累计已确认收入极可能不会发生重大转回的金额。企业在评估累计已确认收入是否极可能不会发生重大转回时，应当同时考虑收入转回的可能性及其比重。

(4) 合同中存在重大融资成分的，企业应当按照假定客户在取得商品控制权时即以现金支付的应付金额确定交易价格。该交易价格与合同对价之间的差额，应当在合同期间内采用实际利率法摊销。在合同开始日，企业预计客户取得商品控制权与客户支付价款间隔不超过 1 年的，可以不考虑合同中存在的重大融资成分。

(5) 合同中包含两项或多项履约义务的，企业应当在合同开始日，按照各单项履约义务所承诺商品的单独售价的相对比例，将交易价格分摊至各单项履约义务。企业不得因合同开始日之后单独售价的变动而重新分摊交易价格。

(6) 企业应当根据其在向客户转让商品前是否拥有对该商品的控制权来判断自身在交易中的身份是主要责任人还是代理人。企业在向客户转让商品前能够控制该商品的，该企业为主要责任人，应当按照已收或应收对价总额确认收入；否则，该企业为代理人，应当按照预期有权收取的佣金或手续费的金额确认收入，该金额应当按照已收或应收对价总额扣除应支付给其他相关方的价款后的净额，或者按照既定的佣金金额或比例等确定。

(7) 企业向客户预收销售商品款项的，应当首先将该款项确认为负债，待履行了相关履约义务时再转为收入。当企业预收款项无须退回,且客户可能会放弃其全部或部分合同权利时,企业预期将有权获得与客户所放弃的合同权利相关的金额的,应当按照客户行使合同权利的模式按比例将上述金额确认为收入;否则,企业只有在客户要求其履行剩余履约义务的可能性极低时,才能将上述负债的相关余额转为收入。

(四) 商品销售的账务处理

商品销售收入在确认时,应按确定的收入金额与应收取的增值税进行账务处理:
借:银行存款(应收账款、应收票据)
　　贷:主营业务收入
　　　　应交税费——应交增值税(销项税额)
需要交纳消费税、资源税、城市维护建设税、教育费附加等税费的,应在确认收入的同时,或在月份终了时,按应交的税费金额进行账务处理:
借:税金及附加
　　贷:应交税费——应交消费税
　　　　　　　　——应交资源税
　　　　　　　　——应交城市维护建设税等

【例 12-1】 某企业销售一批化妆品,增值税发票上注明售价 20 000 元,增值税 2 600 元,款项尚未收到。假定消费税税率为 5%,则应交消费税额 1 000 元。该化妆品成本为 10 000 元。

(1) 确认销售收入时:
借:应收账款　　　　　　　　　　　　　　　　　　　　　　22 600
　　贷:主营业务收入　　　　　　　　　　　　　　　　　　　20 000
　　　　应交税费——应交增值税(销项税额)　　　　　　　　 2 600

(2) 计算应交消费税时:
借:税金及附加　　　　　　　　　　　　　　　　　　　　　 1 000
　　贷:应交税费——应交消费税　　　　　　　　　　　　　　 1 000

(3) 结转已售商品成本时:
借:主营业务成本　　　　　　　　　　　　　　　　　　　　10 000
　　贷:库存商品　　　　　　　　　　　　　　　　　　　　　10 000

注:一般商品销售业务的核算,在本书第三、四章均有阐述,这里主要介绍特殊销售业务的账务处理。

1. 销售商品但不能确认收入

这是指在销售商品但货款收回存在不确定性的情况下,企业不应确认收入,对发出的商品通过"发出商品"账户核算;对已开具增值税发票的,应同时反映应交的增值税。

【例 12-2】 东华公司于 2019 年 4 月 20 日以托收承付方式向 B 企业销售一批商品,成本为 100 000 元,增值税发票上注明:售价 200 000 元,增值税额 26 000 元。该批商品已经发出,并已向银行办妥托收手续。

此时得知 B 企业在另一项交易中发生巨额损失,资金周转十分困难。经与购货方交涉,

确定此项收入目前收回的可能性不大,决定不确认收入。因此应将已发出的商品成本转入"发出商品"账户,账务处理如下:

(1) 发出商品时(不确认收入):

借:发出商品　　　　　　　　　　　　　　　　　　　　　　100 000
　　贷:库存商品　　　　　　　　　　　　　　　　　　　　　　100 000

(2) 增值税义务已经发生,将发票上注明的增值税额转作应收账款处理:

借:应收账款——B 企业(应收销项税额)　　　　　　　　　　26 000
　　贷:应交税费——应交增值税(销项税额)　　　　　　　　　26 000

(3) 假定 11 月 5 日东华公司得知 B 企业经营情况逐渐好转,B 企业承诺近期付款,东华公司可以确认收入:

借:应收账款——B 企业　　　　　　　　　　　　　　　　　200 000
　　贷:主营业务收入　　　　　　　　　　　　　　　　　　　200 000

同时结转成本:

借:主营业务成本　　　　　　　　　　　　　　　　　　　　100 000
　　贷:发出商品　　　　　　　　　　　　　　　　　　　　　100 000

(4) 2017 年 12 月 28 日收到款项时:

借:银行存款　　　　　　　　　　　　　　　　　　　　　　226 000
　　贷:应收账款——B 企业　　　　　　　　　　　　　　　　200 000
　　　　　　——应收销项税额　　　　　　　　　　　　　　　 26 000

2. 销售商品涉及销售折让

销售折让是指企业由于售出商品的质量、品种或规格等与所签订的合同不符而在售价上给予的减让。在通常情况下,销售折让发生在销售确认之后,销售折让发生时,应直接冲减当期的销售收入,同时用红字冲减"应交税费——应交增值税(销项税额)"。

【例 12-3】　东华公司销售给 A 公司一批商品,增值税专用发票上注明的售价 80 000 元,增值税额 10 400 元,A 公司在验收过程中发现商品质量不合格,要求在价格上给予 5% 的折让。假定 A 公司已确认销售收入,款项尚未收到,发生的销售折让所涉及的增值税额允许在当期扣减,则东华公司账务处理如下:

(1) 确认销售实现时:

借:应收账款　　　　　　　　　　　　　　　　　　　　　　 90 400
　　贷:主营业务收入　　　　　　　　　　　　　　　　　　　 80 000
　　　　应交税费——应交增值税(销项税额)　　　　　　　　 10 400

(2) 发生销售折让时:

借:主营业务收入　　　　　　　　　　　　　　　　　　　　 4 000
　　应交税费——应交增值税(销项税额)　　　　　　　　　　　 520
　　贷:应收账款　　　　　　　　　　　　　　　　　　　　　 4 520

(3) 实际收到款项时:

借:银行存款　　　　　　　　　　　　　　　　　　　　　　 85 880
　　贷:应收账款　　　　　　　　　　　　　　　　　　　　　 85 880

3. 销货退回

销货退回是指企业售出的商品，由于质量、品种不符合要求等原因而发生的退货。销货退回可能发生在收入确认之前，也可能发生在收入确认之后。对此应当分别予以处理：

（1）未确认收入的已发出商品的退回。

只需将已计入"发出商品"账户的商品成本，转回"库存商品"账户即可。

借：库存商品
　　贷：发出商品

（2）已确认收入的销货退回。

处理此种销售退回，不管商品何时售出的，一般可直接冲减退货业务发生当月的销售收入与销售成本；如果该项销售已经发生现金折扣，应在退回当月一并调整；销售退回所涉及的销项税额按规定允许在当期扣减的，应同时冲减"应交税费——应交增值税（销项税额）"账户。

【例12-4】 东华公司2018年12月18日销售A商品一批，增值税专用发票上注明的售价50 000元，增值税额6 500元，成本26 000元，货款于2018年12月28日收到。2019年5月20日该批产品因质量严重不合格被退回，则东华公司账务处理如下：

（1）2018年12月18日销售商品时：

借：应收账款　　　　　　　　　　　　　　　　　　　　　56 500
　　贷：主营业务收入　　　　　　　　　　　　　　　　　　50 000
　　　　应交税费——应交增值税（销项税额）　　　　　　　 6 500

同时，结转已售商品成本：

借：主营业务成本　　　　　　　　　　　　　　　　　　　26 000
　　贷：库存商品　　　　　　　　　　　　　　　　　　　　26 000

（2）2018年12月28日收回货款时：

借：银行存款　　　　　　　　　　　　　　　　　　　　　56 500
　　贷：应收账款　　　　　　　　　　　　　　　　　　　　56 500

（3）2019年5月20日发生销售退回时：

借：主营业务收入　　　　　　　　　　　　　　　　　　　50 000
　　　应交税费——应交增值税（销项税额）　　　　　　　　 6 500
　　贷：银行存款　　　　　　　　　　　　　　　　　　　　56 500

同时，转回已结转的商品成本：

借：库存商品　　　　　　　　　　　　　　　　　　　　　26 000
　　贷：主营业务成本　　　　　　　　　　　　　　　　　　26 000

4. 代销商品

（1）视同买断。

视同买断，即由委托方和受托方签订协议，委托方按协议价收取所代销的货款，实际售价可由受托方自定，实际售价与协议价之间的差额归受托方所有。

由于这种销售在本质上商品所有权上的风险和报酬已经转移给了受托方，因此，委托方在交付商品时即确认收入,受托方作购进商品处理。

受托方将商品销售后,应按实际售价确认销售收入,并向委托方开具代销清单。

【例12-5】 东华公司委托利新公司销售甲商品100件,协议价为100元/件,该商品成本为60元/件,增值税税率为13%。东华公司发出商品时向利新公司开具了增值税专用发票,发票上注明:售价10 000元,增值税额1 300元。利新公司实际销售时开具的增值税发票上注明:售价12 000元,增值税额1 560元。

东华公司账务处理如下:

①东华公司将甲商品交付利新公司时:

借:应收账款——利新公司 11 300
　　贷:主营业务收入 10 000
　　　　应交税费——应交增值税(销项税额) 1 300

同时,结转成本:

借:主营业务成本 6 000
　　贷:库存商品 6 000

②收到利新公司汇来的货款11 300元时:

借:银行存款 11 300
　　贷:应收账款——利新公司 11 300

利新公司账务处理如下:

①收到甲商品时:

借:库存商品 10 000
　　应交税费——应交增值税(进项税额) 1 300
　　贷:应付账款——东华公司 11 300

②实际销售时:

借:银行存款 13 560
　　贷:主营业务收入 12 000
　　　　应交税费——应交增值税(销项税额) 1 560

同时,结转已售商品成本:

借:主营业务成本 10 000
　　贷:库存商品 10 000

③按合同协议价将款项付给东华公司时:

借:应付账款——东华公司 11 300
　　贷:银行存款 11 300

(2)收取手续费。

收取手续费,即受托方根据所代销的商品数量向委托方收取手续费,这对受托方来说实际上是一种劳务收入。这种代销方式与第一种方式相比,主要特点是,受托方通常应按照委托方规定的价格销售,不得自行改变售价。受托方在商品销售后,按应收取的手续费确认收入。

【例12-6】 承[例12-5],假定代销合同规定,利新公司应按每件100元售给顾客,东华公司按售价的 10% 支付利新公司手续费。利新公司实际销售时，即向买方开一张增值税专用发票，发票上注明甲商品售价 10 000 元，增值税额 1 300 元。东华公司在收到利新公司交来的代销清单时，向利新公司开具一张相同金额的增值税发票。

东华公司账务处理如下：
① 东华公司将甲商品交付利新公司时：
借：委托代销商品　　　　　　　　　　　　　　　　　　　　　6 000
　　贷：库存商品　　　　　　　　　　　　　　　　　　　　　　6 000
② 东华公司收到代销清单时：
借：应收账款——利新公司　　　　　　　　　　　　　　　　 11 300
　　贷：主营业务收入　　　　　　　　　　　　　　　　　　　10 000
　　　　应交税费——应交增值税（销项税额）　　　　　　　　 13 00
同时，结转委托代销商品成本：
借：主营业务成本　　　　　　　　　　　　　　　　　　　　　6 000
　　贷：委托代销商品　　　　　　　　　　　　　　　　　　　　6 000
③ 结算代销手续费时：
借：销售费用——代销手续费　　　　　　　　　　　　　　　　1 000
　　贷：应收账款——利新公司　　　　　　　　　　　　　　　　1 000
④ 收到利新公司汇来的货款净额 10 300 元（11 300 - 1 000）时：
借：银行存款　　　　　　　　　　　　　　　　　　　　　　 10 300
　　贷：应收账款——利新公司　　　　　　　　　　　　　　　1 0 300

利新公司账务处理如下：
① 收到甲商品时：
借：受托代销商品　　　　　　　　　　　　　　　　　　　　 10 000
　　贷：代销商品款　　　　　　　　　　　　　　　　　　　　10 000
② 实际销售时：
借：银行存款　　　　　　　　　　　　　　　　　　　　　　 11 300
　　贷：应付账款——东华公司　　　　　　　　　　　　　　　10 000
　　　　应交税费——应交增值税（销项税额）　　　　　　　　 1 300
借：应交税费——应交增值税（进项税额）　　　　　　　　　　1 300
　　贷：应付账款——东华公司　　　　　　　　　　　　　　　 1 300
同时，冲销受托代销商品及代销商品款账户：
借：代销商品款　　　　　　　　　　　　　　　　　　　　　 10 000
　　贷：受托代销商品　　　　　　　　　　　　　　　　　　　10 000
③ 归还东华公司货款，并计算代销手续费时：
借：应付账款——东华公司　　　　　　　　　　　　　　　　 11 300
　　贷：银行存款　　　　　　　　　　　　　　　　　　　　　10 300
　　　　主营业务收入（或其他业务收入）　　　　　　　　　　 1 000

5. 分期收款销售（非融资性质）

分期收款销售指商品已经交付，但货款分期收回的一种销售方式。

按照《企业会计准则 14 号——收入》规定，采用分期收款销售方式的企业，应设置"发出商品"账户，核算已经发出但尚未结转的商品成本。

(1) 企业在发出商品时，按商品的实际成本：
借：发出商品
　　贷：库存商品

(2) 在每期确认销售实现时：
借：应收账款（银行存款）
　　贷：主营业务收入
　　　　应交税费——应交增值税（销项税额）

同时，按商品全部销售成本与全部销售收入的比率，计算出本期应结转的销售成本：
借：主营业务成本
　　贷：发出商品

【例 12-7】 东华 2019 年 6 月 1 日，采用分期收款方式销售 A 商品一台，售价为 400 000 元，增值税税率为 13%，实际成本为 240 000 元，合同约定款项在 1 年内按季度平均收回，每季度末为收款日期，每季收回货款 400 000÷4＝100 000（元），则东华公司账务处理如下：

(1) 发出商品时：
借：发出商品　　　　　　　　　　　　　　　　　　　　　240 000
　　贷：库存商品　　　　　　　　　　　　　　　　　　　　240 000

(2) 每季度末确认销售实现时：
借：应收账款（或银行存款）　　　　　　　　　　　　　　113 000
　　贷：主营业务收入　　　　　　　　　　　　　　　　　　100 000
　　　　应交税费——应交增值税（销项税额）　　　　　　　 13 000

同时，结转发出商品成本＝240 000÷400 000×100 000＝60 000（元）时：
借：主营业务成本　　　　　　　　　　　　　　　　　　　 60 000
　　贷：发出商品　　　　　　　　　　　　　　　　　　　　 60 000

三、提供劳务收入

劳务收入是指企业或个人运用其知识和技能，以提供一定劳务为代价而获取的收入。按提供劳务的起止时间是否在一个会计年度，分为不跨年度劳务和跨年度劳务。

（一）不跨年度劳务收入核算

对于在同一会计年度内开始并完成的劳务，应在劳务完成时确认收入。劳务的开始和完成均在同一个会计年度的情况下，如果也按完工百分比法确认相关的劳务收入，意义不大。对这种劳务收入在具体确认时，可以参照销售商品的收入确认条件。

【例 12-8】 2019 年 3 月 5 日，东华公司为利达公司提供设备安装服务，提供劳务服的合同总金额为200 000元，工期为3个月，工期结束一次支付劳务费。安装期间领用原材料10 000元，应负担的人工费用为50 000元，以银行存款5 000元支付其他费用。东华公司账务处理如下：

（1）安装领用原材料、负担人工费及支付其他费用时：

借：劳务成本　　　　　　　　　　　　　　　　　　　　　　65 000
　　贷：原材料　　　　　　　　　　　　　　　　　　　　　　　10 000
　　　　应付职工薪酬　　　　　　　　　　　　　　　　　　　　50 000
　　　　银行存款　　　　　　　　　　　　　　　　　　　　　　 5 000

（2）安装完毕，收到安装费用，确认收入时：

借：银行存款　　　　　　　　　　　　　　　　　　　　　　200 000
　　贷：主营业务收入　　　　　　　　　　　　　　　　　　　200 000

（3）结转劳务成本：

借：主营业务成本　　　　　　　　　　　　　　　　　　　　 65 000
　　贷：劳务成本　　　　　　　　　　　　　　　　　　　　　 65 000

（二）跨年度劳务收入核算

对于跨年度的劳务，在资产负债表日提供劳务交易的结果能够可靠估计的，应当采用完工百分比法确认提供劳务收入。

1. 提供劳务收入的确认条件

会计期期末，如果提供劳务的结果能够可靠地估计，则应采用完工百分比法确认劳务收入。提供劳务的交易结果若要可靠估计，应同时满足以下四个条件：

（1）收入的金额能够可靠计量。

（2）相关的经济利益很可能流入企业。

（3）交易的完工进度能够可靠确定。

劳务的完成程度能够可靠地确定，对于按完工进度确认劳务收入是至关重要的。在资产负债表日，如果对劳务的完成程度不能可靠地确定，也就无法确定资产负债表日应确认多少收入和相关成本。

（4）交易中已发生的和将发生的成本能够可靠计量。

劳务总成本指至资产负债表日已发生的成本和完成整个劳务还需发生的成本。总成本能够可靠地计量，是提供劳务收入确认的基本条件之一。由于收入与为赚取该收入而发生的费用必须配比，因而要求收入能够可靠地计量的同时，还要求相关的成本也能够可靠地计量。否则，即使收入确认的其他条件均符合，也不能确认收入。

2. 完工百分比法

劳务完成程度可以有多种方法来确定。依据交易的性质，通常可以采用以下方法来确定劳务完工进度的百分比。

（1）已完工作测量法。

这种方法通常由专业测量人员对已完成的工作或工程进行测量，并按一定的方法计算劳务的完成程度。

(2) 已经提供的劳务占应提供劳务总量的比例。
(3) 已经发生的成本占估计总成本的比例。

我国企业会计准则规定企业在资产负债表日,提供劳务交易的结果能够可靠估计的,应当按照完工百分比法确认提供劳务收入。完工百分比法是指按照提供劳务交易的完工进度确认收入与费用的方法。在采用完工百分比法确认收入时,收入和相关成本应按以下公式计算:

本期确认的收入 = 劳务总收入 × 本期期末止劳务的完成程度 – 以前会计期间累计已确认的收入
本期确认的成本 = 劳务总成本 × 本期期末止劳务的完成程度 – 以前会计期间累计已确认的成本

【例12-9】 东华公司于2019年11月1日接受一项产品安装任务,安装期3个月,合同总收入3 000 000元,至年底已预收款项2 200 000元,实际发生成本1 400 000元,估计还会发生600 000元的成本。东华公司有关账务处理如下:

(1) 按照实际发生的成本占估计总成本的比例确定劳务的完成程度:
　　实际发生的成本占估计总成本的比例 = 1 400 000 ÷ (1 400 000 + 600 000) = 70%
　　2019年确认收入 = 3 000 000 × 70% = 2 100 000(元)
　　2019年结转成本 = 2 000 000 × 70% = 1 400 000(元)

(2) 会计分录如下:
实际发生成本时:
借:劳务成本(生产成本)　　　　　　　　　　　　　　　　　　　1 400 000
　　贷:银行存款　　　　　　　　　　　　　　　　　　　　　　　　　　　　1 400 000
预收账款时:
借:银行存款　　　　　　　　　　　　　　　　　　　　　　　　　2 200 000
　　贷:预收账款　　　　　　　　　　　　　　　　　　　　　　　　　　　　2 200 000
确认收入时:
借:预收账款　　　　　　　　　　　　　　　　　　　　　　　　　2 100 000
　　贷:主营业务收入　　　　　　　　　　　　　　　　　　　　　　　　　　2 100 000
结转成本时:
借:主营业务成本　　　　　　　　　　　　　　　　　　　　　　　1 400 000
　　贷:劳务成本(等相关账户)　　　　　　　　　　　　　　　　　　　　　1 400 000

(3) 2020年1月31日,工程完工收回余款800 000元。假设发生成本500 000元。
　　2020年确认收入 = 3 000 000 – 2 100 000 = 900 000(元)
　　2020年结转成本 = 1 400 000 + 500 000 – 1 400 000 = 500 000(元)

发生成本时:
借:劳务成本(生产成本)　　　　　　　　　　　　　　　　　　　　500 000
　　贷:银行存款　　　　　　　　　　　　　　　　　　　　　　　　　　　　　500 000
预收账款时:
借:银行存款　　　　　　　　　　　　　　　　　　　　　　　　　　800 000
　　贷:预收账款　　　　　　　　　　　　　　　　　　　　　　　　　　　　　800 000
确认收入时:
借:预收账款　　　　　　　　　　　　　　　　　　　　　　　　　　900 000

贷：主营业务收入　　　　　　　　　　　　　　　　　　　　　　　　900 000
　　结转成本时：
　　借：主营业务成本　　　　　　　　　　　　　　　　　　　　　　　　500 000
　　　贷：劳务成本（等相关账户）　　　　　　　　　　　　　　　　　　500 000

　　会计期末，如果不能可靠地估计所提供劳务的交易结果，则企业不能按完工百分比法确认收入。在这种情况下，企业应正确预计已经收回或将要收回的款项能弥补多少已经发生的成本，以下情况分别进行处理：

　　（1）已经发生的劳务成本预计能够得到补偿的，应按已经发生的劳务成本金额确认收入，同时，按相同的金额结转成本，不确认利润。

　　（2）已经发生的劳务成本预计只能部分地得到补偿的，应按能够得到补偿的劳务成本金额确认收入，并按已经发生的劳务成本结转成本。确认的收入金额小于已经发生的劳务成本的金额，确认为当期损失。

　　（3）已经发生的劳务成本预计全部不能得到补偿的，不应确认为收入，但应将已经发生的劳务成本确认为当期损失。

（三）特殊劳务收入的核算

1. 特许权费收入

　　特许权费收入包括提供初始及后续服务、设备和其他有形资产及专门技术等方面的收入。其中属于提供设备和其他有形资产的部分，应在这些资产的所有权转移时确认为收入；属于提供初始及后续服务的部分，在提供服务时确认为收入。

　　【例 12-10】　A、B 两企业达成协议，A 企业允许 B 企业经营其连锁店，协议规定，A 企业共向 B 企业收取特许权费 1 000 000 元，其中，提供家具、柜台等收费 400 000 元，这些家具、柜台成本为 200 000 元；提供初始服务，如帮助选址、培训、融资、广告等收费 500 000 元，发生成本 300 000 元；提供后续服务收费 100 000 元，发生成本 50 000 元。假定款项在协议开始时一次付清。则 A 企业有关的账务处理如下：

　　①收到款项时：
　　借：银行存款　　　　　　　　　　　　　　　　　　　　　　　　　1 000 000
　　　贷：预收账款　　　　　　　　　　　　　　　　　　　　　　　　1 000 000
　　②在家具、柜台等的所有权转移时，确认 400 000 元收入：
　　借：预收账款　　　　　　　　　　　　　　　　　　　　　　　　　　400 000
　　　贷：主营业务收入　　　　　　　　　　　　　　　　　　　　　　　400 000
　　③结转成本时：
　　借：主营业务成本　　　　　　　　　　　　　　　　　　　　　　　　200 000
　　　贷：库存商品　　　　　　　　　　　　　　　　　　　　　　　　　200 000
　　④在提供初始服务时，按提供服务的完成程度确认 500 000 元的收入：
　　借：预收账款　　　　　　　　　　　　　　　　　　　　　　　　　　500 000
　　　贷：主营业务收入　　　　　　　　　　　　　　　　　　　　　　　500 000
　　⑤支付选址、培训等费用时：
　　借：劳务成本　　　　　　　　　　　　　　　　　　　　　　　　　　300 000

贷：银行存款（等相关账户）　　　　　　　　　　　　　　　　　　300 000
⑥结转劳务成本：
　　借：主营业务成本　　　　　　　　　　　　　　　　　　　　　　300 000
　　贷：劳务成本　　　　　　　　　　　　　　　　　　　　　　　　300 000
⑦在提供后续服务时，按提供服务的完成程度确认100 000元的收入：
　　借：预收账款　　　　　　　　　　　　　　　　　　　　　　　　100 000
　　贷：主营业务收入　　　　　　　　　　　　　　　　　　　　　　100 000
⑧结转成本：
　　借：主营业务成本　　　　　　　　　　　　　　　　　　　　　　 50 000
　　贷：劳务成本　　　　　　　　　　　　　　　　　　　　　　　　 50 000

2. 定期收费

有的企业与客户签订合同，长期为客户提供某一种或几种重复的劳务，客户按期支付劳务费。在这种情况下，定期收费应在合同约定的收款日确认收入。

【例12-11】 2017年4月1日东华公司与客户签订咨询合同，合同规定，咨询期限为2年，咨询费为450 000元，分三次平均支付，第一期在项目开始时支付，第二期在项目中期支付，第三期在项目结束时支付，估计总成本为270 000元，以银行存款支付。各年成本发生的实际情况如表12-1所示。东华公司按完工百分比法确认各年的收入并结转成本。

表12-1　各年成本发生的实际情况

项目	2017年度	2018年度	2019年度	合计
发生的成本/元	105 000	135 000	30 000	270 000

东华公司账务处理如下：

（1）2017年度：

①预收第一期款项时：
　　借：银行存款　　　　　　　　　　　　　　　　　　　　　　　　150 000
　　贷：预收账款　　　　　　　　　　　　　　　　　　　　　　　　150 000
②实际发生成本时：
　　借：劳务成本　　　　　　　　　　　　　　　　　　　　　　　　105 000
　　贷：银行存款　　　　　　　　　　　　　　　　　　　　　　　　105 000
③12月31日按完工百分比法确认收入，并结转成本：
　　　　　咨询劳务的完成程度 = 9（个月）÷ 24（个月）= 37.5%
　　　　　确认收入 = 450 000 × 37.5% - 0 = 168 750（元）
　　　　　结转成本 = 270 000 × 37.5% - 0 = 101 250（元）
　　借：预收账款　　　　　　　　　　　　　　　　　　　　　　　　168 750
　　贷：主营业务收入　　　　　　　　　　　　　　　　　　　　　　168 750
同时：
　　借：主营业务成本　　　　　　　　　　　　　　　　　　　　　　101 250

  贷：劳务成本   101 250

（2）2018 年度：

①预收第二期款项时：

借：银行存款   150 000

  贷：预收账款   150 000

②实际发生成本时：

借：劳务成本   135 000

  贷：银行存款   135 000

③12 月 31 日按完工百分比法确认收入，并结转成本：

    咨询劳务的完成程度 = 21（个月）÷ 24（个月）= 87.5%

    确认收入 = 450 000 × 87.5% − 168 750 = 225 000（元）

    结转成本 = 270 000 × 87.5% − 101 250 = 135 000（元）

借：预收账款   225 000

  贷：主营业务收入   225 000

同时：

借：主营业务成本   135 000

  贷：劳务成本   135 000

（3）2019 年度：

4 月 1 日，工程全部完工确认收入，并结转成本：

    咨询劳务的完成程度 = 24（个月）÷ 24（个月）= 100%

    确认收入 = 450 000 − 168 750 − 225 000 = 56 250（元）

    结转成本 = 270 000 − 101 250 − 135 000 = 33 750（元）

借：银行存款   150 000

  贷：主营业务收入   56 250

    预收账款   93 750

同时：

借：主营业务成本   33 750

  贷：劳务成本   33 750

3. 安装费收入

  如果安装费是与商品销售分开的，则应在年度终了时根据安装的完工程度确认收入；如果安装费是销售商品收入的一部分，则应与所销售的商品同时确认收入。

4. 广告费收入

  宣传媒介的佣金收入应在相关的广告或商业行为开始出现于公众面前时予以确认。广告的制作佣金收入则应在期末根据项目的完成程度确认。

四、让渡资产使用权收入

  让渡资产使用权收入包括利息收入、使用费收入和现金股利收入等。

（一）让渡资产使用权收入的确认条件

  （1）与交易相关的经济利益能够流入企业。

(2) 收入的金额能够可靠地计量。

(二) 让渡资产使用权收入的计量

(1) 利息收入金额，按照他人使用本企业货币资金的时间和实际利率计算确定。
(2) 使用费收入金额，按企业与其资产使用者签订的合同或协议确定。
(3) 现金股利收入金额，应按被投资企业宣告的现金股利分配方案和持股比例计算确定。

(三) 让渡资产使用权收入的账务处理

1. 利息收入的账务处理

企业应在每个会计期期末，按未收回的存款或贷款等的本金、存续期间和适当的利率计算并确认利息收入。借记"应收利息"账户，贷记"利息收入"等账户。

【例 12－12】 A 银行于 2018 年 10 月 1 日向某企业贷款 1 000 000 元，贷款期为 1 年，年利率为 6%。假定该银行按季对外报送财务报告，则应在每季终了时按该笔存款的本金、已存期限和利率计算并确认利息收入。A 银行账务处理如下：

(1) A 银行 2018 年 10 月 1 日贷出款项时：
借：中长期贷款　　　　　　　　　　　　　　　　　　　　　1 000 000
　　贷：活期存款　　　　　　　　　　　　　　　　　　　　　1 000 000
(2) 每季末应确认利息收入 = 1 000 000 × 6% ÷ 12 × 3 = 15 000（元）：
借：应收利息　　　　　　　　　　　　　　　　　　　　　　　15 000
　　贷：利息收入　　　　　　　　　　　　　　　　　　　　　15 000
(3) 2019 年 10 月 1 日到期收回贷款时，应作分录：
借：活期存款　　　　　　　　　　　　　　　　　　　　　　　1 060 000
　　贷：中长期贷款　　　　　　　　　　　　　　　　　　　　1 000 000
　　　　应收利息　　　　　　　　　　　　　　　　　　　　　60 000

2. 使用费收入的账务处理

企业让渡资产使用权的使用费收入，一般通过"其他业务收入"科目核算；所让渡资产使用权计提累计摊销额及发生的支出等，一般通过"其他业务成本"核算。

【例 12－13】 东华公司向 B 企业转让某项专利权的使用权，转让期为 5 年，每年收取使用费 80 000 元，每年计提摊销 30 000 元，则账务处理如下：

(1) 东华公司每年确认收入 80 000 元时：
借：银行存款（应收账款）　　　　　　　　　　　　　　　　　80 000
　　贷：其他业务收入　　　　　　　　　　　　　　　　　　　80 000
(2) 每年计提摊销时：
借：其他业务成本　　　　　　　　　　　　　　　　　　　　　30 000
　　贷：累计摊销　　　　　　　　　　　　　　　　　　　　　30 000

第二节　费　　用

一、费用的概念及特征

费用是指企业在日常经营活动中发生的、会导致所有者权益减少的、与向所有者分配利润无关的经济利益的总流出。成本和费用既有联系也有区别。成本是按一定对象所归集的费用，是对象化了的费用。费用是资产的耗费，与一定的会计期间相联系，而与产品无关。

费用具有以下两个基本特征：

（1）费用最终会减少企业的资源。这种减少表现为企业资金支出，从这个意义上说，费用本质上是企业的一种资产流出，它与资产流入企业所形成的收入相反。

（2）费用最终会减少企业的所有者权益。通常，企业的资金流入会增加企业的所有者权益；相反，资金流出会减少企业的所有者权益，即形成企业的费用。

二、费用的内容与分类

为了方便、合理地确认和计量费用，应恰当地对费用进行分类。考虑到费用与收入的关系，可将费用按经济用途划分为营业成本和期间费用。

（一）营业成本

营业成本包括主营业务成本（产品或商品销售成本、提供劳务成本）和其他业务成本。

1. 主营业务成本

主营业务成本是指企业在销售商品、提供劳务及让渡资产使用权等日常活动中所发生的各种耗费。以制造业为例，主营业务成本即所售产品完工时的制造成本，一般包括以下几项内容：

（1）直接材料。直接材料是指企业在生产产品和提供劳务过程中所消耗的，直接用于产品生产，构成产品实体的原料及主要材料、外购半成品、修理用备件、包装物、有助于产品形成的辅助材料以及其他直接材料费用。

（2）直接人工。直接人工是指企业在生产产品和提供劳务过程中发生的，直接从事产品生产的工人工资以及按生产工人工资总额和规定的比例计算提取的职工福利费。

（3）其他直接费用。其他直接费用是指企业发生的除直接材料费用和直接人工费用以外的，与生产商品或提供劳务有直接关系的费用。

以上直接费用，应当根据实际发生数进行核算，并按照成本计算对象进行归集，直接计入产品的生产成本。

（4）制造费用又称间接费用。制造费用是指企业为生产产品和提供劳务而发生的各项间接费用，包括工资和福利费、折旧费、修理费、办公费、水电费、机物料消耗、劳动保护费、季节性和修理期间的停工损失等，但不包括企业行政管理部门为组织和管理生产经营活动而发生的管理费用。主营业务成本核算的相关举例，本书前面已经介绍，这里不再重复。

2. 其他业务成本

其他业务成本是指企业为取得其他业务收入而发生的相应支出，包括销售材料、提供劳务、出租资产等而发生的相关成本、费用。

【例12-14】 东华公司将暂时闲置的一台设备出租给Y公司，期限8个月，每月租金1 500元，各月末支付。东华公司对出租的设备每月计提折旧800元，则东华公司的账务处理如下：

(1) 出租期内,东华公司每月末收到租金时:

借:银行存款　　　　　　　　　　　　　　　　　　　　　　　1 500
　　贷:其他业务收入　　　　　　　　　　　　　　　　　　　　　1 500

(2) 出租期内,东华公司在确认租金收入的同时,应确认相关的成本:

借:其他业务成本　　　　　　　　　　　　　　　　　　　　　　800
　　贷:累计折旧　　　　　　　　　　　　　　　　　　　　　　　　800

(二) 期间费用

期间费用是指企业当期发生的必须从当期收入中得到补偿的费用。它由于仅与当期实现的收入相关,必须计入当期损益,因此,被称为期间费用。期间费用主要包括销售费用、管理费用和财务费用。

(1) 销售费用。销售费用是指企业在商品销售过程中发生的各项费用以及专设销售机构的各项经费。包括运输费、装卸费、包装费、保险费、展览费、广告费、租赁费,以及为销售本企业商品而专设的销售机构的职工薪酬、业务费等经营费用。

(2) 管理费用。管理费用是指企业为组织和管理生产经营活动所发生的一切必要支出,包括企业的董事会和行政管理部门在企业经营管理中发生的,或者应由企业统一负担的公司经费(包括行政管理部门职工薪酬、修理费、物料消耗、办公费和差旅费等)、聘请中介机构费、咨询费(含顾问费)、诉讼费、业务招待费、房产税、车船税、土地使用税、印花税、技术转让费、矿产资源补偿费、无形资产摊销、研究与开发费、排污费等。

(3) 财务费用。财务费用是指企业为筹集生产经营所需资金等而发生的全部必要支出,主要包括利息支出(减利息收入)、汇兑损失(减汇兑收益)、金融机构手续费以及筹集生产经营资金发生的其他费用等。

(三) 费用的确认原则

由于确认费用的同时也确认了资产的减少或负债的增加,因此合理地确认费用对于如实反映企业的财务状况和经营成果具有重要意义。根据费用与收入之间的相互关系,费用确认应遵循以下三点原则:划分资本性支出与收益性支出原则、权责发生制原则、配比原则。三者的关系是:

(1) 划分收益性支出与资本性支出原则,只是为费用的确认做出时间上的大致区分。

(2) 权责发生制原则,规定了具体在什么时点确认费用。

(3) 配比原则,在本期费用确认的基础上,进一步确认企业本期损益。

(四) 账务处理举例

【例 12-15】 东华公司以银行存款支付 3 月份发出商品负担的运费 3 000 元,装卸费 1 000 元,途中保险费 2 000 元。

借:销售费用——运输费　　　　　　　　　　　　　　　　　　3 000
　　　　　　——保险费　　　　　　　　　　　　　　　　　　2 000
　　　　　　——装卸费　　　　　　　　　　　　　　　　　　1 000
　　贷:银行存款　　　　　　　　　　　　　　　　　　　　　　6 000

【例12-16】 东华公司以银行存款支付广告费30 000元。分配本月销售人员工资20 000元。

借：销售费用——广告费	30 000
——工资	20 000
贷：银行存款	30 000
应付职工薪酬	20 000

【例12-17】 东华公司2019年3月10日以银行存款支付非生产用固定资产修理费用2 000元。

借：管理费用——修理费	2 000
贷：银行存款	2 000

【例12-18】 东华公司职工工资总额100 000元。按2%计提工会经费，按1.5%计提职工教育经费。

借：管理费用——工会经费	2 000
——职工教育经费	1 500
贷：应付职工薪酬——工会经费	2 000
——职工教育经费	1 500

【例12-19】 东华公司以银行存款支付本月业务招待费3 000元。

借：管理费用——业务招待费	3 000
贷：银行存款	3 000

【例12-20】 月末计算出本月应交房产税3 000元，土地使用税5 000元。

借：税金及附加——房产税	3 000
——土地使用税	5 000
贷：应交税费——应交房产税	3 000
——应交土地使用税	5 000

【例12-21】 东华公司2019年6月3日以银行存款支付银行手续费2 000元。

借：财务费用——手续费	2 000
贷：银行存款	2 000

【例12-22】 东华公司计提本月短期借款利息10 000元。

借：财务费用——利息支出	10 000
贷：应付利息	10 000

【例12-23】 东华公司月末接银行收款通知，转入企业存款利息3 000元，外币美元长期借款汇兑收益1 000元。

借：银行存款	3 000
长期借款——应计利息	1 000
贷：财务费用——利息支付	3 000
——汇兑损失	1 000

第三节 利润及利润分配

一、利润的构成

利润是指企业在一定会计期间的经营成果，利润包括收入减去费用后的净额、直接计入当期利润的利得和损失等。

利润的构成分三个层次：营业利润、利润总额和净利润。有关计算公式如下：

(1) 营业利润 = 营业收入 − 营业成本 − 税金及附加 − 销售费用 − 管理费用 − 财务费用 − 资产减值损失 + 其他收益 ± 公允价值变动损益 ± 投资收益

其中：营业收入 = 主营业务收入 + 其他业务收入

营业成本 = 主营业务成本 + 其他业务成本

(2) 利润总额 = 营业利润 + 营业外收入 − 营业外支出

(3) 净利润 = 利润总额 − 所得税费用

二、营业外收入和营业外支出

营业外收入和营业外支出是指企业发生的与其日常生产经营活动无直接关系的各项收入和各项支出。

营业外收入主要包括处置固定资产净收益、处置无形资产净收益、罚款净收入、债务重组利得、接受捐赠利得等。

营业外支出主要包括固定资产盘亏、处置固定资产净损失、处置无形资产净损失、债务重组损失、罚款支出、对外捐赠支出、非常损失等。

营业外收入和营业外支出没有对应关系，即二者是不相配比的，在利润表中二者要分列项目反映。在具体核算时，企业应设置"营业外收入""营业外支出"账户，分别核算营业外收入的取得、营业外支出的发生及结转情况。

三、所得税费用

（一）所得税费用概述

企业所得税是国家对企业生产、经营所得和其他所得依法征收的一种税。它既体现国家对企业的管理，也体现企业对国家应承担的社会义务。

（二）企业所得税核算的有关规定

企业所得税是根据企业的应纳税所得额计征的一种收益税。应纳税所得额是在企业会计利润基础上调整确定的。用公式表示如下：

应纳税所得额 = 会计利润 + 纳税调整增加额 − 纳税调整减少额

(1) 纳税调整增加额主要包括税法规定允许扣除项目中，企业已计入当期费用但超过税法规定扣除标准的金额，以及税法规定不允许扣除项目的金额（如税收滞纳金、罚款、罚金）。

(2) 纳税调整减少额主要包括按税法规定允许弥补的亏损和准予免税的项目,如前五年内的未弥补亏损和国债利息收入等。企业应交所得税额的计算公式是:

$$应交所得税额 = 应纳税所得额 \times 所得税税率$$

(三) 亏损准予向后结转

企业纳税年度发生的亏损,准予向以后年度结转,用以后年度的纳税所得弥补,但结转年限最长不得超过5年。5年内的纳税所得弥补亏损后若有剩余,再按剩余金额纳税;5年期满后,若有尚未弥补的亏损,企业实现的利润应先纳税,之后再用税后利润补亏。

(四) 所得税税率

根据我国《企业所得税法》的规定,企业所得税税率为25%;符合条件的小型微利企业,减按20%的税率征收企业所得税;国家需要重点扶持的高新技术企业,所得税税率为15%。此外,非居民企业有来源于中国境内的所得,适用税率为20%。

(五) 所得税费用核算举例

(1) 企业按应纳税所得额计提应交所得税时:

借:所得税费用
　　贷:应交税费——应交所得税

(2) 结转所得税费用时:

借:本年利润
　　贷:所得税费用

【例12-24】 东华公司2017年度按企业会计准则计算的税前会计利润为19 800 000元,所得税税率为25%。当年按税法核定的全年计税工资为2 000 000元,东华公司全年实发工资为2 100 000元;经查,东华公司当年营业外支出中有100 000元为税款滞纳罚金。假定东华公司全年无其他纳税调整因素。

本例中,东华公司有两项纳税调整因素:一是已计入当期费用但超过税法规定标准的工资支出;二是已计入当期营业外支出但按税法规定不允许扣除的税款滞纳金。由于这两项纳税调整因素,该企业应增加应纳税所得额。东华公司当期所得税的计算如下:

$$纳税调整数 = 2\ 100\ 000 - 2\ 000\ 000 + 100\ 000 = 200\ 000(元)$$
$$应纳税所得额 = 19\ 800\ 000 + 200\ 000 = 20\ 000\ 000(元)$$
$$当期应交所得税额 = 20\ 000\ 000 \times 25\% = 5\ 000\ 000(元)$$

借:所得税费用　　　　　　　　　　　　　　　　　　　　　　　5 000 000
　　贷:应交税费——应交所得税　　　　　　　　　　　　　　　　　5 000 000

同时,结转所得税费用时:

借:本年利润　　　　　　　　　　　　　　　　　　　　　　　　5 000 000
　　贷:所得税费用　　　　　　　　　　　　　　　　　　　　　　5 000 000

【例12-25】 东华公司2018年全年利润总额(即税前会计利润)为10 200 000元,其中包括本年收到的国库券利息收入200 000元,所得税税率为25%。假定东华公司本年无其他纳税调整因素。

按照税法的有关规定,企业购买国库券的利息收入免交所得税,即在计算纳税所得时可将其扣除。东华公司当期所得税的计算如下：

$$应纳税所得额 = 10\,200\,000 - 200\,000 = 10\,000\,000（元）$$

$$当期应交所得税额 = 10\,000\,000 \times 25\% = 2\,500\,000（元）$$

借：所得税费用 2 500 000
　　贷：应交税费——应交所得税 2 500 000

同时，结转所得税费用时：

借：本年利润 2 500 000
　　贷：所得税费用 2 500 000

【例 12-26】 东华公司于 2019 年 4 月 25 日，以银行存款汇算清缴上年度应交的企业所得税 2 500 000 元。

借：应交税费——应交所得税 2 500 000
　　贷：银行存款 2 500 000

四、利润的结算方法

企业在每个期末都要根据收入和费用等损益类账户结算利润，利润合成的会计处理方法有两种：表结法、账结法。

（一）表结法

表结法是指企业在年终决算以外的会计期期末，将全部损益类账户的本期净发生额按"利润表"的填制要求，填入"利润表"的各项目中，在表中计算出本期利润和本年累计利润的方法。平时各月采用这种方法结算利润，期末不需要将损益类账户的期末余额转入"本年利润"账户，因而各损益类账户有期末余额，反映自年初到本月末止的本年累计发生额。

采用表结法，无须编制结转收支的会计分录，因而利润的合成非常简单。为了简化核算，企业平时可采用这种方法结算利润，但年终决算必须采用账结法。

（二）账结法

账结法是指企业在期末将全部损益类账户的本期净发生额转入"本年利润"账户，通过"本年利润"账户结出当期利润和本年累计利润的方法。平时各月采用账结法结算利润的企业，损益类账户期末均无余额。在账结法下，有关结账分录如下：

（1）结转本期收入时：

借：主营业务收入
　　其他业务收入
　　投资收益
　　公允价值变动损益
　　营业外收入
　　贷：本年利润

(2) 结转本期成本、费用与损失时：
借：本年利润
  贷：主营业务成本
    税金及附加
    其他业务成本
    销售费用
    管理费用
    财务费用
    资产减值损失
    营业外支出
    所得税费用

【例12-27】 东华公司2019年有关损益类科目的年末余额如表12-2所示（该企业采用表结法年末一次结转损益类科目，所得税税率为25%）。

表12-2 损益类科目年末余额　　　　　　　　　　　　　　元

科目名称	结账前借方余额	结账前贷方余额
主营业务收入		6 000 000
其他业务收入		700 000
公允价值变动损益		150 000
投资收益		600 000
营业外收入		50 000
主营业务成本	4 000 000	
其他业务成本	400 000	
税金及附加	80 000	
销售费用	500 000	
管理费用	770 000	
财务费用	200 000	
资产减值损失	100 000	
营业外支出	250 000	

东华公司2019年年末结转本年利润的账务处理如下：

(1) 将各损益类科目年末余额结转入"本年利润"科目：

①结转各项收入、利得类科目：

借：主营业务收入　　　　　　　　　　　　　　　　　6 000 000
  其他业务收入　　　　　　　　　　　　　　　　　700 000
  公允价值变动损益　　　　　　　　　　　　　　　150 000
  投资收益　　　　　　　　　　　　　　　　　　　600 000
  营业外收入　　　　　　　　　　　　　　　　　　 50 000
  贷：本年利润　　　　　　　　　　　　　　　　　7 500 000

②结转各项费用、损失类科目
借:本年利润　　　　　　　　　　　　　　　　　　　　　　　6 300 000
　贷:主营业务成本　　　　　　　　　　　　　　　　　　　　　4 000 000
　　其他业务成本　　　　　　　　　　　　　　　　　　　　　　 400 000
　　税金及附加　　　　　　　　　　　　　　　　　　　　　　　　80 000
　　销售费用　　　　　　　　　　　　　　　　　　　　　　　　 500 000
　　管理费用　　　　　　　　　　　　　　　　　　　　　　　　 770 000
　　财务费用　　　　　　　　　　　　　　　　　　　　　　　　 200 000
　　资产减值损失　　　　　　　　　　　　　　　　　　　　　　 100 000
　　营业外支出　　　　　　　　　　　　　　　　　　　　　　　 250 000

(2) 经过上述结转后,"本年利润"科目的贷方发生额合计 7 500 000 元,减去借方发生额合计 6 300 000 元,即为税前会计利润 1 200 000 元。假设税前无纳税调整,则:

$$应交所得税额 = 1\ 200\ 000 \times 25\% = 300\ 000(元)$$

①确认所得税费用时:
借:所得税费用　　　　　　　　　　　　　　　　　　　　　　　 300 000
　贷:应交税费——应交所得税　　　　　　　　　　　　　　　　　300 000
②将所得税费用结转入"本年利润"科目:
借:本年利润　　　　　　　　　　　　　　　　　　　　　　　　 300 000
　贷:所得税费用　　　　　　　　　　　　　　　　　　　　　　　300 000

(3) 将"本年利润"科目年末余额 900 000 转入"利润分配——未分配利润"科目:
借:本年利润　　　　　　　　　　　　　　　　　　　　　　　　 900 000
　贷:利润分配——未分配利润　　　　　　　　　　　　　　　　　900 000

五、利润分配

(一) 利润分配的顺序

根据国家有关法规及公司章程的规定,一般企业每期实现的净利润,应按下列顺序分配。

1. 弥补企业以前年度亏损

《企业会计制度》规定,企业发生的年度亏损,可以用下一年度的税前利润弥补,下一年度利润不足弥补的,可以在 5 年内延续弥补。5 年内不足弥补的,用企业的税后利润弥补。

2. 提取法定盈余公积

根据规定,公司制企业一般按当年实现净利润的 10% 提取法定盈余公积,提取的盈余公积累计额达到注册资本 50% 时,可以不再提取。

3. 提取任意盈余公积金

公司从税后利润中,提取法定盈余公积后,经过股东大会决议,还可从税后利润中提取任意盈余公积。

4. 向投资者分配利润或股利

公司弥补亏损和提取盈余公积后所剩税后利润，加上年初未分配利润，为本年可供投资者分配的利润。有限责任公司按各股东的出资比例分配，股份有限公司按照股东持有的股份比例分配。

对股份有限公司而言，可供投资者分配的利润还应按下列顺序进行分配：

(1) 应付优先股股利。

(2) 应付普通股股利。

(3) 转作股本的普通股股利，即股票股利。

当年无利润时，不能分配利润，但在用盈余公积金弥补亏损后，经股东会特别决定，可以按照不超过股票面值6%的比率用盈余公积金分配股利，在分配股利后，企业法定盈余公积金不得低于注册资金的25%。

可供投资者分配的利润，经过上述分配后，为未分配利润（或未弥补亏损）。未分配利润可留待以后年度进行分配。企业如发生亏损，可以按规定由以后年度实现的利润进行弥补。

(二) 利润分配的账务处理

1. 利润弥补亏损

企业在生产经营过程中既可能发生盈利，也可能出现亏损。企业在当年发生亏损的情况下，应当将本年度发生的亏损自"本年利润"账户转入"利润分配——未分配利润"账户。账务处理如下：

借：利润分配——未分配利润
　　贷：本年利润

企业发生的亏损可以以次年实现的税前利润弥补。在以次年实现的税前利润弥补以前年度亏损的情况下，将企业当年实现的利润总额，自"本年利润"账户的借方，转入"利润分配——未分配利润"账户的贷方，实现自动弥补，不需要进行专门的账务处理。

以本年度实现的利润弥补以前年度亏损，有两种弥补的形式：税前利润弥补和税后利润弥补。在以税前利润弥补亏损的情况下，其弥补的数额可以抵减当期企业应纳税所得额，而以税后利润弥补的数额，则不能作为纳税所得扣除处理。

【例12-28】 东华公司2013年发生亏损1 200 000元，年度终了时，企业应当结转本年发生的亏损，编制会计分录如下：

借：利润分配——未分配利润　　　　　　　　　　　　　　　　　1 200 000
　　贷：本年利润　　　　　　　　　　　　　　　　　　　　　　　　1 200 000

假设2014—2018年，该企业每年均实现利润200 000元。按照企业会计制度规定，企业在发生亏损以后的5年内可以以税前利润弥补亏损，则东华公司在2014—2018年度终了时，均应编制如下会计分录：

借：本年利润　　　　　　　　　　　　　　　　　　　　　　　　　200 000
　　贷：利润分配——未分配利润　　　　　　　　　　　　　　　　　200 000

2018年"利润分配——未分配利润"账户期末余额为借方余额200 000元，即2019年未弥补亏损 200 000 元。假设东华公司 2019 年实现税前利润 400 000 元，按现行制度规定，东华公司只能用税后利润弥补以前年度亏损。

假设所得税税率为 25%，东华公司在 2019 年度计算交纳所得税时，其应纳税所得额为 400 000 元，当年应交纳的所得税为：400 000 × 25% = 100 000 元。此时，东华公司应编制如下会计分录：

（1）计算交纳所得税：

借：所得税费用　　　　　　　　　　　　　　　　　　　　100 000
　　贷：应交税费——应交所得税　　　　　　　　　　　　　　　　100 000

同时：

借：本年利润　　　　　　　　　　　　　　　　　　　　　100 000
　　贷：所得税费用　　　　　　　　　　　　　　　　　　　　　　100 000

（2）结转本年实现的净利润，弥补以前年度未弥补亏损：

借：本年利润　　　　　　　　　　　　　　　　　　　　　300 000
　　贷：利润分配——未分配利润　　　　　　　　　　　　　　　　300 000

上述核算的结果，东华公司 2019 年"利润分配——未分配利润"账户的期末贷方余额 = -200 000 + 300 000 = 100 000（元）。

2. 提取法定盈余公积和任意盈余公积

企业按规定提取盈余公积时：

借：利润分配——提取法定盈余公积
　　　　　　——任意盈余公积
　　贷：盈余公积——法定盈余公积
　　　　　　　　——任意盈余公积

【例 12-29】 承［例 12-27］，东华公司 2019 年度实现净利润 900 000 元，按 10% 计提法定盈余公积，按 5% 计提任意盈余公积。

借：利润分配——提取法定盈余公积　　　　　　　　　　　　90 000
　　　　　　——任意盈余公积　　　　　　　　　　　　　　45 000
　　贷：盈余公积——法定盈余公积　　　　　　　　　　　　　　90 000
　　　　　　　　——任意盈余公积　　　　　　　　　　　　　　45 000

3. 向投资者分配利润或现金股利

按董事会或股东大会决议，向投资者分配利润或股利时，应在账簿上先确立企业的一项流动负债，然后再以货币资金支付。

（1）企业宣布分配利润或股利时：

借：利润分配——向投资者分配利润或股利
　　贷：应付利润（或应付股利）

（2）支付利润或股利时：

借：应付利润（或应付股利）
　　贷：银行存款（等相关账户）

【例12-30】承［例12-27］，东华公司2019年度实现净利润900 000元，按30%向投资者分配利润。

借：利润分配——向投资者分配利润或股利　　　　270 000
　　贷：应付利润　　　　　　　　　　　　　　　　　　　　270 000

4. 年终结转利润分配明细账

年度终了时，应将"利润分配"账户所属其他明细账账户的余额转入"利润分配——未分配利润"账户。结账后，"利润分配"账户除"未分配利润"明细账账户外，其他明细账账户应无余额。年度终了时，结转利润分配明细账账户的账务处理如下：

借：利润分配——未分配利润
　　贷：利润分配——提取法定盈余公积
　　　　　　　　——提取任意盈余公积
　　　　　　　　——向投资者分配利润或股利

【例12-31】承［例12-29］［例12-30］，东华公司2019年年末，结转利润分配各明细账。

借：利润分配——未分配利润　　　　　　　　　　405 000
　　贷：利润分配——提取法定盈余公积　　　　　　　　　　90 000
　　　　　　　　——提取任意盈余公积　　　　　　　　　　45 000
　　　　　　　　——向投资者分配利润或股利　　　　　　270 000

年终结转后，"利润分配——未分配利润"账户本期余额为495 000元（900 000 - 405 000），其与期初余额之和构成了本年年末的未分配利润的期末余额。

思考题

1. 简述收入的含义、分类及商品销售收入的确认条件。
2. 让渡资产使用权收入包括哪些内容？
3. 简述利润的构成。
4. 利润分配的顺序有哪些？
5. 利润的结算方法有哪些？简要说明。
6. 如何将会计利润调整为应纳税所得额？

练习题

1. 东华公司为增值税一般纳税人，库存商品采用实际成本核算，商品售价不含增值税，商品销售成本随销售同时结转。2019年3月1日，甲商品账面余额为2 300 000元。2019年3月发生的有关采购与销售业务如下：

（1）3月3日，从A公司采购甲商品一批，收到的增值税专用发票上注明的货款为800 000元，增值税为104 000元。甲商品已验收入库，款项尚未支付。

（2）3月8日，向B公司销售甲商品一批，开出的增值税专用发票上注明的售价为

500 000 元，增值税为 195 000 元，该批甲商品实际成本为 1 200 000 元，款项尚未收到。

(3) 销售给 B 公司的部分甲商品由于存在质量问题，3 月 20 日 B 公司要求退回 3 月 8 日所购甲商品的 50%。经过协商，东华公司同意了 B 公司的退货要求，并按规定向 B 公司开具了增值税专用发票（红字），发生的销售退回允许扣减当期增值税销项税额。该批退回的甲商品已验收入库。

(4) 3 月 31 日，经过减值测试，甲商品的可变现净值为 2 300 000 元。

要求：(1) 编制甲上市公司上述 (1)、(2)、(3) 项业务的会计分录。

(2) 计算甲上市公司 2019 年 3 月 31 日甲商品的账面余额。

(3) 计算甲上市公司 2019 年 3 月 31 日甲商品应确认的存货跌价准备并编制会计分录。

2. 甲企业在 2019 年 5 月 1 日销售商品 400 件给乙企业，每件商品的单位成本为 700 元，增值税专用发票上注明的售价为 400 000 元、增值税额为 52 000 元。企业为了及早收回货款而在合同中规定了现金折扣的条件为：2/10，1/20，n/30（计算折扣时不考虑增值税）。假设甲企业分别于 5 月 6 日、5 月 15 日、6 月 28 日收到货款。

要求：编制甲企业相关销售业务的会计分录。

3. 甲公司销售一批原材料，开出的增值税专用发票上注明的售价为 10 000 元，增值税额为 1 300 元，款项已由银行收讫。该批原材料的实际成本为 9 000 元。编制有关的会计分录。

4. 甲企业销售一批商品给乙企业，增值税发票上注明售价 80 000 元，增值税额 10 400 元，货到后买方发现商品质量不合格，要求在价格上给予 5% 的折让。甲企业同意并办理了有关手续。编制有关的会计分录。

5. 甲公司于 2019 年 3 月 10 日接受一项设备安装任务，该安装任务可一次完成，合同总价款 9 000 元，实际发生安装成本 5 000 元。假定安装业务属于甲公司的主营业务。不考虑相关税费。甲公司应在安装完成时编制有关的会计分录。

6. A 公司 2019 年度按企业会计准则计算的税前会计利润为 800 000 元，所得税税率为 25%。当年按税法核定的全年计税工资为 200 000 元，A 公司全年实发工资为 230 000 元；经查，A 公司当年营业外支出中有 10 000 元为税款滞纳罚金。国库券利息收入 20 000 元，假定 A 公司全年无其他纳税调整因素。

要求：(1) 计算应纳税所得额。

(2) 计算当期应交所得税额并编制计提所得税及结转所得税费用的会计分录。

第十三章 财务会计报告

【本章知识要点提示】

通过本章的学习：理解财务会计报表的概念、财务会计报表的编制以及信息披露的相关内容，企业财务会计报表的种类，各类报表的作用、结构原理、财务会计报表附注的基本内容，以及各种报表的编制基础；熟悉现金流量表的编制、所有者权益变动表的编制及报表附注的编制；掌握资产负债表和利润表的编制。本章所包括的内容：财务会计报表概述、资产负债表、利润表、现金流量表、所有者权益变动表、财务会计报表编制综合举例及财务会计报表附注。

财务会计报告是指企业对外提供的反映企业某一特定日期的财务状况和某一会计期间的经营成果、现金流量等会计信息的文件。财务会计报告包括财务会计报表、财务会计附注和财务情况说明书。财务会计报告分为年度财务会计报告和中期财务会计报告，其中，中期财务会计报告包括月度、季度和半年度财务会计报告。

第一节 财务会计报表概述

一、财务会计报表的概念

财务会计报表是对企业财务状况、经营成果和现金流量等的结构性表述。财务会计报表至少应当包括资产负债表、利润表、现金流量表、所有者权益变动表和附注。

资产负债表是反映企业在某一特定日期的财务状况的财务会计报表。资产负债表应当按照资产、负债和所有者权益分类分项列示。

利润表是反映企业在一定会计期间的经营成果的财务会计报表。利润表应当按照各项收入、费用以及构成利润的各个项目分类分项列示。

现金流量表是反映企业一定会计期间的现金和现金等价物流入和流出的会计报表。现金流量表应当按照经营活动、投资活动和筹资活动的现金流量分类分项列示。

所有者权益变动表应当反映构成所有者权益的各组成部分当期的增减变动情况。

财务会计报表附注是对在资产负债表、利润表、现金流量表和所有者权益变动表等报表中列示项目的文字描述或明细资料，以及对未能在这些报表中列示项目的说明等。

二、财务会计报表的分类

财务会计报表按照不同标志可以进行多种分类。

(1) 按照财务会计报表反映的内容，可以分为动态财务会计报表和静态财务会计报表。前者如反映企业一定时期经营成果的利润表；后者如反映企业某一特定日期财务状况的资产负债表。

(2) 按照财务会计报表的编报时间，可以分为年度财务会计报表和中期财务会计报表。其中，中期财务会计报表包括半年度、季度和月度财务会计报表。

(3) 按照财务会计报表的编制单位，可以分为单位报表和汇总报表。单位报表是由各单位编制反映其自身财务状况和经营成果的财务会计报表；汇总报表是指由企业主管部门或上级机关，根据所属单位报送的财务会计报表，连同本单位财务会计报表汇总编制的财务会计报表。

(4) 按照财务会计报表的报送对象，可以分为内部报表和外部报表。内部报表基于企业内部经营管理需要而编制，一般不需要统一的格式和指标体系；外部报表的编制基于投资者、债权人、政府机构、社会中介机构、社会公众的需要，按照我国的财务会计惯例，一般由财政部统一规定相应的格式和指标体系。

三、财务会计报表列报的基本要求

(1) 以真实的交易和事项编制财务会计报表。

企业应当根据实际发生的交易和事项，按照《企业会计准则——基本准则》和其他各项准则的规定进行确认和计量，在此基础上编制财务会计报表。

(2) 以持续经营为基础编制财务会计报表。

持续经营是重要的会计假设，也是企业编制财务会计报表的前提。如果有证据表明企业经营无法建立在持续经营基础之上，则财务会计报表的编制必须采取其他基础。

(3) 除了现金流量表外，企业应该按权责发生制编制财务会计报表。

(4) 信息列报应保持一致。

财务会计报表项目的列报应当在各个会计期间保持一致，不得随意变更，但下列情况除外：

①会计准则要求改变财务会计报表项目的列报。

②企业经营业务的性质发生重大变化后，变更财务会计报表项目能够提供更可靠、更相关的会计信息。

(5) 重要性项目应当在财务会计报表中单独列报。

所谓重要性是指财务会计报表某项目的省略或错报会影响使用者据此作出经济决策。重要性应当根据企业所处环境，从项目的性质和金额大小两方面予以判断。

(6) 有关项目的金额不得相互抵消。

财务会计报表中的资产项目和负债项目的金额、收入项目和费用项目的金额不得相互抵消,但其他会计准则另有规定的除外。

(7) 信息列报项目应有可比性。

当期财务会计报表的列报,至少应当提供所有列报项目上一年可比会计期间的比较数据,以及与当期财务会计报表相关的说明,但其他会计准则另有规定的除外。财务会计报表至少应当反映两个年度或者相关两个期间的比较数据。财务会计报表之间、财务会计报表各项目之间,凡有对应关系的数字,应当相互一致;财务会计报表中本期与上期的有关数字应当相互衔接。

(8) 财务会计报表列报内容要完整。

企业应当在财务会计报表的显著位置至少披露下列各项:

①编报企业的名称。

②资产负债表日或财务会计报表涵盖的会计期间。

③人民币金额单位。

④财务会计报表是合并财务会计报表的,应当予以表明。

企业应当依照《财务会计报告条例》和《企业会计准则》规定,对财务会计报表中各项财务会计要素进行合理的确认和计量,不得随意改变会计要素的确认和计量标准。企业应当按规定的结账日进行结账,不得提前或者延迟。年度结账日为公历年度每年的 12 月 31 日;半年度、季度、月度结账日分别为公历年度每半年、每季、每月的最后一天。财务会计报表附注和财务情况说明书应当按照《财务会计报告条例》和国家统一会计制度的规定,对财务会计报表中需要说明的事项作出真实、完整、清楚的说明。企业发生合并、分立情形的,应当按照国家统一的会计制度的规定编制相应的财务会计报告。企业终止营业的,应当在终止营业时按照编制年度财务会计报告的要求清查资产、核实债务、进行结账,并编制财务会计报告;在清算期间,应当按照国家统一的会计制度的规定编制清算期间的财务会计报告。按照国家统一的会计制度的规定,需要编制合并会计报表的企业集团、母公司除编制其个别财务会计报表外,还应当编制企业集团的合并财务会计报表。

第二节　资产负债表

一、资产负债表的作用

资产负债表是反映企业在某一特定日期的财务状况的财务会计报表。所谓财务状况是指企业所持有的资产、负债和所有者权益的构成及相互关系。该表是根据"资产=负债+所有者权益"这一基本的会计恒等式,按照一定的标准和顺序,将企业特定日期的资产、负债、所有者权益三个要素的所属项目,予以适当排列编制而成的。

资产负债表的作用主要有:

(1) 能够反映企业在某一特定日期资产、负债和所有者权益的总额及分布状况。

(2) 通过资产和负债的对比分析,反映企业的偿债能力。

(3) 反映企业所承担的债务和投资者所持有的权益。

(4) 通过对前后连续的各期资产负债表进行比较分析,可以发现企业财务状况的发展趋势。

二、资产负债表的格式

资产负债表的格式主要有账户式和报告式两种。账户式资产负债表是将报表分为左右两方,左方列示资产项目,右方列示负债和所有者权益项目,且左右两方总额相等。编制的依据为会计恒等式,即"资产=负债+所有者权益"。

报告式资产负债表是将资产负债表的项目自上而下排列,首先列示资产的数额,然后列示负债的数额,最后再列示所有者权益的数额。我国会计企业的资产负债表通常采用账户式。资产负债表的格式如表13-1所示。

表13-1 资产负债表

编制单位:东华公司   2019年12月31日   会企01表   元

资产	期末余额	年初余额	负债和所有者权益 (或股东权益)	期末余额	年初余额
流动资产:			流动负债:		
货币资金	8 628 660	673 560	短期借款	5 000	180 000
以公允价值计量且其变动计入当期损益的金融资产	75 000	36 800	以公允价值计量且其变动计入当期损益的金融负债		
应收票据	20 000	20 000	应付票据	240 000	255 000
应收账款	78 040	181 000	应付账款	1 270 600	140 600
预付账款	29 200	29 200	预收账款	175 000	175 000
应收利息	10 000	10 000	应付职工薪酬	105 680	49 680
应收股利	95 000	95 000	应交税费	660 838	123 800
其他应收款	41 027	41 027	应付利息		
存货	253 830	4 666 830	应付股利	135 000	135 000
持有待售的非流动资产或持有待售的处置组中的资产			其他应付款	78 000	78 000
1年内到期的非流动资产			持有待售的处置组中的负债		
其他流动资产			1年内到期的非流动负债	120 000	
流动资产合计	9 230 757	5 753 417	其他流动负债	0	0
非流动资产:			流动负债合计	2 790 118	1 137 080
以摊余成本计量的金融资产	140 000	80 000	非流动负债:		
以公允价值计量且其变动计入其他综合收益的金融资产	190 000	160 000	长期借款	853 000	2 100 000

续表

资产	期末余额	年初余额	负债和所有者权益（或股东权益）	期末余额	年初余额
长期应收款			应付债券		
长期股权投资	490 000	630 000	长期应付款	537 000	537 000
投资性房地产			专项应付款		
固定资产	5170 099	3 878 099	预计负债	119 000	25 000
在建工程	986 000	2 100 000	递延收益		
工程物资	490 000	390 000	递延所得税负债		
固定资产清理			其他非流动负债		
生产性生物资产			非流动负债合计	1 509 000	2 662 000
油气资产			负债合计	4 299 118	3 799 080
无形资产	47 000	173 000	所有者权益（或股东权益）		
开发支出			实收资本（或股本）	6 800 000	5 800 000
商誉			资本公积	1 530 000	1 530 000
长期待摊费用	80 000	120 000	减：库存股		
递延所得税资产	48 500	25 000	其他综合收益	30 000	0
其他非流动资产			盈余公积	1 981 420	1 676 500
非流动资产合计	7 641 599	7 556 099	未分配利润	2 231 818	503 936
			所有者权益（或股东权益）合计：	12 573 238	9 510 436
资产总计	16 872 356	13 309 516	负债和所有者权益（股东权益）总计	16 872 356	13 309 516

注意事项：

编制资产负债表时应注意资产方的"应收账款""预付账款"与权益方的"应付账款""预收账款"四个项目，这四个报表项目均有同名总账账户，不能将总账账户余额直接填列于表中对应项目。由于这四个总账账户均属于双重性质账户，其明细账账户可能存在与总账账户余额方向不一致的情形，因此不能直接填列于资产负债表中。错误的编制方法虽然不影响报表的平衡，但会影响资产合计数、负债与所有者权益合计数的大小，从而歪曲了真实的资产负债状况。正确的编制方法如下：

"应收账款"项目：应根据"应收账款"所属明细账账户借方余额合计＋"预收账款"所属明细账账户借方余额合计。

"预付账款"项目：应根据"预付账款"所属明细账账户借方余额合计＋"应付账款"所属明细账账户借方余额合计。

"应付账款"项目：应根据"应付账款"所属明细账账户贷方余额合计＋"预付账款"所属明细账账户贷方余额合计。

"预收账款"项目：应根据"预收账款"所属明细账账户贷方余额合计 + "应收账款"所属明细账账户贷方余额合计。

三、资产负债表的项目排列

资产负债表中的项目从总体上分为资产、负债、所有者权益三大类，每一类中包括若干个项目。

（一）资产类

在资产类中，按资产的构成及其流动性大小分为流动资产、非流动资产两大项，每一大项中又按其内容或流动性大小分为若干具体项目排列。例如，流动资产大项依据流动性（即变现能力）大小将具体项目按货币资金、交易性金额资产、应收票据、应收账款的顺序排列；非流动资产大项依次分为可供出售金融资产、持有至到期投资、长期应收款、长期股权投资等项目。

（二）负债类

在负债类中，先按其流动性大小分为流动负债和非流动负债两大项，每一大项中又按内容构成及流动性分具体项目排列。

（三）所有者权益类

所有者权益类按其构成分为实收资本（股本）、资本公积、盈余公积、未分配利润。

四、资产负债表的编制方法

资产负债表反映企业一定日期全部资产、负债和所有者权益的情况。本表各项目数据，是通过有关账簿记录取得的。有的项目直接根据总账账户余额填列；有的项目根据若干个总账账户余额合计数填列；有的项目直接根据明细账账户余额填列；有的项目根据明细账账户余额分析填列；还有的项目是反映资产账户与有关备抵账户抵销过程，显示其净额。我国资产负债表中各有关项目的具体填列方法如下。

（一）本表"年初余额"各项金额填列方法

本表"年初余额"栏内各项金额，应根据上年末资产负债表"期末余额"栏内所列金额填列。如果本年度资产负债表规定的各个项目的名称和内容同上年度不相一致，应对上年年末资产负债表各项目的名称和金额按照本年度的规定进行调整，填入本表"年初余额"栏内。

（二）本表"期末余额"各项目的内容和填列方法

（1）"货币资金"项目：应根据"库存现金""银行存款""其他货币资金"三个总账账户的期末余额合计填列。

（2）"以公允价值计量且其变动计入当期损益的金融资产"项目：反映企业持有的以公允价值计量且其变动计入当期损益的为交易目的所持有的债券投资、股票投资、基金投资、权证投资等金融资产。本项目应根据"交易性金融资产"账户和在初始确认时指定为以公允价值计量且其变动计入当期损益的金融资产账户的期末余额填列。

(3)"应收票据"项目：反映企业因销售商品、提供劳务等收到的商业汇票，包括商业承兑汇票和银行承兑汇票。本项目应根据"应收票据"账户的期末余额填列。已向银行贴现和已背书转让的应收票据不包括在本项目内，其中已贴现的商业承兑汇票应在财务会计报表附注中单独披露。

(4)"应收账款"项目：应根据"应收账款"和"预收账款"账户所属各明细账账户的期末借方余额合计，减去"坏账准备"账户中有关应收账款计提的坏账准备期末余额后的净额填列。如"应收账款"账户所属明细账账户期末有贷方余额，应在本表"预收账款"项目内填列。

(5)"预付账款"项目：应根据"预付账款"和"应付账款"账户所属各明细账账户的期末借方余额合计数，减去"坏账准备"账户中有关预付账款计提的坏账准备期末余额后的净额填列。如"预付账款"账户所属有关明细账账户期末有贷方余额的，应在本表"应付账款"项目内填列。如"应付账款"账户所属明细账账户有借方金额的，也应包括在本项目内。

(6)"应收利息"项目：反映企业因债权投资而应收取的利息。企业购入到期还本付息债券应收的利息，不包括在本项目内。本项目应根据"应收利息"账户的期末余额填列。

(7)"应收股利"项目：反映企业因股权投资而应收取的现金股利，企业应收其他单位的利润，也包括在本项目内。本项目应根据"应收股利"账户的期末余额填列。

(8)"其他应收款"项目：应根据"其他应收款"账户的期末余额，减去"坏账准备"账户中有关其他应收款计提的坏账准备期末余额后的净额填列。

(9)"存货"项目：反映企业期末在库、在途和在加工中的各项存货的可变现净值，包括各种材料、商品、在产品、半成品、包装物、低值易耗品、分期收款发出商品、委托代销商品、受托代销商品等。本项目应根据"物资采购""原材料""低值易耗品""自制半成品""库存商品""包装物""分期收款发出商品""委托加工物资""委托代销商品""受托代销商品""生产成本"等账户的期末余额合计数，减去"代销商品款""存货跌价准备"账户期末余额后的净额填列。材料采用计划成本核算，以及库存商品采用计划成本或售价核算的企业，还应按加或减材料成本差异、商品进销差价后的金额填列。

(10)"持有待售的非流动资产或持有待售的处置组中的资产"项目：反映企业主要通过出售（包括具有商业实质的非货币性资产交换）而非持续使用收回其账面价值的一项非流动资产或处置组。企业应当在资产负债表中区别于其他资产单独列示持有待售的非流动资产或持有待售的处置组中的资产。

(11)"1年内到期的非流动资产"项目：反映企业长期债券、股票投资中将于1年内到期的债券、股权，应根据"可供出售金融资产""持有至到期投资"账户期末余额中1年内到期的长期投资数额填列。

(12)"其他流动资产"项目：反映企业除以上流动资产项目以外的其他流动资产情况。本项目应根据与其有关的账户的期末余额填列。如果其他流动资产价值较大，则应在财务会计报表附注中披露其内容和金额。

(13)"以摊余成本计量的金融资产"项目：反映企业持有的以摊余成本计量的金融资产情况。本项目应根据有关账户的期末余额分析填列。

（14）"以公允价值计量且其变动计入其他综合收益的金融资产"项目：反映企业持有的以公允价值计量且其变动计入其他综合收益的金融资产。本项目应根据有关账户的期末余额分析填列。

（15）"长期应收款"项目：反映企业融资租赁产生的应收款项和采用递延方式分期收款、实质上具有融资性质的销售商品和提供劳务等经营活动产生的应收款项。本项目应根据"长期应收款"账户的期末余额，减去相应的"未实现融资收益"账户和"坏账准备"账户所属相关明细账账户期末余额后的金额填列。

（16）"长期股权投资"项目：反映企业持有的采用成本法和权益法核算的长期股权投资。本项目应根据"长期股权投资"账户的期末余额，减去"长期股权投资减值准备"账户期末余额后的金额填列。

（17）"投资性房地产"项目：反映为赚取租金或资本增值或两者兼有而持有的房地产情况，主要包括已出租的土地使用权、持有并准备增值后转让的土地使用权和出租的建筑物。本项目应根据"投资性房地产"账户的期末余额，减去"投资性房地产累计折旧（摊销）"和"投资性房地产减值准备"账户后的净额填列。

（18）"固定资产"项目：反映企业各项固定资产净额。本项目应根据"固定资产"账户期末余额，减去"累计折旧"及"固定资产减值准备"账户期末余额后的净额填列。

（19）"在建工程"项目：反映企业期末各项未完工程的实际支出情况，包括交付安装的设备价值，未完建筑安装工程已经耗用的材料、工资和费用支出、预付出包工程的价款、已经建筑安装完毕但尚未交付使用的工程等的可收回金额。本项目应根据"在建工程"账户的期末余额，减去"在建工程减值准备"账户期末余额后的金额填列。

（20）"工程物资"项目：反映企业各项工程尚未使用的工程物资的实际成本。本项目应根据"工程物资"账户的期末余额填列。

（21）"固定资产清理"项目：反映企业因出售、毁损、报废等原因转入清理但尚未清理完毕的固定资产的账面价值，以及固定资产清理过程中所发生的清理费用和变价收入等各项金额的差额。本项目应根据"固定资产清理"账户的期末借方余额填列；如"固定资产清理"账户期末为贷方余额，以"－"填列。

（22）"无形资产"项目：反映企业各项无形资产的期末可收回金额。本项目应根据"无形资产"账户的期末余额，减去"累计摊销""无形资产减值准备"账户期末余额后的净额填列。

（23）"开发支出"项目：反映企业开发无形资产过程中能够资本化形成无形资产成本的支出部分，本项目应当根据"研发支出"账户中所属的"资本化支出"明细账账户期末余额填列。

（24）"长期待摊费用"项目：反映企业尚未摊销的摊销期限在1年以上（不含1年）的各种费用，本项目应根据"长期待摊费用"账户的期末余额减去1年内（含1年）摊销的数额后的金额分析填列。

（25）"递延所得税资产"项目：反映因可抵扣暂时性差异产生的递延所得税资产，以未来期间可能取得的应纳税额为限。本项目应根据"递延所得税资产"账户期末余额填列。

（26）"其他非流动资产"项目：反映企业除长期股权投资、固定资产、在建工程、工程物资、无形资产等以外的其他非流动资产情况。本项目应根据有关账户的期末余额填列。

(27) "短期借款"项目：反映企业借入尚未归还的 1 年期以下（含 1 年）的借款。本项目应根据"短期借款"账户的期末余额填列。

(28) "以公允价值计量且其变动计入当期损益的金融负债"项目：反映企业持有的以公允价值计量且其变动计入当期损益的为交易目的所发行的金融负债。本项目应根据"交易性金融负债"账户和在初始确认时指定为以公允价值计量且其变动计入当期损益的金融负债账户的期末余额填列。

(29) "应付票据"项目：反映企业为了抵付货款等而开出、承兑的尚未到期付款的应付票据，包括银行承兑汇票和商业承兑汇票。本项目应根据"应付票据"账户的期末余额填列。

(30) "应付账款"项目：反映企业因购买材料、商品和接受劳务供应等而应付给供应单位的款项。本项目应根据"应付账款"和"预付账款"账户所属各有关明细账账户的期末贷方余额合计数填列；如"应付账款"账户所属各明细账账户期末有借方余额，应在本表"预付账款"项目内填列。

(31) "预收账款"项目：反映企业按照购货合同规定预收供应单位的款项。本项目根据"预收账款"和"应收账款"账户所属各有关明细账账户的期末贷方余额合计数填列。如"预收账款"账户所属有关明细账账户有借方余额的，应在本表"应收账款"项目内填列；"应收账款"账户所属明细账账户有贷方余额的，也应包括在本项目内。

(32) "应付职工薪酬"项目：反映企业应付而未付的职工各种薪酬。本项目应根据"应付职工薪酬"账户期末贷方余额分析填列。如"应付职工薪酬"账户期末为借方余额，则以"–"填列。

(33) "应交税费"项目：反映企业期末未交、多交或未抵扣的各种税费。本项目应根据"应交税费"账户的期末贷方余额填列；如"应交税费"账户期末为借方余额，则以"–"填列。

(34) "应付利息"项目：反映企业按照规定应当支付的利息，包括分期付息到期还本的长期借款应支付的利息、企业发行的债券应支付的利息等。本项目应根据"应付利息"账户的期末余额填列。

(35) "应付股利"项目：反映企业应付而尚未支付的现金股利或利润。企业分配的股票股利，不通过本项目列示。本项目应根据"应付股利"账户的期末余额填列。

(36) "其他应付款"项目：反映企业所有应付和暂收其他单位和个人的款项。本项目应根据"其他应付款"账户的期末余额填列。

(37) "1 年内到期的非流动负债"项目：反映企业应付而未付的 1 年内（含 1 年）需归还的长期负债部分。本项目应根据长期负债等有关账户的期末余额分析填列。

(38) "其他流动负债"项目：反映企业除以上流动负债以外的其他流动负债。本项目应根据有关账户的期末余额填列。如其他流动负债价值较大的，应在财务会计报表附注中披露其内容及金额。

(39) "长期借款"项目：反映企业借入尚未归还的 1 年期以上（不含 1 年）的借款本息。本项目应根据"长期借款"账户的期末余额扣除"长期借款"账户所属明细账账户中将在资产负债表日起 1 年内到期且企业不能自主地将清偿义务展期的长期借款后的金额计算填列。

（40）"应付债券"项目：反映企业发行的尚未偿还的各种长期债券的本息。本项目应根据"应付债券"账户的期末余额填列。

（41）"长期应付款"项目：反映企业除长期借款和应付债券以外的其他各种长期应付款。本项目应根据"长期应付款"账户的期末余额，减去"未确认融资费用"账户期末余额，再减去所属相关明细账账户中将于 1 年内到期的部分后的金额进行填列。

（42）"专项应付款"项目：反映企业接受国家作为企业所有者拨入的具有专门用途的款项所形成的不需要以资产或增加其他负债偿还的负债，是企业接受国家拨入的具有专门用途的拨款。本项目应根据"专项应付款"账户的期末余额填列。

（43）"预计负债"项目：反映企业根据或有事项等相关准则确认的各项预计负债，包括对外提供担保、未决诉讼、产品质量保证、重组义务以及固定资产和矿区权益弃置义务等产生的预计负债。本项目应根据"预计负债"账户的期末余额填列。

（44）"递延收益"项目：反映尚待确认的收入或收益，包括企业根据政府补助准则确认的应在以后期间计入当期损益的政府补助金额、售后租回形成金融租赁的售价与资产账面价值差额等其他递延性收入。本项目应根据"递延收益"账户的期末余额填列。

（45）"递延所得税负债"项目：反映企业期末尚未转销的递延所得税负债的贷方余额。本项目应根据"递延所得税负债"账户的期末贷方余额填列。

（46）"其他非流动负债"项目：反映企业除长期借款、应付债券等项目以外的其他非流动负债。本项目应根据有关账户的期末余额填列。如其他长期负债价值较大的，应在财务会计报表附注中披露其内容和金额。

（47）"实收资本（或股本）"项目：反映企业各投资者实际投入的资本（或股本）总额。本项目应根据"实收资本"（或"股本"）账户的期末余额填列。

（48）"资本公积"项目：反映企业资本公积的期末余额。本项目应根据"资本公积"账户的期末余额填列。

（49）"其他综合收益"项目：反映企业其他综合收益的期末余额。本项目应根据"其他综合收益"账户的期末余额填列。

（50）"盈余公积"项目：反映企业盈余公积的期末余额。本项目应根据"盈余公积"账户的期末余额填列。

（51）"未分配利润"项目：反映企业尚未分配的利润。本项目应根据"本年利润"账户和"利润分配"账户的余额计算填列。未弥补的亏损，在本项目内以"－"填列。

第三节　利润表

一、利润表的作用

利润表是反映企业在一定会计期间经营成果的报表。本表应当按照各项收入、费用以及构成利润的各个项目分类分项列示。其作用主要表现为：

(1) 利润表反映的收入、费用等数据，有助于了解企业的经营成果。

(2) 通过分析比较利润表中各项目的构成，有助于了解各项收入、费用与利润之间的关系及发展趋势，以便于发现经营中存在的问题，改善经营管理。

(3) 利润表提供的不同时期的数据，有助于评价预测企业的获利能力，并据此作出投资决策。

(4) 利润表是企业经营业绩的综合体现，也是制定利润分配政策的基本依据。

二、利润表的结构

利润表常见的结构有单步式和多步式两种。在我国，企业利润表一般采用多步式结构。多步式利润表通过以下四个步骤计算本期净利润指标和每股收益指标：

第一步，营业利润：从营业收入出发，减去营业成本、税金及附加、销售费用、管理费用、财务费用、资产减值损失，加上公允价值变动收益（减去公允价值变动损失）、投资收益（减去投资损失）和其他收益，得出营业利润。

第二步，利润总额：从营业利润出发，加上营业外收入，减去营业外支出，得出利润总额。

第三步，从利润总额出发，减去所得税费用，最后得出本期净利润。

第四步，以净利润为基础，按规定的口径计算基本每股收益和稀释每股收益。

多步式利润表的基本格式见表13-2。

表13-2　利润表　　　　　　　　　　　会企02表

编制单位：东方公司　　　　2019年12月　　　　　　　　　元

项　　目	本期金额	上期金额（略）
一、营业收入	9 400 000	
减：营业成本	6 440 000	
税金及附加	41 437	
销售费用	114 000	
管理费用	232 000	
研发费用	0	
财务费用	43 000	
资产减值损失	17 960	
信用减值损失	0	
加：公允价值变动损益（损失以"-"填列）	8 200	
投资收益（损失以"-"填列）	130 000	
其中：对联营企业和合营企业的投资收益		
其他收益		
二、营业利润（亏损以"-"填列）	2 649 803	
加：营业外收入	100 000	

续表

项　　目	本期金额	上期金额（略）
其中：非流动资产处置利得		
减：营业外支出	39 400	
其中：非流动资产处置损失	39 400	
三、利润总额（亏损总额以"-"填列）	2 710 403	
减：所得税费用	677 601	
四、净利润（净亏损以"-"填列）	2 032 802	
五、其他综合收益的税后净额		
（一）以后不能重分类进损益的其他综合收益		
1. 重新计算设定受益计划净负债或净资产的变动		
2. 权益法下在被投资单位不能重分类进损益的其他综合收益中享有的份额		
…		
（二）以后将重分类进损益的其他综合收益		
1. 权益法下在被投资单位以后将重分类进损益的其他综合收益中享有的份额		
2. 以公允价值计量且其变动计入其他综合收益的金融资产的公允价值变动		
3. 以摊余成本计量的金融资产重分类为以公允价值计量且其变动计入其他综合收益的金融资产形成的利得		
4. 现金流量套期工具产生的利得或损失中属于有效套期的部分		
5. 外币财务报表折算差额		
6. 将作为存货的房地产转换为投资性房地产产生的公允价值大于账面价值的部分		
…		
六、综合收益总额		
七、每股收益		
（一）基本每股收益		
（二）稀释每股收益		

三、利润表的编制方法

（一）本表"本月数"栏反映各项目的本月实际发生数

在编报中期财务会计报表时，填列上年同期累计实际发生额；在编报年度财务会计报表时，填列上年全年累计实际发生额。如果上年度利润表与本年度利润表的项目名称和内容不相一致，应对上年度利润表项目的名称和数字按本年度的规定进行调整，填入本表"上年金额"栏。

（二）本表各项目的内容及其填列方法

（1）"营业收入"项目：反映企业经营主要业务和其他业务所确认的收入总额。该项目根据"主营业务收入"和"其他业务收入"两账户的发生额分析填列。

（2）"营业成本"项目：反映企业经营主要业务和其他业务发生的实际成本总额。该项目根据"主营业务成本"和"其他业务成本"两账户的发生额分析填列。

（3）"税金及附加"项目：反映企业经营业务应负担的消费税、城市维护建设税、资源税、教育费附加及房产税、土地使用税、车船使用税、印花税等相关税费。该项目根据"税金及附加"账户的发生额分析填列。

（4）"销售费用"项目：反映企业在销售商品过程中发生的包装费、广告费等费用和为销售本企业商品而专设的销售机构的职工薪酬、业务费等经营费用。该项目根据"销售费用"账户的发生额分析填列。

（5）"管理费用"项目：反映企业为组织和管理生产经营而发生的管理费用，该项目根据"管理费用"账户发生额分析填列。

（6）"财务费用"项目：反映企业为筹集生产经营所需资金等而发生的筹资费用，该项目根据"财务费用"账户发生额分析填列。

（7）"资产减值损失"项目：反映企业各项资产发生的减值损失。该项目根据"资产减值损失"账户的发生额分析填列。

（8）"公允价值变动损益"项目：反映企业按照相关准则规定应当计入当期损益的资产或负债公允价值变动收益。该项目根据"公允价值变动损益"账户的发生额分析填列，如为净损失，以"－"填列。

（9）"投资收益"项目：反映企业以各种方式对外投资所取得的收益，该项目根据"投资收益"账户发生额分析填列，若为投资损失，应在本项目金额前以"－"填列。

（10）"其他收益"项目：反映收到的与企业日常活动相关的计入当期收益的政府补助。本项目应根据"其他收益"账户的发生额分析填列。

（11）"营业利润"项目：反映企业实现的营业利润，根据本表中上述项目金额计算填列。

（12）"营业外收入"项目：反映企业发生的与其经营业务无直接关系的各项收入。该项目应根据"营业外收入"账户的发生额分析填列。

（13）"营业外支出"项目：反映企业发生的与其经营业务无直接关系的各项支出。该项目应根据"营业外支出"账户的发生额分析填列。

（14）"利润总额"项目：反映企业实现的利润总额。根据营业利润加营业外收入减营业外支出后的金额填列，如为亏损总额，以"－"填列。

（15）"所得税费用"项目：反映企业根据所得税准则确认的应从当期利润总额中扣除的所得税费用，该项目应根据"所得税费用"账户的发生额分析填列。

(16)"净利润"项目：反映本期所取得的税后净利润数额，用表中的利润总额减去所得税费用即为净利润，如为亏损总额，以"-"填列。

(17)"其他综合收益的税后净额"项目：反映企业根据企业会计准则规定未在损益表中确认的各项利得和损失扣除所得税影响后的净额。

(18)"综合收益总额"项目：反映企业净利润与其他综合收益的合计金额。

(19)"每股收益"项目：包括"基本每股收益"和"稀释每股收益"两项指标，反映普通股或潜在普通股已公开交易的企业，以及正处在公开发行普通股或潜在普通股过程中的企业的每股收益信息。根据每股收益准则的规定计算的金额填列。

第四节　现金流量表

一、现金流量表概述

现金流量表是反映企业在一定会计期间内现金及现金等价物流入和流出的报表。编制现金流量表的主要目的：为财务会计报表使用者提供企业一定会计期间内现金及现金等价物流入和流出的信息，便于了解和评价企业获取现金和现金等价物的能力，并据以预测企业未来现金流量。现金流量表中的"现金"有其特定的含义，通常包括现金和现金等价物。

（一）现金

现金是指企业库存现金以及可以随时用于支付的存款，具体包括"库存现金""银行存款""其他货币资金"。

（二）现金等价物

现金等价物是指企业持有的期限短、流动性强、易于转换为已知金额现金、价值变动风险很小的投资。现金等价物虽然不是现金，但其支付能力与现金的差别不大，可视为现金。一项投资被确认为现金等价物必须同时具备四个条件：期限短（一般指从购买日起3个月内到期）、流动性强、易于转换为已知金额现金、价值变动风险很小。

（三）现金流量

现金流量是企业一定时期的现金及现金等价物流入和流出的金额，具体表现为现金流入量和流出量两个方面。现金流入量与流出量的差额为现金净流量。如果在一定时期内现金流入量大于流出量，差额为现金净流入量，或称顺差；如果在一定时期内现金流入量小于流出量，则为现金净流出量，或称逆差。

二、现金流量表的作用

现金流量表从经营活动、投资活动和筹资活动三个方面反映企业一定会计期间内现金的流入、流出情况以及现金总额的增减变动情况。现金流量表的作用，具体有以下几个方面：

(1)现金流量表有助于评价企业的支付能力、偿债能力和周转能力。

(2)现金流量表有助于预测企业未来现金流量。

(3) 现金流量表有助于分析企业收益质量及影响现金净流量的因素。

(4) 通过对现金投资与融资、非现金投资与融资进行分析，全面了解企业财务状况。

现金流量表的格式见表13-3。

表13-3　现金流量表　　　　　　　　　　　　　　　会企03表

编制单位：东方公司　　　　　　　2019年度　　　　　　　　　　　元

项　目	行次	本期金额	上期金额（略）
一、经营活动产生的现金流量：			
销售商品、提供劳务收到的现金	1	10 622 000	
收到的税费返还	3	0	
收到的其他与经营活动有关的现金	8	102 000	
现金流入小计	9	10 724 000	
购买商品、接受劳务支付的现金	10	339 000	
支付给职工以及为职工支付的现金	12	1 000 000	
支付的各项税费	13	1 189 600	
支付的其他与经营活动有关的现金	18	35 000	
现金流出小计	20	2 563 600	
经营活动产生的现金流量净额	21	8 160 400	
二、投资活动产生的现金流量：			
收回投资收到的现金	22	130 000	
取得投资收益收到的现金	23	130 000	
处置固定资产、无形资产和其他长期资产所收回的现金净额	25	600 600	
收到的其他与投资活动有关的现金	28	0	
现金流入小计	29	860 600	
购建固定资产、无形资产和其他长期资产所支付的现金净额	30	261 900	
投资支付的现金	31	90 000	
支付的其他与投资活动有关的现金	35	339 000	
现金流出小计	36	690 900	
投资活动产生的现金流量净额	37	169 700	
三、筹资活动产生的现金流量			
吸收投资所收到的现金	38	1 000 000	
取得借款所收到的现金	40	800 000	
收到的其他与筹资活动有关的现金	43	0	
现金流入小计	44	1 800 000	
偿还债务支付的现金	45	2 175 000	

续表

项　目	行次	本期金额	上期金额（略）
分配股利、利润和偿付利息所支付的现金	46	0	
支付的其他与筹资活动有关的现金	52	0	
现金流出小计	53	2 175 000	
筹资活动产生的现金流量净额	54	−375 000	
四、汇率变动对现金及现金等价物的影响	55	0	
五、现金及现金等价物净增加额	56	7 955 100	
加：期初现金及现金等价物金额		673 560	
六、期末现金及现金等价物金额		8 628 660	

三、现金流量表的编制基础

我国采用国际上绝大多数国家有关现金流量表的编制基础，即以现金和现金等价物作为现金流量表的编制基础，并将现金定义为企业的库存现金以及可以随时用于支付的存款。这一定义与世界上大多数国家对现金的定义基本相似。

四、现金流量的分类

我国《企业会计准则——现金流量表》将现金流量划分为：经营活动产生的现金流量、投资活动产生的现金流量和筹资活动产生的现金流量三大类。

（一）经营活动产生的现金流量

经营活动是指企业投资活动和筹资活动以外的所有交易和事项，主要包括销售商品、提供劳务、购买商品、接受劳务、支付税费等。根据企业的实际情况，对现金流量进行合理的归类。经营活动产生的现金流量主要包括：销售商品、提供劳务收到的现金；收到的税费返还；收到的其他与经营活动有关的现金；购买商品、接受劳务支付的现金；支付给职工以及为职工支付的现金；支付的各项税费；支付的其他与经营活动有关的现金。

（二）投资活动产生的现金流量

投资活动是指企业长期资产的购建和不包括在现金等价物范围内的投资及其处置活动。其中，长期资产是指固定资产、无形资产、在建工程、其他资产等持有期限在1年或一个营业周期以上的资产。投资活动主要包括取得和收回投资、购建和处置固定资产、无形资产和其他长期资产等。投资活动产生的现金流量主要包括以下内容：收回投资所收到的现金；取得投资收益所收到的现金；处置固定资产、无形资产和其他长期资产所收回的现金净额；收到的其他与投资活动有关的现金；购建固定资产、无形资产和其他长期资产所支付的现金；投资所支付的现金；支付的其他与投资活动有关的现金。

（三）筹资活动产生的现金流量

筹资活动是指导致企业资本及债务规模和构成发生变化的活动。其中的资本包括实收资本(股本)、资本溢价(股本溢价)。企业发生与资本有关的现金流入和流出项目,一般包括吸收投资、发行股票、分配利润等。其中的债务是指企业对外举债所借入的款项,如发行债券、向金融企业借入款项以及偿还债务等。筹资活动产生的现金流量主要包括如下内容:吸收投资所收到的现金;取得借款所收到的现金;收到的其他与筹资活动有关的现金;偿还债务所支付的现金;分配股利、利润或偿付利息所支付的现金;支付的其他与筹资活动有关的现金。

五、编制现金流量表的方法

现金流量表的填列方法有两种:一是直接法;二是间接法。

(一) 直接法

所谓直接法是指通过现金收入和现金支出的主要类别直接反映企业经营活动产生的现金流量的一种列报方法。在直接法下,一般是以利润表中的营业收入为起算点,调节与经营活动有关的项目的增减变动,然后计算出经营活动产生的现金流量。在我国,现金流量表正表中经营活动产生的现金流量就是采用直接法来列报的。

(二) 间接法

所谓间接法是指以本期净利润为起算点,通过调整不涉及现金的收入、费用、营业外收支以及经营性应收应付等项目的增减变动,调整不属于经营活动的现金收支项目,据此计算并列示经营活动产生的现金流量的一种方法。在我国现金流量表的补充资料中应按间接法反映经营活动产生的现金流量。

(三) 现金流量表各项目的填列方法

1. 经营活动产生的现金流量

(1) "销售商品、提供劳务收到的现金"项目。

该项目反映企业销售商品、提供劳务实际收到的现金(含销售收入和应向购买者收取的增值税额销项税额),包括:本期销售商品、提供劳务收到的现金;前期销售商品、提供劳务,本期收到的现金;本期预收的账款。本期退回本期销售的商品和前期销售本期退回的商品支付的现金,应从本项目中减除。企业销售材料和代购代销业务收到的现金,也在本项目中反映。本项目可以根据"库存现金""银行存款""应收账款""应收票据""预收账款""主营业务收入""其他业务收入"等账户的记录分析填列。

根据账户记录分析计算该项目的金额,通常可以采用以下公式计算得出:

销售商品、提供劳务收到的现金 = 本期销售商品、提供劳务收到的现金 + 本期收到前期的应收账款 + 本期收到前期的应收票据 + 本期的预收账款 - 本期销售退回支付的现金 + 本期收回前期核销的坏账损失

(2) "收到的税费返还"项目。

该项目反映企业收到返还的各种税费,包括收到返还的增值税、消费税、关税、所得

税、教育费附加等。本项目可以根据"库存现金""银行存款""税金及附加""补贴收入""应收补贴款"等账户的记录分析填列。

(3)"收到的其他与经营活动有关的现金"项目。

该项目反映企业除了上述各项目外收到的其他与经营活动有关的现金,如罚款收入、流动资产损失中由个人赔偿的现金收入等。其他现金流入如价值较大的,应单列项目反映。本项目可以根据"库存现金""银行存款""营业外收入"等账户的记录分析填列。

(4)"购买商品、接受劳务支付的现金"项目。

该项目反映企业购买材料、商品和接受劳务实际支付的现金,包括本期购入材料、商品和接受劳务支付的现金(包括增值税进项税额),以及本期支付前期购入商品、接受劳务的未付款项和本期预付款项。本期发生的购货退回收到的现金应从本项目内减去。本项目可以根据"库存现金""银行存款""应付账款""应付票据""预付账款""主营业务成本""其他业务成本"等账户的记录分析填列。

根据账户记录分析计算该项目的金额,通常可以采用以下公式计算得出:

购买商品、接受劳务支付的现金 = 本期购买商品、接受劳务支付的现金 + 本期支付前期的应付账款 + 本期支付前期的应付票据 + 本期预付的账款 – 本期因购货退回收到的现金

(5)"支付给职工以及为职工支付的现金"项目。

该项目反映企业实际支付给职工,以及为职工支付的现金,包括本期实际支付给职工的工资、奖金、各种津贴和补贴等,以及为职工支付的其他费用。不包括支付的离退休人员的各项费用和支付给在建工程人员的工资等。企业支付给离退休人员的各项费用,包括支付的统筹退休金以及未参加统筹的退休人员的费用,在"支付的其他与经营活动有关的现金"项目中反映;支付的在建工程人员的工资,在"购建固定资产、无形资产和其他长期资产所支付的现金"项目反映。本项目可以根据"应付职工薪酬""库存现金""银行存款"等账户的记录分析填列。

企业为职工支付的养老、失业等社会保险基金、补充养老保险、住房公积金、支付给职工的住房困难补助,以及企业支付给职工或为职工支付的其他福利费用等,应按职工的工作性质和服务对象,分别在本项目和"购建固定资产、无形资产和其他长期资产所支付的现金"项目中反映。

(6)"支付的各项税费"项目。

该项目反映企业按规定支付的各种税费,包括本期发生并支付的税费,以及本期支付以前各期发生的税费和预交的税费,包括所得税、增值税、营业税、消费税、教育费附加、矿产资源补偿费、印花税、房产税、土地增值税、车船使用税、预交的营业税等。不包括计入固定资产价值、实际支付的耕地占用税等,也不包括本期退回的增值税、所得税。本期退回的增值税、所得税在"收到的税费返还"项目中反映。本项目可以根据"应交税费""库存现金""银行存款"等账户的记录分析填列。

(7)"支付的其他与经营活动有关的现金"项目。

该项目反映企业除上述各项目外,支付的其他与经营活动有关的现金,如罚款支出、支

付的差旅费、业务招待费现金支出、支付的保险费等，其他现金流出如价值较大的，应单列项目反映。本项目可以根据"库存现金""银行存款""管理费用""营业外支出"等账户的记录分析填列。

2. 投资活动产生的现金流量

(1) "收回投资收到的现金"项目。

该项目反映企业出售、转让或到期收回除现金等价物以外的对其他企业的权益工具、债务工具和合营中的权益等投资收到的现金。本项目可以根据"可供出售金融资产""持有至到期投资""长期股权投资""库存现金""银行存款"等账户的记录分析填列。

(2) "取得投资收益收到的现金"项目。

该项目反映企业除现金等价物以外的对其他企业的权益工具、债务工具和合营中的权益投资分回的现金股利和利息等，不包括股票股利。本项目可以根据"库存现金""银行存款""投资收益"等账户的记录分析填列。

(3) "处置固定资产、无形资产和其他长期资产所收回的现金净额"项目。

该项目反映企业处置固定资产、无形资产和其他长期资产所取得的现金，减去为处置这些资产而支付的有关费用后的净额。由自然灾害所造成的固定资产等长期资产损失而收到的保险赔偿收入，也在本项目反映。本项目可以根据"固定资产清理""库存现金""银行存款"等账户的记录分析填列。

(4) "处置子公司及其他营业单位收到的现金净额"项目。

该项目反映企业处置子公司及其他营业单位收到的现金，减去相关处置费用以及子公司及其他营业单位持有的现金和现金等价物后的净额。本项目可以根据"长期股权投资""库存现金""银行存款"等账户的记录分析填列。

(5) "收到的其他与投资活动有关的现金"项目。

该项目反映企业除了上述各项以外，收到的其他与投资活动有关的现金流入。其他现金流入如价值较大的，应单列项目反映。本项目可以根据"应收股利""应收利息""库存现金""银行存款"等账户的记录分析填列。

(6) "购建固定资产、无形资产和其他长期资产所支付的现金净额"项目。

该项目反映企业购买、建造固定资产，取得无形资产和其他长期资产实际支付的现金，不包括为购建固定资产而发生的借款利息资本化的部分，以及融资租入固定资产支付的租赁费，借款利息和融资租入固定资产支付的租赁费，在筹资活动产生的现金流量中反映。本项目可以根据"固定资产""在建工程""无形资产""库存现金""银行存款"等账户的记录分析填列。

(7) "投资支付的现金"项目。

该项目反映企业取得除现金等价物以外的对其他企业的权益工具、债务工具和合营中的权益投资所支付的现金，以及支付的佣金、手续费等交易费用，但取得子公司及其他营业单位支付的现金净额除外。本项目可以根据"可供出售金融资产""持有至到期投资""长期股权投资""库存现金""银行存款"等账户的记录分析填列。

(8)"取得子公司及其他营业单位支付的现金净额"项目。

该项目反映企业购买子公司及其他营业单位购买出价中以现金支付的部分,减去子公司及其他营业单位持有的现金和现金等价物后的净额。本项目可以根据"长期股权投资""库存现金""银行存款"等账户的记录分析填列。

(9)"支付的其他与投资活动有关的现金"项目。

反映企业除上述各项以外,支付的其他与投资活动有关的现金流出。对价值较大的,应单列项目反映。本项目可以根据"应收股利""应收利息""库存现金""银行存款"等账户的记录分析填列。

3. 筹资活动产生的现金流量

(1)"吸收投资所收到的现金"项目。

该项目反映企业以发行股票、债券等方式筹集的资金实际收到的款项,减去直接支付的佣金、手续费、宣传费、咨询费、印刷费等发行费用后的净额。本项目可以根据"实收资本(或股本)""库存现金""银行存款"等账户的记录分析填列。

(2)"取得借款所收到的现金"项目。

该项目反映企业举借各种短期、长期借款所收到的现金。本项目可以根据"短期借款""长期借款""库存现金""银行存款"等账户的记录分析填列。

(3)"收到的其他与筹资活动有关的现金"项目。

该项目反映企业除上述各项目外,收到的其他与筹资活动有关的现金流入,如接受现金捐赠等。其他现金流入,如果价值较大,则单列项目反映。本项目可以根据"库存现金""银行存款""营业外收入"等账户的记录分析填列。

(4)"偿还债务支付的现金"项目。

该项目反映企业以现金偿还债务的本金,包括偿还金融企业的借款本金、偿还债券本金等。企业支付的借款利息、债券利息,在"分配股利、利润或偿付利息所支付的现金"项目反映,不包括在本项目内。本项目可以根据"短期借款""长期借款""应付债券""库存现金""银行存款"等账户的记录分析填列。

(5)"分配股利、利润或偿付利息所支付的现金"项目。

该项目反映企业实际支付的现金股利、支付给其他投资单位的利润以及支付的借款利息、债券利息等。本项目可以根据"应付股利""应付利息""财务费用""长期借款""库存现金""银行存款"等账户的记录分析填列。

(6)"支付的其他与筹资活动有关的现金"项目。

该项目反映企业除了上述各项目外,支付的其他与筹资活动有关的现金流出,如捐赠现金支出、融资租入固定资产支付的租赁费等。其他现金流出,如果价值较大,则单列项目反映。本项目可以根据"营业外支出""长期应付款""库存现金""银行存款"等账户的记录分析填列。

4. "汇率变动对现金的影响"项目

该项目反映企业外币现金流量及境外子公司的现金流量折算为人民币时,所采用的现金流量发生日的汇率或平均汇率折算的人民币金额与"现金及现金等价物净增加额"中外币现金净增加额按期末汇率折算的人民币金额之间的差额。

(四) 现金流量补充资料的填列方法

1. 将净利润调节为经营活动的现金流量

(1) "资产减值准备"项目。

该项目反映企业本期计提的各项资产的减值准备，包括坏账准备、存货跌价准备、长期股权投资减值准备、债权投资减值准备、投资性房地产减值准备、固定资产减值准备、在建工程减值准备、工程物资减值准备、无形资产减值准备、商誉减值准备、生产性生物资产减值准备、油气资产减值准备等。本项目可以根据"资产减值损失"等账户的记录分析填列。

(2) "固定资产折旧""生产性生物资产折旧""油气资产折耗"项目。

本项目可以根据"累计折旧""累计折耗"等账户的贷方发生额分析填列。

(3) "无形资产摊销"和"长期待摊费用摊销"两个项目。

这两个项目分别反映企业本期累计摊入成本费用的无形资产的价值及长期待摊费用。这两个项目可以根据"累计摊销"和"长期待摊费用摊销"等账户的贷方发生额分析填列。

(4) "处置固定资产、无形资产和其他长期资产的损失（减：收益）"项目。

该项目反映企业本期处置固定资产、无形资产和其他长期资产而发生的净损失。如为净收益，则以"－"填列。本项目可以根据"营业外收入""营业外支出"等账户所属有关明细账账户的记录分析填列。

(5) "固定资产报废损失"项目。

该项目反映企业本期发生的固定资产盘亏（减：盘盈）后的净损失。本项目可以根据"营业外支出""营业外收入"账户所属有关明细账账户中固定资产盘亏损失减去固定资产盘盈收益后的差额填列。

(6) "公允价值变动损失"项目。

该项目反映企业持有的采用公允价值计量且其变动计入当期损益的金融资产、金融负债以及投资性房地产等公允价值变动形成的净损失（减：净收益）。本项目可以根据"公允价值变动损益"等账户所属有关明细账账户的记录分析填列。

(7) "财务费用"项目。

该项目反映企业本期发生的应属于投资活动或筹资活动的财务费用。对属于筹资活动或投资活动产生的财务费用，只影响净利润，但不影响经营活动现金流量，应当将其从净利润中剔除。本项目可以根据"财务费用"账户的本期借方发生额分析填列；如为收益，则以"－"填列。

(8) "投资损失（减：收益）"项目。

该项目反映企业本期投资所发生的损失减去收益后的净损失。本项目可以根据利润表"投资收益"项目的数字填列；如为投资收益，则以"－"填列。

(9) "递延所得税资产减少（减：增加）"项目。

该项目反映企业资产负债表"递延所得税资产"项目的期初余额与期末余额的差额。

本项目可以在分析计算资产负债表中的"递延所得税资产"科目期初、期末余额后填列。

（10）"递延所得税负债增加（减：减少）"项目。

该项目反映企业资产负债表"递延所得税负债"项目的期初余额与期末余额的差额。本项目可以在分析计算资产负债表中的"递延所得税负债"科目期初、期末余额后填列。

（11）"存货的减少（减：增加）"项目。

该项目反映企业资产负债表"存货"项目的期初与期末余额的差额。期末数大于期初数的差额，以"-"填列。

（12）"经营性应收项目的减少（减：增加）"项目。

该项目反映企业本期经营性应收项目（包括应收账款、应收票据和其他应收款中与经营活动有关的部分及应收的增值税销项税额等）的期初与期末余额的差额。期末数大于期初数的差额，以"-"填列。

（13）"经营性应付项目的增加（减：减少）"项目。

该项目反映企业本期经营性应付项目（包括应付账款、应付票据、应付福利费、应交税费、其他应付款中与经营活动有关的部分以及应付的增值税进项税额等）的期初余额与期末余额的差额。期末数小于期初数的差额，以"-"填列。

2. 不涉及现金收支的重大投资和筹资活动

该项目反映企业一定期间内影响资产或负债但不形成该期现金收支的所有投资和筹资活动的信息。不涉及现金收支的投资和筹资活动各项目的填列方法如下。

（1）"债务转为资本"项目：反映企业本期转为资本的债务金额。

（2）"1年内到期的可转换公司债券"项目：反映企业1年内到期的可转换公司债券的本息。

（3）"融资租入固定资产"项目：反映企业本期融资租入固定资产的最低租赁付款额扣除应分期计入利息费用的未确认融资费用的净额。

3. 现金及现金等价物净变动情况

该项目反映企业一定会计期间现金及现金等价物的期末余额减去期初余额后的净增加额（或净减少额），是对现金流量表中"现金及现金等价物净增加额"项目的补充说明。该项目的金额应与现金流量表"现金及现金等价物净增加额"项目的金额核对相符。

第五节 所有者权益变动表

一、所有者权益变动表的内容及结构

所有者权益变动表是指反映构成所有者权益各组成部分当期增减变动情况的报表。当期损益、直接计入所有者权益的利得和损失以及与所有者（或股东）的资本交易导致的所有者权益的变动，应当分别列示。

在所有者权益变动表中，企业至少应当单独列示反映下列信息的项目：净利润；直接计

入所有者权益的利得和损失项目及其总额；会计政策变更和差错更正的累计影响金额；所有者投入资本和向所有者分配的利润等；提取的盈余公积；实收资本或股本、资本公积、盈余公积、未分配利润的期初和期末余额及其调节情况。

二、所有者权益变动表的填列方式

（一）"上年年末余额"项目

该项目反映企业上年资产负债表中实收资本（或股本）、资本公积、库存股、盈余公积、未分配利润的年末余额。

（二）"会计政策变更"和"前期差错更正"项目

这两个项目分别反映企业采用追溯调整法处理的会计政策变更的累计影响金额和采用追溯重述法处理的会计差错更正的累计影响金额。

（三）"本年增减变动余额"项目

1. "综合收益总额"项目

该项目反映的是企业当年的综合收益总额，是根据利润表中的"其他综合收益的税后净额"和"净利润"项目填列，并对应列在"其他综合收益"和"未分配利润"栏。

2. "所有者投入和减少资本"项目

（1）"所有者投入资本"项目反映企业接受投资者投入形成的实收资本（或股本）和资本溢价或股本溢价。

（2）"股份支付计入所有者权益的金额"项目反映企业处于等待期中的权益结算的股份支付当年计入资本公积的金额。

3. "利润分配"项目

该项目反映企业当年的利润分配金额。

（1）"提取盈余公积"项目反映企业按照规定提取的盈余公积。

（2）"对所有者（股东）的分配"项目反映对所有者（股东）分配的利润（股利）金额。

4. "所有者权益内容结转"项目

该项目反映企业构成所有者权益的组成部分之间的增减变动情况。

（1）"资本公积转增资本（或股本）"项目反映企业以资本公积转增资本或股本的金额。

（2）"盈余公积转增资本（或股本）"项目反映企业以盈余公积转增资本或股本的金额。

（3）"盈余公积弥补亏损"项目反映企业以盈余公积弥补亏损的金额。

三、所有者权益变动表编制示例

所有者权益变动表的格式见表13-4。

表13-4 所有者权益变动表

编制单位：东方公司　　　　2019年度　　　　会企04表　单位：元

项目	本年金额							上年金额						
	实收资本	资本公积	减：库存股	其他综合收益	盈余公积	未分配利润	所有者权益合计	实收资本	资本公积	减：库存股	其他综合收益	盈余公积	未分配利润	所有者权益合计
一、上年年末余额	5 800 000	1 530 000			1 676 500	503 936	9 510 436							
加：会计政策变更														
前期差错更正														
二、本年年初余额	5 800 000	1 530 000			1 676 500	503 936	9 510 436							
三、本年增减变动金额（减少以"-"列示）	1 000 000			30 000	304 920	1 727 882	3 062 802							
（一）综合收益总额				30 000		2 032 802								
（二）所有者投入和减少资本	1 000 000													
1. 所有者投入资本	1 000 000													
2. 股份支付计入所有者权益的金额														
3. 其他														
（三）利润分配					304 920	-304 920								
1. 提取盈余公积					304 920	-304 920								
2. 对所有者（股东）的分配														

续表

项目	本年金额							上年金额						
	实收资本	资本公积	减:库存股	其他综合收益	盈余公积	未分配利润	所有者权益合计	实收资本	资本公积	减:库存股	其他综合收益	盈余公积	未分配利润	所有者权益合计
3. 其他														
(四) 所有者权益内部结转														
1. 资本公积转增资本（或股本）														
2. 盈余公积转增资本（或股本）														
3. 盈余公积弥补亏损														
4. 其他														
四、本年年末余额	6 800 000	1 530 000		30 000	1 981 420	2 231 818	12 573 238							

第六节　财务会计报表编制综合举例

东华股份有限公司为一般纳税企业，增值税税率为13%，所得税税率为25%。该公司2019年年初总分类账户余额见表13-5。

表13-5　总分类账户余额表　　　　　　　　　　　　　　　元

账户名称	借方金额	账户名称	贷方金额
库存现金	355	短期借款	180 000
银行存款	673 205	应付账款	140 600
以公允价值计量且其变动计入当期损益的金融资产	36 800	应付票据	255 000
应收票据	20 000	应付职工薪酬	49 680
应收账款	191 100	应交税费	123 800
应收股利	95 000	应付股利	135 000
应收利息	10 000	预收账款	175 000
预付账款	29 200	其他应付款	78 000
其他应收款	41 027	递延所得税负债	
在途物资		长期借款	2 100 000
原材料	110 000	其中：1年内到期	
包装物		长期应付款	537 000
低值易耗品	50 000	预计负债	25 000
库存商品（产成品）	4 400 000	实收资本	5 800 000
生产成本	144 815	资本公积	1 530 000
长期股权投资	630 000	盈余公积	1 676 500
以公允价值计量且其变动计入其他综合收益的金融资产	160 000	未分配利润	503 936
以摊余成本计量的金融资产	80 000	坏账准备	10 100
固定资产	5 321 000	存货跌价准备	37 985
在建工程	2 100 000	累计折旧	1 442 901
工程物资	390 000		
无形资产	173 000		
长期待摊费用	120 000		
递延所得税资产	25 000		
合计	14 800 502		14 800 502

(1) 2019年，东华股份有限公司发生以下经济业务（具体时间从略）。

①收到银行付款通知，用银行存款支付到期的商业承兑汇票15 000元。

②购入原材料一批，货款为300 000元，增值税款为39 000元，已用银行存款支付，材料已入库。

③购买原材料一批，货款为1 000 000元，增值税款为130 000元，材料验收入库，款项未付。

④生产领用原材料，成本为1 200 000元；领用低值易耗品，成本为50 000元，采用一次摊销法摊销。

⑤购买B公司公允价值为30 000元的股票，准备短期持有并希望从该股票价格的迅速上涨中获益。2019年12月31日，该股票公允价格上涨至38 200元。

⑥购入不需要安装设备一台，以银行存款支付价款230 000元、增值税款29 900元、包装费和运费2 000元，设备已交付使用。

⑦购入工程物资一批，价款为300 000元，增值税税率为13%，当期可抵扣60%。款已通过银行存款支付。

⑧在建工程应负担应付工资400 000元，应付福利费56 000元，工程领用材料200 000元。

⑨计提在建工程应负担的长期借款利息30 000元。

⑩一项价值为1 800 000元的在建工程完工，已办理竣工手续交付生产使用。

⑪基本生产车间报废一台机床，其原始价值为400 000元，已提折旧360 000元。发生清理费用1 000元，残值收入1 600元，不考虑税费。全部款项均通过银行收付。清理工作已结束。

⑫为购建固定资产，从银行借入3年期借款800 000元存入银行。

⑬收到股利60 000元（该项投资采用成本法核算），已存入银行。

⑭出售一台不需用设备，其原始价值为800 000元，已提折旧300 000元，该设备已由购入单位运走。收到价款600 000元，存入银行，不考虑税费。清理工作已结束。

⑮归还短期借款本金175 000元。

⑯提取现金1 000 000元，准备发放工资。

⑰支付工资1 000 000元（包括在建工程人员工资400 000元）。

⑱结转分配应付工资600 000元（不包括在建工程人员工资），其中：生产人员工资550 000元，车间管理人员工资20 000元，行政管理部门人员工资30 000元。

⑲编表日，以公允价值计量且其变动计入其他综合收益的金融资产（债券）升值为190 000元（会计分录为借记"其他债权投资"账户，贷记"其他综合收益"账户）。

⑳提取应计入本期损益的长期借款利息43 000元。

㉑摊销无形资产122 000元，摊销长期待摊费用40 000元。

㉒计提固定资产折旧200 000元，其中：计入制造费用160 000元，管理费用40 000元。

㉓收到应收账款102 000元，并存入银行。

㉔以银行存款支付产品展览费20 000元。

㉕结转本期发生的制造费用180 000元。

㉖计算并结转本期完工产品成本2 059 800元。

㉗销售产品一批，价款为 1 400 000 元，税款为 182 000 元，款项已存入银行。该产品的实际成本为 1 040 000 元。

㉘销售产品一批，其不含税售价为 8 000 000 元，增值税销项税额为 1 040 000 元，款项已收到并存入银行。产品实际成本为 5 400 000 元。

㉙转让某公司的股权，转让收入为 200 000 元，款项收妥入账，该批股权的账面价值为 130 000 元。

㉚用银行存款 60 000 元购买某公司 3 年期债券一批，公司有意图并有能力持有该债券到期。

㉛本期产品销售应交纳的教育费附加为 41 437 元，以银行存款支付。

㉜以银行存款交纳增值税 1 029 600 元。

㉝有 2 000 元的应收账款被确认无法收回，所以予以核销。

㉞计提本期坏账准备 960 元；计提存货跌价准备 3 000 元；计提长期股权投资减值准备 10 000 元；计提无形资产减值准备 4 000 元。

㉟按销售收入的 1% 预提保修费 94 000 元。

㊱用各损益类账户结转本年利润账户。

㊲计算并结转应交所得税，所得税税率为 25%。（注意：本期应纳税所得额为利润总额加上 94 000 元的预计保修费。会计分录为借记"所得税费用""递延所得税资产"账户，贷记"应交税费"账户。）

㊳提取法定盈余公积 203 280 元，任意盈余公积 101 640 元。

㊴结转本年利润，并将利润分配账户除"未分配利润"之外的各明细账账户的余额转入"未分配利润"明细账账户。

㊵偿还长期借款 2 000 000 元。

㊶以银行存款交纳所得税 160 000 元。

㊷吸收现金投资 1 000 000 元，款项已存入银行。

要求：根据东华股份有限公司 2019 年度的经济业务编制有关会计分录，并在此基础上编制资产负债表、利润表、现金流量表、所有者权益变动表。

（2）根据上述①~㊷项经济业务的资料编制会计分录。

1）收到银行付款通知，用银行存款支付到期的商业承兑汇票 15 000 元。

借：应付票据　　　　　　　　　　　　　　　　　　　　　　15 000
　　贷：银行存款　　　　　　　　　　　　　　　　　　　　　　15 000

2）购入原材料一批，货款为 300 000 元，增值税款为 39 000 元，已用银行存款支付，材料已入库。

借：原材料　　　　　　　　　　　　　　　　　　　　　　　300 000
　　应交税费——应交增值税（进项税额）　　　　　　　　　　39 000
　　贷：银行存款　　　　　　　　　　　　　　　　　　　　　339 000

3）购买原材料一批，货款为 1 000 000 元，增值税款为 130 000 元，材料验收入库，款项未付。

借：原材料　　　　　　　　　　　　　　　　　　　　　　1 000 000
　　应交税费——应交增值税（进项税额）　　　　　　　　　130 000

贷：应付账款　　　　　　　　　　　　　　　　　　　　　　　　　　　1 130 000
　4）生产领用原材料，成本为1 200 000元；领用低值易耗品，成本为50 000元，采用一次摊销法摊销。
　　　借：生产成本　　　　　　　　　　　　　　　　　　　　　　　　　　　1 250 000
　　　　贷：原材料　　　　　　　　　　　　　　　　　　　　　　　　　　　1 200 000
　　　　　　低值易耗品　　　　　　　　　　　　　　　　　　　　　　　　　　　50 000
　5）购买B公司公允价值为30 000元的股票，准备短期持有并希望从该股票价格的迅速上涨中获益。2019年12月31日，该股票公允价格上涨至38 200元。
　　　借：交易性金融资产——成本　　　　　　　　　　　　　　　　　　　　　　30 000
　　　　贷：银行存款　　　　　　　　　　　　　　　　　　　　　　　　　　　　30 000
　　　借：交易性金融资产——公允价值变动　　　　　　　　　　　　　　　　　　　8 200
　　　　贷：公允价值变动损益　　　　　　　　　　　　　　　　　　　　　　　　　8 200
　6）购入不需要安装设备一台，以银行存款支付价款230 000元、增值税款29 900元、包装费和运费2 000元，设备已交付使用。
　　　借：固定资产　　　　　　　　　　　　　　　　　　　　　　　　　　　　232 000
　　　　　应交税费——应交增值税（进项税额）　　　　　　　　　　　　　　　　　29 900
　　　　贷：银行存款　　　　　　　　　　　　　　　　　　　　　　　　　　　261 900
　7）购入工程物资一批，价款为300 000元，增值税税率为13%，当期可抵扣60%。款已通过银行存款支付。
　　　借：工程物资　　　　　　　　　　　　　　　　　　　　　　　　　　　　300 000
　　　　　应交税费——应交增值税（进项税额）　　　　　　　　　　　　　　　　　23 400
　　　　　　　　　　——待抵扣进项税额　　　　　　　　　　　　　　　　　　　15 600
　　　　贷：银行存款　　　　　　　　　　　　　　　　　　　　　　　　　　　339 000
　8）在建工程应负担应付工资400 000元，应付福利费56 000元，工程领用材料200 000元。
　　　借：在建工程　　　　　　　　　　　　　　　　　　　　　　　　　　　　656 000
　　　　贷：应付职工薪酬　　　　　　　　　　　　　　　　　　　　　　　　　456 000
　　　　　　工程物资　　　　　　　　　　　　　　　　　　　　　　　　　　　200 000
　9）计提在建工程应负担的长期借款利息30 000元。
　　　借：在建工程　　　　　　　　　　　　　　　　　　　　　　　　　　　　　30 000
　　　　贷：长期借款——应计利息　　　　　　　　　　　　　　　　　　　　　　30 000
　10）一项价值为1 800 000元的在建工程完工，已办理竣工手续交付生产使用。
　　　借：固定资产　　　　　　　　　　　　　　　　　　　　　　　　　　　1 800 000
　　　　贷：在建工程　　　　　　　　　　　　　　　　　　　　　　　　　　1 800 000
　11）基本生产车间报废一台机床，其原始价值为400 000元，已提折旧360 000元。发生清理费用1 000元，残值收入1 600元，不考虑税费。全部款项均通过银行收付。清理工作已结束。
　　　借：固定资产清理　　　　　　　　　　　　　　　　　　　　　　　　　　　40 000
　　　　　累计折旧　　　　　　　　　　　　　　　　　　　　　　　　　　　　360 000

贷：固定资产		400 000
借：固定资产清理	1 000	
贷：银行存款		1 000
借：银行存款	1 600	
贷：固定资产清理		1 600
借：营业外支出	39 400	
贷：固定资产清理		39 400

12）为购建固定资产，从银行借入 3 年期借款 800 000 元存入银行。

借：银行存款	800 000	
贷：长期借款		800 000

13）收到股利 60 000 元（该项投资采用成本法核算），已存入银行。

借：银行存款	60 000	
贷：投资收益		60 000

14）出售一台不需用设备，其原始价值为 800 000 元，已提折旧 300 000 元，该设备已由购入单位运走。收到价款 600 000 元，存入银行，不考虑税费。清理工作已结束。

借：固定资产清理	500 000	
累计折旧	300 000	
贷：固定资产		800 000
借：银行存款	600 000	
贷：固定资产清理		600 000
借：固定资产清理	100 000	
贷：营业外收入		100 000

15）归还短期借款本金 175 000 元。

借：短期借款	175 000	
贷：银行存款		175 000

16）提取现金 1 000 000 元，准备发放工资。

借：库存现金	1 000 000	
贷：银行存款		1 000 000

17）支付工资 1 000 000 元（包括在建工程人员工资 400 000 元）。

借：应付职工薪酬	1 000 000	
贷：库存现金		1 000 000

18）结转分配应付工资 600 000 元（不包括在建工程人员工资），其中：生产人员工资 550 000 元，车间管理人员工资 20 000 元，行政管理部门人员工资 30 000 元。

借：生产成本	550 000	
制造费用	20 000	
管理费用	30 000	
贷：应付职工薪酬		600 000

19）编表日，以公允价值计量且其变动计入其他综合收益的金融资产（债券）升值为 190 000 元，升值了 30 000 元。

  借：其他债权投资——公允价值变动   30 000
    贷：其他综合收益——其他债权投资公允价值   30 000

20）提取应计入本期损益的长期借款利息 43 000 元。

  借：财务费用   43 000
    贷：长期借款——应计利息   43 000

21）摊销无形资产 122 000 元，摊销长期待摊费用 40 000 元。

  借：管理费用   162 000
    贷：累计摊销   122 000
      长期待摊费用   40 000

22）计提固定资产折旧 200 000 元，其中：计入制造费用 160 000 元，管理费用 40 000 元。

  借：制造费用   160 000
    管理费用   40 000
    贷：累计折旧   200 000

23）收到应收账款 102 000 元，并存入银行。

  借：银行存款   102 000
    贷：应收账款   102 000

24）以银行存款支付产品展览费 20 000 元。

  借：销售费用   20 000
    贷：银行存款   20 000

25）结转本期发生的制造费用 180 000 元。

  借：生产成本   180 000
    贷：制造费用   180 000

26）计算并结转本期完工产品成本 2 059 800 元。

  借：库存商品   2 059 800
    贷：生产成本   2 059 800

27）销售产品一批，价款为 1 400 000 元，税款为 182 000 元，款项已存入银行。该产品的实际成本为 1 040 000 元。

  借：银行存款   1 582 000
    贷：主营业务收入   1 400 000
      应交税费——应交增值税（销项税额）   182 000

  同时：

  借：主营业务成本   1 040 000
    贷：库存商品   1 040 000

28）销售产品一批，其不含税售价为 8 000 000 元，增值税销项税额为 1 040 000 元，款项已收到并存入银行。产品实际成本为 5 400 000 元。

借：银行存款	9 040 000	
贷：主营业务收入		8 000 000
应交税费——应交增值税（销项税额）		1 040 000

同时：

借：主营业务成本	5 400 000	
贷：库存商品		5 400 000

29）转让某公司的股权，转让收入为 200 000 元，款项收妥入账，该批股权的账面价值为 130 000 元。

借：银行存款	200 000	
贷：长期股权投资		130 000
投资收益		70 000

30）用银行存款 60 000 元购买某公司 3 年期债券一批，公司有意图并有能力持有该债券到期。

借：债权投资——成本	60 000	
贷：银行存款		60 000

31）本期产品销售应交纳的教育费附加为 41 437 元，以银行存款支付。

借：税金及附加	41 437	
贷：应交税费——应交教育费附加		41 437

32）以银行存款交纳增值税 1 029 600 元。

借：应交税费——应交增值税	1 029 600	
贷：银行存款		1 029 600

33）有 2 000 元的应收账款被确认无法收回，所以予以核销。

借：坏账准备	2 000	
贷：应收账款		2 000

34）计提本期坏账准备 960 元；计提存货跌价准备 3 000 元；计提长期股权投资减值准备 10 000 元；计提无形资产减值准备 4 000 元。

借：资产减值损失	17 960	
贷：坏账准备		960
存货跌价准备		3 000
长期股权投资减值准备		10 000
无形资产减值准备		4 000

35）按销售收入的 1% 预提保修费 94 000 元。

借：销售费用	94 000	
贷：预计负债		94 000

36）用各损益类账户结转本年利润账户。

①结转收益类：

借：主营业务收入	9 400 000	

投资收益	130 000
公允价值变动损益	8 200
营业外收入	100 000
贷：本年利润	9 638 200

②结转成本、费用类账户：

借：本年利润	6 927 797
贷：主营业务成本	6 440 000
管理费用	232 000
财务费用	43 000
销售费用	114 000
税金及附加	41 437
资产减值损失	17 960
营业外支出	39 400

37）计算并结转应交所得税，所得税税率为25%。（注意：本期应纳税所得额为利润总额加上94 000元的预计保修费。会计分录为借记"所得税费用""递延所得税资产"账户，贷记"应交税费"账户。）

借：所得税费用	677 601
递延所得税资产	23 500
贷：应交税费——应交所得税	701 101

同时：

借：本年利润	677 601
贷：所得税费用	677 601

38）提取法定盈余公积203 280元，任意盈余公积101 640元。

借：利润分配——计提法定盈余公积	203 280
——计提任意盈余公积	101 640
贷：盈余公积——法定盈余公积	203 280
——任意盈余公积	101 640

39）结转本年利润，并将利润分配账户除"未分配利润"之外的各明细账账户的余额转入"未分配利润"明细账账户。

①结转净利润：

借：本年利润	2 032 802
贷：利润分配——未分配利润	2 032 802

②结转利润分配明细账：

借：利润分配——未分配利润	304 920
贷：利润分配——计提法定盈余公积	203 280
——计提任意盈余公积	101 640

40）偿还长期借款 2 000 000 元。

借：长期借款　　　　　　　　　　　　　　　　　　　　　2 000 000
　　贷：银行存款　　　　　　　　　　　　　　　　　　　　　2 000 000

41）以银行存款交纳所得税 160 000 元。

借：应交税费——应交所得税　　　　　　　　　　　　　　　160 000
　　贷：银行存款　　　　　　　　　　　　　　　　　　　　　160 000

42）吸收现金投资 1 000 000 元，款项已存入银行。

借：银行存款　　　　　　　　　　　　　　　　　　　　　　1 000 000
　　贷：实收资本　　　　　　　　　　　　　　　　　　　　　1 000 000

(3) 编制资产负债表、利润表、现金流量表及所有者权益变动表。

1）资产负债表（表 13-1）。

2）利润表（表 13-2）。

3）现金流量表（表 13-3）。

4）所有者权益变动表（表 13-4）。

第七节　财务会计报表附注

企业对外提供的年度、半年度财务会计报告应当包括财务会计报表、财务会计报表附注和财务情况说明书三个部分。在某些情况下，如企业发生会计政策变更、重大投资活动、涉及或有事项、债务重组、进行非货币交易等事项时，按照有关会计准则的要求，季度和月度财务会计报表也需要编制财务会计报表附注，披露有关事项。由此可见，编制财务会计报表附注作为一项重要的国际惯例，已构成企业财务会计报告的重要组成部分。

一、财务会计报表附注的作用

财务会计报表附注是对财务会计报表不能充分表达的有关内容所作的一系列注释和补充说明，是财务会计报告的重要组成部分。财务会计报表附注有以下两个基本作用。

（一）对表内的有关项目作细致的解释

每个报表项目提供了某一方面的指标，具有综合性。为了使报表使用者了解某个指标的具体情况，企业必须通过增加附注的方式对其进行深入的说明。例如，资产负债表中虽然提供了企业的"货币资金"指标，但为了披露更详细的货币资金信息，需要在报表附注中详细列明货币资金中库存现金、银行存款、其他货币资金的金额；对于资产负债表中的"固定资产"项目，报表附注应按类别，即房屋及建筑物、机器设备、运输工具、办公设备等详细披露固定资产的原值、累计折旧、固定资产减值准备等信息，使使用者对企业的固定资产分布、价值构成、生产经营能力有更准确的判断。

（二）对未能在报表中确认的项目进行说明

报表内项目的确认具有严格的标准，但未能在表内披露的事项如果对客观判断目前的财务状况有重大影响，或者对未来财务状况具有潜在重大影响，则需要在表外披露。例如，报告期内发生的关联交易、资产负债表日后的非调整事项等。

二、财务会计报表附注的内容

企业的年度财务会计报表附注至少应披露如下内容；法律、行政法规和国家统一的会计制度另有规定的，从其规定。

(1) 企业的基本情况。

该项主要包括企业注册地、组织形式、业务性质及从事的主要经营活动、财务会计报表的批准报出者和批准报出日等。

(2) 财务会计报表的编制基础。

该项说明报表编制是以持续经营和权责发生制为编制基础，还是采用其他编制基础。

(3) 重要会计政策和会计估计变更的说明，以及重大会计差错更正的说明。

该项主要包括以下事项：会计政策变更的内容和理由；会计政策变更的影响数；累积影响数不能合理确定的理由；会计估计变更的内容和理由；会计估计变更的影响数；会计估计变更的影响数不能合理确定的理由；重大会计差错的内容；重大会计差错的更正金额。

(4) 或有事项的说明。

①或有负债的类型及其影响，包括已贴现商业承兑汇票形成的或有负债、未决诉讼仲裁形成的或有负债、为其他单位提供债务担保形成的或有负债、或有负债预计产生的财务影响等。

②如果或有资产很可能给企业带来经济利益，则应说明其形成的原因及其产生的财务影响。

(5) 资产负债表日后事项的说明。

该项应说明股票和债券的发行、对一个企业的巨额投资、自然灾害导致的资产损失等非调整事项的内容，估计对财务状况、经营成果的影响；如果无法作出估计，则说明其原因。

(6) 关联方关系及其交易的说明。

①在存在控制关系的情况下，关联方如为企业，则不论它们之间有无交易，都应说明如下事项：企业经济性质或类型、名称、法定代表人、注册地、注册资本及其变化；企业的主营业务；所持股份或权益及其变化。

②在企业与关联方发生交易的情况下，企业应说明关联方关系的性质、交易类型及其交易要素，这些要素一般包括交易的金额或相应比例、未结算项目的金额或相应比例、定价政策。

③对于关联方交易价格的确定如果高于或低于一般交易价格，则说明其价格的公允性。

(7) 重要资产转让及其出售的说明。

(8) 财务会计报表重要项目的说明。

①该项应说明应收款项及坏账的确认标准，以及坏账准备的计提方法和计提比例。

②存货核算方法。该项应说明存货分类、取得、发出、计价以及低值易耗品和包装物的摊销方法，计提存货跌价准备的方法以及存货可变现净值的确定依据。

③投资的核算方法。该项应说明当期发生的投资净损益，证券投资、长期股权投资的期末余额，投资总额占净资产的比例；采用权益法核算时，还应说明投资企业与被投资单位会计政策的重大差异等。

④固定资产计价和折旧法。该项应说明固定资产的标准、分类、计价方法和折旧方法，各类固定资产的预计使用年限、预计净残值率和折旧率。

⑤无形资产的计价和摊销方法。

(9) 各项收入的说明。

该项应说明当期确认的下列各项收入的金额：

①销售商品的收入。

②提供劳务的收入。

③利息收入。

④使用费收入。

⑤本期分期收款确认的收入。

(10) 所得税账务处理方法的说明。

(11) 有助于理解和分析会计报表需要说明的其他事项。

思考题

1. 简述财务报表列报的基本要求。
2. 简述资产负债表的结构及编制方法。
3. 简述利润表的构成项目及营业利润、利润总额及净利润的计算。
4. 简述现金流量表的结构、编制方法。
5. 财务会计报表附注包括的内容有哪些？

练习题

根据下列资料编制利润表。

注：按本年度实现净利润的10%计提法定盈余公积，按可供投资者分配利润的40%向投资者分配利润。所得税税率为25%。

资料：东风公司2017年6月各损益类账户发生额如表13-6所示。

表13-6 各损益类账户发生额　　　　　　　　　　　　　　　　　　　　　元

账户名称	借方金额	账户名称	贷方金额
主营业务成本	600 000	主营业务收入	1 200 000
税金及附加	50 000	其他业务收入	200 000
其他业务成本	100 000	营业外收入	60 000
销售费用	30 000	投资收益	300 000
管理费用	50 000	公允价值变动损益	-120 000
财务费用	10 000		
资产减值损失	45 000		
营业外支出	100 000		

要求：根据上述资料编制利润及利润分配表（表 13-7）。

表 13-7 利润及利润分配表

项　目	行次	上年实际数/元	本年累计数/元
一、营业收入	1	1 100 000	
减：营业成本	4	700 000	
税金及附加	5	30 000	
销售费用	10	20 000	
管理费用	11	25 000	
财务费用	12	5 000	
资产减值损失	13	30 000	
加：公允价值变动净收益（亏损以"－"填列）	14	50 000	
投资收益（亏损以"－"填列）	15	100 000	
二、营业利润（亏损以"－"填列）	16	440 000	
加：营业外收入	17	60 000	
减：营业外支出	18	20 000	
三、利润总额（亏损总额以"－"填列）	19	480 000	
减：所得税费用	20	120 000	
四、净利润（净亏损以"－"填列）	22	360 000	
加：年初未分配利润	26	40 000	
五、可供分配的利润	29	400 000	
减：提取法定盈余公积	31	36 000	
六、可供投资者分配的利润	35	364 000	
减：应付利润	36	107 150.63	
七、未分配利润	39	145 600	